Francis MacNutt · Die Kraft zu heilen

W0360694

Francis MacNutt

Die Kraft zu heilen

Das fundamentale Buch
über
Heilen durch Gebet

Styria Reprint

Ins Deutsche übertragen von P. Michael Marsch O.P.
Der Titel der amerikanischen Originalausgabe lautet
HEALING
und erschien © 1974 by Ave Maria Press, Notre Dame, Indiana

Verlag Styria Graz Wien Köln
Alle Rechte vorbehalten
Umschlaggestaltung: Christoph Albrecht
1996 Sonderausgabe
Styria – Reprint
ISBN 3-222-12450-7

INHALTSVERZEICHNIS

VIERTER TEIL

Die Bibelzitate sind folgenden Übersetzungen entnommen:
Altes Testament: V. Hamp und M. Stenzel, Aschaffenburg 1957,
Neues Testament: O. Karrer, München 1959.

GELEITWORT DES ÜBERSETZERS

Jesus Christus ist nicht gekommen, die Welt zu richten, sondern sie zu retten. Er wollte nicht den Tod des Sünders, sondern daß er sich bekehre und lebe. Er kam nicht um der Gesunden willen, sondern um die Kranken zu heilen.

Das vorliegende Buch schildert kein Heiligenleben, sondern das Erleben eines Geheilten. Der Dominikanerpater und Theologie-Professor Francis MacNutt entwirft keine Systematik der Heilungsgnade, sondern er berichtet von seiner Begegnung mit Jesus Christus, der ihn ausziehen ließ, für die Kranken zu beten.

Das Heil zu verkünden und dadurch andere zu heilen macht den Autor weder zu einem Heiligen noch zu einem „Heiler". Sich selbst bezeichnet er als Durchschnitts-Christen. Mit zahllosen Christen aller Zeiten will er nichts anderes, als den Sendungs-Auftrag anzunehmen und ernst zu nehmen, „die Frohe Botschaft zu verkünden und Kranke zu heilen" (Lk 9,6).

Sein Bericht wendet sich darum nicht nur an die Fachwelt: Theologen, Mediziner, Psychiater und Psychologen. Zuerst und zunächst schreibt MacNutt für Laien, ihnen das Erfahrene mitzuteilen, durch das eigene Zeugnis andere zu ermutigen, selbst auszuziehen, im Namen Jesu „das Reich Gottes zu verkünden und die Kranken gesund zu machen" (Lk 9,2).

Dadurch aber wird die erneuerte Glaubens-Erfahrung des Fachtheologen alter Schule gleichzeitig zur praktischen Überwindung allzu ausschließlich vom wissenschaftlichen Positivismus geprägten Denkens. Theologie, Psychiatrie, Medizin und Psychologie wissen sich heute gleichermaßen in der Sackgasse, sofern sie noch immer Wissenschaftstheorien und den ihnen zugrundeliegenden Weltanschauungen des vergangenen Jahrhunderts verpflichtet sind. Aus seiner Erfahrung weist

MacNutt Wege zu einem Zusammenwirken von Theologie und Psychologie, Seelsorge und ärztlicher Kunst. Dabei handelt es sich nicht um eine theoretisch erdachte Synthese, sondern um ein als Geschenk erfahrenes Miteinander, das freilich nachträglich kritischer Reflektion bedarf.

Der ehemalige Medizin-Student MacNutt ist Harvard-Absolvent und Doktor der Theologie; er war Professor für Homiletik am „Aquinas Institute of Theology“ und Vorsitzender der Christlichen Prediger-Konferenz Amerikas, bevor er im Kontakt mit nichtkatholischen Christen das Gebet für die Kranken entdeckte. Diese Erfahrung ließ ihn auf seine erfolgreich begonnene wissenschaftliche Karriere verzichten, um sich in der Nachfolge Jesu ausschließlich den Ärmsten und Geringsten zuzuwenden, den an Leib, Seele und Geist Leidenden.

Von der Disziplin theologischen Denkens, mehr noch aber vom Mit-Leiden in der Nachfolge Jesu ist dies Buch geprägt. Gleichzeitig zeigt es neue Möglichkeiten praktischer Zusammenarbeit verschiedener wissenschaftlicher Disziplinen, ja sogar neue Wege wissenschaftlichen Denkens überhaupt; nämlich aus dem Erleben des Alltäglichen und dennoch Außergewöhnlichen. Es verzichtet bewußt auf systematische Perfektion und hat den *Mut zum Vorläufigen*. Es will nicht mehr und nicht weniger sein als Aufforderung zum Dialog; zum Dialog aber vor allem mit Gott, seine heilende Gnade über die Kranken herabzurufen – sei es nun durch den Arzt, den Therapeuten, den Seelsorger oder einfach den Betenden. Nirgendwo erhebt der Autor den Anspruch, Heilung könne *ausschließlich* durch blind vertrauendes Gebet geschehen und nicht *gleichzeitig und gleichberechtigt* durch menschliches Wissen und Können als Gaben des einen Schöpfers!

Die fundierte, aber direkte Art dieses Buches, die Aussagen Jesu beim Wort zu nehmen, mag besonders bei Bibelwissenschaftlern, aber nicht nur bei ihnen, Anstoß erregen. Manches wird ihnen bedenklich, einiges ungesichert erscheinen. Aber verbirgt sich, so sollten sich die Kritiker fragen, hinter dem Vorwurf freikirchlichen Fundamentalismus, mit dem man MacNutt und andere engagierte Autoren als ebenso unkatholisch wie unwissenschaftlich abtun möchte, nicht allzuoft und allzuleicht die Angst vor dem eigenen Engagement, vor der persönlichen Begegnung mit Jesus Christus als dem Herrn, vor der Übergabe des eigenen Lebens in Seine Hand, vor dem unbedingten Vertrauen auf Sein heilendes Erbarmen?

Gewiß, als katholischer Priester und Theologe hat MacNutt sich von Christen anderer Konfessionen zurückschenken lassen müssen, was von der katholischen Tradition schon immer und überall für wahr gehalten, aber nicht immer und überall gelebt wurde. Mit Hilfe anderer hat er die Wahrheiten des Glaubens für sein *eigenes Leben* neu entdecken dürfen. Mit der Freude des Neubeschenkten hat er von neuem mit der Frohbotschaft Ernst machen gelernt. Dieses Einbezogen-Werden in das Kreuz und die Auferstehung Jesu Christi, das totale Ergriffen-Werden von Mitleiden an der Schöpfung, und schließlich das Ausgesandt-Werden, die Frohbotschaft zu verkünden und die Kranken zu heilen, ist in der Tradition der katholischen Kirche weder so fremd noch so neu, wie es manchem von uns heute erscheinen mag.

Nicht nur die Evangelien und die Apostelgeschichte berichten wiederholt von Handauflegung und Krankenheilung durch Jesus und die Jünger; auch bei den Kirchenvätern, den Heiligen und den Ordensleuten, aber auch den Laien hat Gebetsheilung immer eine Rolle gespielt, die oft als sichtbares Zeichen der offenbarten Gnade zu einem zentralen Glaubenserlebnis wurde. So bekennt etwa der heilige Augustinus in seinen „Retractationes“ kurz vor seinem Tod freimütig den Irrtum frühreifer Gelehrsamkeit, Wunderheilungen wären ein Charisma für die Urkirche gewesen, mit denen die erstarkte Kirche nicht mehr zu rechnen brauche, weil sie ihrer nicht mehr bedürfe: Seine Praxis als Seelsorger und Bischof von Hippo hatte ihn eines Besseren belehrt.

Im 18. und 19. Jahrhundert finden wir als mit der Heilungsgabe Begnadete in Frankreich den heiligen Pfarrer von Ars, in der Schweiz den Familienvater Niklaus Wolf von Rippertschwand, in Österreich den katholischen Pfarrer Johann Josef Gassner und in Deutschland den evangelischen Pfarrer Johann Christoph Blumhardt. Ohne die Gebetsformen und Seelsorgemethoden dieser Männer gekannt zu haben, kommt in unserem Jahrhundert Pater MacNutt in den USA, also in einem durch Zeit und Raum, Kultur und Zivilisation gänzlich verschiedenen Kontext, zu bis ins Detail übereinstimmenden Erfahrungen. Schon wegen dieser Kontinuität mit Leben und Lehre der Kirche wird man sein Zeugnis nicht gut als amerikanische „Import-Ware“ abtun können, die den traditionsbewußten Christen Europas zu nichts anderem zu bewegen vermag als zu einem milden Lächeln oder einem entrüsteten Kopfschütteln. Bei der Mitteilung seiner Erfahrungen geht es MacNutt tatsächlich um alles andere als um die Sensation des Neuen. Er möchte heute Vergessenes und Verdrängtes, aber in der Schrift und in der Tradition Lebendiges, neu zugänglich machen. Nicht an der Neuerung um ihrer selbst willen liegt ihm, wohl aber an einer Neu-Akzentuierung; an der Aktualisierung von längst Bestehendem.

In der Tat wäre nichts verhängnisvoller, und das weiß MacNutt aus der Erfahrung mit Hunderten von Kranken, als eilfertiges Heischen nach Sensation. Gerade auf dem Gebiet der Krankenheilung ist sorgfältigste Differenzierung und Verifizierung unerläßlich: Von der leichten Besserung bis zur spontanen Wunderheilung sind *alle Nuancen der Gnadenwirkung* möglich. Nicht ohne Grund legt die Kirche darum bei der Anerkennung von Glaubensheilungen in Lourdes und anderswo strengere Maßstäbe an als alle Ärztegremien. Dem Beispiel der Kirche folgend, sollten dem Seelsorger und dem um Heilung Betenden die Zusammenarbeit mit dem Arzt, dem Therapeuten und dem Psychologen nicht als lästige oder gar bedrohliche Konkurrenz vorkommen, sondern als willkommene und unerläßliche Ergänzung.

Gerade die Heilung weit zurückliegender psychischer Störungen oder die Befreiung von Dämonen bedarf zusätzlich zum Gebet oft langwieriger und deshalb geduldiger Nachbehandlung, um zu einer Wiederherstellung des ganzen Menschen an Leib, Seele und Geist zu führen. Von Suggestion und Magie, Hypnose, Magnetismus und Okkultismus kann daher nicht scharf genug unterschieden werden.

Bei aller Treue zur Heiligen Schrift und kirchlichen Lehre wird manches an diesem Buch nicht nur neuartig, sondern auch fremdartig anmuten. Das sollte weder von der Lektüre abhalten noch davon, im Namen Jesu für die Kranken zu beten. Der Leser sollte sich vielmehr in Frage stellen lassen, ob er das Evangelium bisher nicht allzu einseitig gelesen hat, ob er am Auftrag Jesu, zu lehren und zu heilen, nicht allzu geflissentlich vorbeigelebt hat, ob die allzu vertraute These „Wir brauchen keine Wunder mehr, wir haben ja den Glauben" nicht allzu fadenscheinig die Mutlosigkeit verbirgt, tatsächlich zu *glauben*, Gott könne und wolle durch mein Gebet Menschen heilen, gleichzeitig aber auch die Angst, Gott wolle durch mein Gebet einen Kranken vielleicht nicht auf der Stelle heilen, sondern erst in einem langsamen Prozeß, der mehr Mitleiden durch Mitleben erfordert.

Solche Bedenken vor dem Einsatz unseres Glaubens und unseres Lebens, vor dem entschiedenen Kampf gegen die Macht des Bösen, von dem alles Un-Heil kommt, alle Krankheit an Leib, Seele und Geist, sind durchaus nichts Neues. Die gläubige Überwindung von Zweifeln und Hemmungen gehört von eh und je zum Alltag des Christen, genauso wie das vertrauende Gebet um die Heilung der Kranken.

Michael Marsch O. P.

VORWORT

Die katholische Kirche hat in den letzten Jahren eine wesentliche Wandlung durchgemacht; von bescheidensten Anfängen an der Basis bis herauf zu höchst offiziellen Verlautbarungen ist sie sich ihres Heilungsauftrags erneut bewußt geworden.

Am 1. Januar 1974 trat ein Dokument in Kraft, das eine weitreichende Wandlung im Verständnis der kirchlichen Sakramente anzeigt: die „Krankensalbung" dient heute wieder dem ausdrücklichen Zweck der *Heilung des ganzen Menschen.* Sie ist also nicht mehr nur eine Bereitung der menschlichen Seele für den Tod. Seit der Wiederentdeckung ihres ursprünglichen Sinngehaltes ist die Krankensalbung auch nicht mehr nur den Todgeweihten zu spenden, sondern jedem ernsthaft Erkrankten. Bis zum anbrechenden Mittelalter ist sie im übrigen stets derart verstanden worden.

Gleichzeitig mit diesem offiziell sanktionierten Bewußtseins-Wandel erleben wir an der Basis der Kirche die Entstehung von Gebetsgruppen, die praktisch die Kraft des Heilungsgebets wiederentdecken. Die Bewußtseins-Veränderung innerhalb der katholischen Kirche ist also nicht nur theoretischer Natur, sie beruht auf der *Erfahrung* von Menschen, die erleben, daß Kranke durch Gebet geheilt werden.

Ich selbst kam mit Gebetsheilung auf ganz natürliche Weise in Kontakt. Ich hatte dabei nie besonders viel innere Widerstände zu überwinden. Mir fehlte es nur an Mut. Die Realität der Gebetsheilung stand für mich nie in Frage; Schwierigkeiten hatte ich nur mit ihrer Anwendung.

Meine erste Vorbereitung auf diesen kirchlichen Dienst bestand in meinem Wunsch, Arzt zu werden. Fast wäre er in Erfüllung gegangen. Nach nur zwei College-Jahren vormedizinischer Ausbildung wurde ich 1944 von der Medizinischen Fakultät der Universität Washington angenommen. Wäre alles gut gegangen, hätte ich mit 23 Jahren Arzt sein können. Im September 1944 aber wurde ich zehn Tage vor Beginn des ersten Semesters eingezogen. Zwei Jahre diente ich bei der Sanität als Chirurgie-Pfleger. Meist war ich im Operationssaal des Krankenhauses in Camp Crowder, Missouri, eingesetzt.

Jahre später trat ich in den Dominikaner-Orden ein. Mit der Begeisterung des Novizen verschlang ich die Heiligenleben. Was mich am meisten erstaunte, war ihr Erfolg bei der Krankenheilung. Aber selbst um Heilung zu beten, schien uns als Novizen vermessen.

Später lehrte ich am Aquinas-Institut Homiletik und war außerdem in der Seelsorge tätig. Irgend etwas fehlte mir bei dieser Tätigkeit. Was hatte ich den Menschen an geistlicher Orientierung zu bieten? Einige waren depressiv, hatten Selbstmord versucht, andere waren Alkoholiker, wieder andere homosexuell, oder aber sie waren verwirrt, fühlten sich nutzlos und unliebenswert. Es waren all jene, die irgendwie „nicht in Ordnung" waren. Ihre psychischen Probleme und ihr sogenanntes geistliches Leben konnte man unmöglich getrennt behandeln. Menschlich gesprochen ließen sie den Kopf hängen, waren traurig und fühlten sich schuldig. Allein mit Willenskraft war ihren Problemen beim besten Willen nicht beizukommen. Auch Priester, Mönche und Nonnen kamen. Menschen also, die ihr Leben Gott geweiht hatten, aber dennoch in der Gemeinschaft ihres Lebens nicht froh wurden. Ehrlicherweise konnte ich weder ihnen noch mir sagen, all diese Leiden hätten einen erlösenden Sinn. Dem Depressiven, der gerade eine Elektroschock-Behandlung hinter sich hatte, konnte ich nicht gut einreden, seine Angstzustände wären Gottes Wille; ein gottgesandtes Kreuz. Sicher ging es um ein Geheimnis. Aber es mußte das Geheimnis des Bösen sein. Die Erbsünde mußte dahinterstecken. Ich konnte einfach nicht glauben, daß Leiden Gottes unmittelbarer Wille für uns Menschen sei.

Eines Tages sollte Alfred Price im Presbyterianer-Seminar in Dubuque sprechen. Er war einer der anglikanischen Gründer des Lukas-Ordens, der Heilung als seine Berufung ansieht.

Das war um 1960. Ich wagte den damals noch kühnen Schritt, mir einen Anglikaner in einem protestantischen Seminar anzuhören. Was er sagte, leuchtete mir durchaus ein, vor allem, daß Jesus den Jüngern nicht nur den Auftrag gegeben habe zu lehren, sondern auch zu heilen.

Vom Neuen Testament her schien diese These unangreifbar. Die Kirche beruft sich auch heute noch auf den Auftrag, die Menschen zu lehren. Was aber ist aus dem Auftrag geworden, die Menschen zu heilen und Dämonen auszutreiben? Nach dem Vortrag sprach man in kleinen Gruppen über Erfahrung mit Gebetsheilung. Die einzelnen beschrieben die erlebten Phänomene; zum Beispiel ein gewisses Wärme-Empfinden in den Händen, dem Schwellungen folgen, wenn das Gebet zu lange währt. Das Erstaunlichste für mich war, daß sich diese Pastoren offenbar keinerlei Gedanken darüber machten, ob Heilung überhaupt geschieht oder nicht. Sie sprachen von einem kirchlichen Dienst, der ihnen selbstverständlich schien. Mein Problem war für sie nicht existent: Heilung geschieht einfach. Tore zu einer neuen Welt öffneten sich mir. Ich wußte nur nicht, was ich damit anfangen sollte. Niemand sandte mich aus, für die Kranken zu beten.

Erst 1966 hörte ich wieder von Gebetsheilung. Es war beim jährlichen Kongreß der Amerikanischen Gesellschaft für Rhetorik. Ich nahm als geschäftsführender Vorsitzender der Christlichen Prediger-Konferenz teil. Dort in Chicago lernte ich durch gemeinsame Freunde Frau J. Kimmel, Professor für Rhetorik am Manchester College, kennen. Dem Vernehmen nach sollte sie mit Heilungsgebet beachtlichen Erfolg haben. Ihre Erfahrungen schienen mir so ungewöhnlich, ja fast unglaublich, daß ich einen befreundeten Priester herbeirief. Einen ganzen Tag lang fragten wir sie über dieses merkwürdige Phänomen aus. Ich weiß noch, wie verblüfft ich war, daß sie an all diese außergewöhnlichen Heilungen glaubte. Sie fragte zurück, warum ich meinte, Heilung durch Gebet sei etwas Außergewöhnliches. Für sie gehörte Gebetsheilung zum Alltag christlichen Lebens; Hunderte machten täglich die gleichen Erfahrungen wie sie.

Im August 1967 lud mich Frau Professor Kimmel zu einem Camp Farthest Out in Maryville, Tennessee, ein. Ich begegnete zwei der Referenten, Agnes Sanford und Pastor Tommy Tyson, und lernte noch mehr über Gebetsheilung. Bei der School of Pastoral Care in Whitinsville, Massachusetts, traf ich 1968 Tommy Tyson und Agnes Sanford wieder, dieses Mal mit ihrem Mann, Pastor John Sanford.

Diese fünftägigen Seminare hatten Pastor Sanford und seine Frau eingerichtet, um andere Pastoren davon zu überzeugen, daß Gebetsheilung zum Alltag des kirchlichen Dienstes gehöre. Seit dem Tod ihres Mannes führt Frau Agnes Sanford diese Bildungsarbeit allein weiter. An der Erneuerung der Gebetsheilung in den etablierten Kirchen hat sie vielleicht den entscheidenden Anteil.

Ich war der erste katholische Priester, der an einer School of Pastoral Care teilnahm. Ich erkannte, daß die Lehre über Gebetsheilung in ihren Grundzügen weitgehend mit der Lehre der katholischen Kirche übereinstimmte. Tatsächlich sollte Gebetsheilung für uns Katholiken leichter zu verstehen sein als für die meisten Protestanten. Als Katholiken sind wir sozusagen mit den Heiligen groß geworden, denen von Gott außerordentliche Gaben zuteil wurden; unter anderem auch die Gabe der Heilung, die heute noch bei einer Heiligsprechung nachgewiesen werden muß. Schwieriger wird es schon, wenn wir glauben sollen, Heilung gehöre zum Alltag des Christen. Als ich jedoch einsah, daß im Leben einer Agnes Sanford Gebetsheilung tatsächlich zum Alltäglichen gehört, schien mir das durchaus sinnvoll. Sollte es sich auch für mich als wahr erweisen, so würde ich fortan Menschen, deren ganze Persönlichkeit von Krankheit zerfressen war, nicht mehr sagen müssen, dies wäre ihr gottgesandtes Kreuz; ich würde mit ihnen beten und hoffen, daß Gott ihre Heilung selbst dann noch wollte, wenn ihnen die Mediziner nicht mehr helfen konnten.

Nachdem ich an die Wirklichkeit von Gebetsheilung im Leben meiner Freunde zu glauben gelernt hatte, wurde mir klar, daß ich die neue Frohbotschaft nicht einfach in einer Vorlesung abhandeln konnte; ich mußte sie in meinem Leben verwirklichen. Als erstes betete ich für eine Klosterfrau, die nach einer Elektro-Schock-Behandlung noch immer an Depressionen litt. Die Psychiater hatten alles getan, was in ihren

Kräften stand. Durch mein Gebet hatte sie also nichts zu verlieren. Auch ich hatte nichts einzubüßen; außer einer gewissen falschen Demut. Zu meinem Erstaunen wurde sie (zumindest teilweise) geheilt. Ich mußte also glauben lernen, sogar durch *mein* Gebet könnten Menschen geheilt werden.

Seitdem habe ich Hunderte von Heilungen erlebt, besonders dann, wenn ich bei Exerzitien im Team mit anderen betete, oder aber innerhalb einer liebenden Gemeinschaft. Ich sage das zur Ermutigung anderer. Vielleicht kommt Ihnen dabei der Gedanke, Gott könne auch Sie eines Tages brauchen, für die Kranken zu beten.

Und noch etwas: Heilungsgebet ist für mich keineswegs mit der Ablehnung von Ärzten, Schwestern, Psychiatern und Apothekern verbunden. Gott wirkt Heilungen auf alle mögliche Weise. Ideal wäre ein Team, durch dessen Zusammenarbeit Kranke auf alle nur mögliche Weise geheilt werden könnten. Sicher kann Gebet auch rein *psychologisch erklärbare Wirkungen* haben, etwa durch Suggestion. Dennoch bin ich aus Erfahrung überzeugt, daß Heilungsgebet Kräfte ins Spiel bringt, die das rein Menschliche weit übersteigen. Das Gebet hat uns soviel Außergewöhnliches erleben lassen, daß unser Team heute fast schon für selbstverständlich nimmt, was uns einst überwältigend erschien. Das Außergewöhnliche ist uns zur „Gewohnheit" geworden. Und so sollte es auch sein: Gebetsheilung sollte zum „*Alltag*" jeder christlichen Gemeinschaft gehören.[1]

Die in diesem Buch beschriebenen Erfahrungen verdanke ich größtenteils Exerzitien, bei denen ich im Team mit so gnadenbegabten Menschen wie Barbara Shlemon, Schwester Jeanne Hill O. P., Ruth Stapleton, Pater Michael Scanlan T. O. R., Pastor Howard Ervin und Pater Bob de Grandis zusammenarbeiten konnte. Den ersten Anstoß zu einem Buch gab Dolores Cooper. Durch ihre exegetischen Kommentare trug Mary Des Roches viel zu den ersten Kapiteln bei. Gesprä-

---

[1] Bruce Baker drehte einen Dokumentarfilm über eines unserer Heilungs-Seminare: „*The Healing Ministry of the Church*"; Vertrieb durch Pyramid Films, P. O. B. 1048 Santa Monica, Ca. 90406. Dieser Film empfiehlt sich besonders für Gruppen, die sich eingehend über Heilung informieren möchten.

che mit Schwester Dorothy Dawes O. P. halfen mir, die geistlichen Aspekte der Gebetsheilung besser zu verstehen. Bei der Endredaktion erwies sich Schwester Jane Mary Dempsey V. H. M. als hilfreiche Kritikerin. Schwester Aimee Mary Spahn O. S. F. und Frau Pat Brimberry halfen bei der Abschrift des Manuskriptes. Nicht zuletzt sei Herrn und Frau William Callaghan gedankt, die mir in ihrer Einsiedelei in Clearwater, Florida, Zuflucht gewährten, um ungestört an diesem Buch arbeiten zu können.

Zur weiteren Klärung meiner Gedanken über Gebetsheilung konnte ich an Heilungsgottesdiensten von Kathryn Kuhlman und Oral Roberts teilnehmen und auch mit ihnen sprechen. Über das vielumstrittene Exorzisten-Amt konnte ich mit den Pastoren Don Basham und Derek Prince, Pater Richard Thomas S. J. und Herrn Bob Cavnar hilfreiche Gespräche führen. Vor allem aber schulde ich den Schwestern Mary Margaret McKenzie V. H. M. und Miriam Young O. P. vom Merton House in St. Louis Dank, die es mir ermöglichten, nach drei Jahren Arbeit das vorliegende Buch endlich abzuschließen, indem sie mit all jenen beteten, die ständig kommen und nach Heilung suchen.

Francis S. MacNutt O. P.
Merton House, St. Louis

Erster Teil

1. Kapitel

GESCHIEHT HEILUNG WIRKLICH?

Ist es möglich, daß Menschen von Gott geheilt werden? Geschieht es wirklich? Alle weiteren Fragen hängen von dieser ersten ab: Gibt es so etwas wie Heilung? Weil ihnen die unmittelbare Erfahrung fehlte, beriefen sich viele gebildete Christen des letzten Jahrhunderts auf die Meinung von Theologen und Exegeten. Der Glaube des einfachen Mannes an Wunderheilungen beruhte auf Erfahrungen an Wallfahrtsstätten, auf Volksfrömmigkeit und der Lektüre von Heiligenleben.

Die Anwendung der Formgeschichte auf die Bücher der Bibel stellte Theologen und Exegeten unseres Jahrhunderts vor die Frage, ob die Wunder Jesu wörtlich zu nehmen seien. Ebenso wurde die Frage des Teufels als einer personalen Wirklichkeit wieder aktuell, gleichzeitig aber auch die der Bedeutung der Exorzismen Jesu. Weil wir heute wieder Wunderheilungen erleben, fällt es uns nicht mehr so schwer, uns die Heilungen Jesu lebendig vorzustellen. Aus meiner Heimatstadt St. Louis begeben sich ganze Gruppen in Autobussen zu den Heilungsgottesdiensten von Kathryn Kuhlman in das fast tausend Meilen entfernte Pittsburgh. Die kirchlichen Behörden wissen, daß viele Katholiken, sogar Klosterfrauen, diese Pilgerreisen antreten, und können nicht verstehen, warum.

Die Menschen hungern und dürsten nach *unmittelbarer Gotteserfahrung*. Die Kranken bedurfen der Heilung wie in den Tagen Jesu. Solches Hoffen und Verlangen gehört zu unserem Menschsein. Heilt der auferstandene Christus die Kranken, so ist das Christentum eine Antwort auf die Not der Menschen. Kein Argument überzeugt stärker als die eigene Erfahrung: „Geht hin und meldet Johannes, was ihr gesehen und gehört habt; Blinde werden sehend, Lahme gehen ... Selig, wer keinen Anstoß an mir nimmt“ (Luk 7,22f).

Die Einfachen und die Armen folgen Jesus scharenweise, sie erleben, was geschieht. Die Hohenpriester und Schriftgelehrten dagegen grübeln darüber nach, was das alles zu bedeuten habe. Da die Apostel wie Jesus Heilungen vollbringen, kommt das Volk auch zu ihnen; die Theologen aber fragen weiterhin, was eigentlich geschieht. Nach der Heilung des Lahmen an der Schönen Pforte des Tempels nehmen die Hohenpriester und die Schriftgelehrten Petrus und Johannes fest, um sie zu verhören: „Als sie den Freimut des Petrus und Johannes sahen und bemerkten, daß es einfache Leute ohne höhere Bildung waren, wunderten sie sich und erkannten sie wieder als Männer aus dem Gefolge Jesu; doch sahen sie den Geheilten an ihrer Seite und wußten nicht, was sie tun sollten. Sie ließen sie deshalb aus dem Ratsaal treten, um sich miteinander zu beraten. Was sollen wir mit diesen Leuten anfangen?, sagten sie. Denn daß durch sie ein offenkundiges Wunder geschehen ist, ist allen Bewohnern Jerusalems bekannt, und wir können es nicht leugnen; damit sich aber die Sache nicht noch mehr im Volk verbreitet, wollen wir ihnen drohen und ihnen verbieten, noch fernerhin unter Berufung auf diesen Namen mit irgend jemand zu reden" (Apg 4,13—17).

Die Verfolgung der ersten Christen wurde also nicht nur durch die Verkündigung der Auferstehung Jesu ausgelöst, sondern auch durch die Vollmacht der Apostel, im Namen Jesu zu heilen. Die Wirklichkeit der Heilung stellte die Schriftgelehrten vor eine zweifache Entscheidung: Theoretisch hatten sie sich zu fragen: War die Heilung echt oder nicht? Und praktisch: Wie sollten sie sich dazu stellen? Sie entschieden, die Heilung wäre echt. Gleichzeitig aber entschieden sie, das Geschehene in Zukunft zu verbieten. Von der Lehre her nämlich dürfte es keine Heilung geben, weil mit ihr die Verkündigung der Auferstehung Jesu verbunden war. Sie bangten um ihre Autorität, besonders da diese Verkündigung und Heilung von „ungebildeten Laien" ausgegangen war. Die religiösen Machthaber versuchten, die neue Bewegung zu unterdrücken, indem sie den Aposteln verboten, zu predigen.

Die Kirche unserer Tage steht vor dem gleichen Problem. Nicht etwa die Theorien der Theologen machen ihr zu schaffen, sondern das Zeugnis der Geheilten, oft gerade „ungebildeter Laien". Wir Theologen haben nicht nur Theorien zu diskutieren, sondern wir haben uns zu entscheiden: „Ist das wirklich so?" Und dann: „Sollen wir etwas unternehmen oder nicht?"

Erfahrung hat mich überzeugt, daß sehr oft Heilung geschieht. Ich wollte soviel wie möglich über dieses Phänomen erfahren. Ich fing an, für Kranke zu beten. Ich hatte keine andere Wahl. Könnte ich den Kranken durch mein Gebet helfen und würde es unterlassen, so liefe ich Gefahr, mir sagen zu lassen: „Was ihr auch nur einem von den Geringsten nicht getan habt, das habt ihr mir nicht getan" (Mt 25,45).

Als Harvard-Absolvent und Doktor der Theologie kenne ich nur allzu gut die Probleme der Glaubwürdigkeit theologischer Fragen; etwa: „Beeinflußt Gott das Geschehen des Weltalls?" Heute aber weiß ich aus Erfahrung, Heilung ist für die meisten Menschen der Beweis dafür, daß Gott *mit uns* ist — und nicht irgendwo „da oben", außerhalb der Reichweite jedes menschlichen Mitgefühls.

Viele Christen leben nach dem Grundsatz: „Hilf dir selbst, so hilft dir Gott." Sie vertrauen ausschließlich ärztlichem Können. Gebetsheilung, so meinen sie, wäre etwas für vergangene Zeiten. In Wirklichkeit braucht man aber *Medizin und Gebetsheilung* nicht gegeneinander auszuspielen. Tatsächlich heilen einige Ärzte bereits heute durch Medizin *und* Gebet. Ein Buch wie Paul Tourniers „Bibel und Medizin"[1] ist ein Beispiel steigender ärztlicher Beachtung der Kraft des Gebets.

Ein weiterer Einwand ist der folgende: Warum sich mit der Heilung einzelner aufhalten, wenn unsere von Krieg und gesetzlich verankerter Ungerechtigkeit zerrissene Welt so dringend der Heilung von Beziehungen, ja einer ganzen Gesellschaft bedarf? Es wäre jedoch verkehrt, die Heilung einzelner gegen kollektive Heilung auszuspielen. Die Ungerechtigkeit dieser Welt wird schwinden, wenn der einzelne Mensch geheilt ist. Ist seine Gefühlswelt heil und kann er echte Beziehungen eingehen, so bestimmen immer weniger Vorurteile und verborgene Wunden sein Handeln.[2] Der Traum der sechziger

[1] Paul Tournier, *Bibel und Medizin*, Zürich 1953.

[2] Noch kaum bekannt geworden ist, daß durch die Pfingstkirchen nicht nur Gebetsheilung erneuert wurde, sondern mit ihr auch die Heilung

Jahre von sozialer Gerechtigkeit ist so gründlich ausgeträumt, daß die Begeisterten von damals heute zugeben, bloße Veränderung sozialer und politischer Strukturen genüge nicht. Viele von denen, die lange Zeit für die Unterprivilegierten gearbeitet haben, zeigen heute eine echte Bereitschaft, das Gebet um seelische Heilung einzelner ernst zu nehmen. Es geht also nicht um ein Entweder-Oder. Wir haben auf allen Ebenen und mit allen Mitteln um Heilung zu ringen: politisch, wirtschaftlich und geistig; wobei Gebet sicher nicht an letzter Stelle stehen sollte.

Im Februar 1973 fand in Bogota (Kolumbien) eine Tagung von 23 katholischen charismatischen Gebetsgruppenleitern aus acht Ländern statt (1974 waren es schon 250). Alle stimmten überein, daß das Bild Latein-Amerikas heute geprägt sei von einer außergewöhnlichen Sehnsucht nach Gott, begleitet von sichtbaren Zeichen der Kraft des Heiligen Geistes, von denen im folgenden die Rede sein soll. Im Resümee der Tagung heißt es:

„Von überall kamen Berichte, daß Gott seine Verheißungen wahr macht, sein Volk zusammenführt durch ungewöhnliche Beweise seiner Macht, besonders aber durch Heilungen. In den Barrios von Santa Cruz (Bolivien), so schätzen Pater Ralph Rogawski O. P. und Schwester Helen Raycraft O. P., wurden rund 80 Prozent aller Kranken durch Gebet geheilt. Der Verkündigungs-Feldzug des Laien Julio Cesar Ruibal durch Bolivien war ebenfalls von Heilungen begleitet. Die Bildseiten der Tageszeitungen in ganz Süd-Amerika waren voll davon. Auch Priester und Nonnen berichteten über ihre

---

der Beziehungen zwischen Schwarzen und Weißen: „Die Begegnung der Rassen ereignete sich ausgerechnet in der am stärksten durch Rassenhaß geprägten Periode der amerikanischen Geschichte, nämlich zwischen 1890 und 1920. Im Zeitalter sozialen Darwinismus' und weißen Herrschaftsanspruchs bedeutete der gemeinsame Gottesdienst von Schwarzen und Weißen innerhalb der Pfingstkirchen eine beachtliche Ausnahme von der vorherrschenden Einstellung zum Rassenproblem. Noch bemerkenswerter aber erscheint die Tatsache, daß dieses Zusammenwirken beider Rassen gerade unter jenen Bevölkerungsgruppen zustandekam, die sich traditionsgemäß am erbittertsten bekämpften: den armen Weißen und den armen Schwarzen." Vgl. Vinson Synan, *The Holiness-Pentecostal Movement in the United States*. Grand Rapids, 1971, 165.

Wiederentdeckung der Kraft des Gebets. Mehrere Priester fürchteten, vor der Aufgabe der Verkündigung des christlichen Glaubens versagt zu haben; bis sie aus Julios schlichtem Zeugnis neue Kraft schöpfen durften. Alle stimmten in der Feststellung überein, daß der Heilige Geist seine Kraft in drei grundlegenden Gnadengaben offenbart:

1. *Einzelne* bringt er in eine persönliche Beziehung zu Jesus Christus durch die Taufe im Heiligen Geist.

2. *Die Gemeinschaft* baut er durch Heilung von Beziehungen besonders innerhalb der Familie und der Gemeinde.

3. *Die Gesellschaft* verändert er durch Heilung von Ungerechtigkeit und Unterdrückung."

Innerhalb dieser drei Bereiche einigten sich die Tagungsteilnehmer auf drei Grundsätze:

a) *Wandlung des einzelnen:* Die meisten Tagungsteilnehmer hatten eine *persönliche Bekehrung* erlebt. Im allgemeinen war es eine Abkehr von dem Versuch, Gerechtigkeit durch ausschließlich menschliche, diesseitige und politische Mittel zu erreichen. Sobald man es der Macht Gottes überließ, eine gegebene Situation zu klären und zu heilen, ergaben sich neue Prioritäten und es entstand eine echte Gemeinschaft.

b) *Seelische Heilung* ist ein Weg zu innerer Wandlung. Eine gerechte Gesellschaft ohne gerechte Menschen ist undenkbar. Menschen aber können nicht gerecht werden, ohne zuvor von den Verletzungen und Wunden ihrer Vergangenheit geheilt zu sein. In Latein-Amerika wurden diese Wunden geschlagen von oft grausamer Unterdrückung und Ungerechtigkeit, von zerrütteten Familien und anhaltender Armut. Die anwesenden Priester und Nonnen betonten auch die Notwendigkeit ihrer eigenen seelischen Heilung von der Furcht vor Versagen und Einsamkeit.

c) *Körperliche Heilung* wurde als ebenso lebensnotwendig erkannt wie seelische Heilung, besonders unter den Armen. Bei einem Minimum ärztlicher Versorgung beträgt die Krankheitsrate dort fast hundert Prozent. Die traditionelle Verkündigung über Leiden betonte die Annahme des Kreuzes Christi. Das führte die Menschen zu einem fast heidnischen Glauben an einen leidbringenden Gott, einen zürnenden Gott, der zu seiner Versöhnung Opfer fordert. Ein Gott der Liebe, der nicht heilt wie Jesus, ist jedoch schwer zu verstehen. In Cali (Kolumbien) wurde eine fünftägige Volksmission durch einen Heilungsgottesdienst eröffnet. Die Teilnehmerzahl stieg sofort auf das Doppelte. Die Menschen wollten mehr vom Evangelium hören und gemeinsam beten lernen.

Zahlreiche Tagungsteilnehmer hatten aber auch Bedenken gegenüber Heilung, vor allem aus vier Gründen:

1. Korrupte Heiler, korrumpierte Wallfahrtsstätten und Manipulationen von Wundern lassen Gebetsheilungen verdächtig erscheinen. Vor zwei Jahren flog in Kolumbien ein Schwindel auf, bei dem geschäftstüchtige Eltern die Heilkräfte ihrer Tochter auszubeuten suchten.

2. Bestärkung der fatalistischen Tendenzen innerhalb des Volkes birgt die Gefahr, Gott machen zu lassen ohne jedes Zutun; man sorgt nicht mehr für sanitäre Einrichtungen, man geht nicht mehr zum Arzt, usw. Wir Missionare hatten es schwer, die Menschen zu eigener Aktivität anzuhalten und nicht das Gebet als Alibi fatalistischer Abhängigkeit zu mißbrauchen.

3. Im Volk entsteht Verwirrung durch die Verwechslung von Heilung mit Hexerei und anderen Formen des Aberglaubens.

4. Dazu kommen allgemeine Widerstände gegen jene Frömmigkeit, die Gebet, Wallfahrtsorte, Heilung, Reliquien und jenseitsbetonte Einstellung empfiehlt, aber vor der Aufgabe versagt, Menschen im Kampf gegen die Ungerechtigkeit dieser Welt zu unterstützen.

Die Priester und Klosterfrauen, die gegenwärtig in Latein-Amerika an Heilungsaufgaben beteiligt sind, berichten jedoch, daß es sich bei alledem eher um theoretische Probleme handelt. Die Widerstände kommen aus einer klerikalen Mentalität. Sobald das Volk verstehen gelernt hat, was Gebetsheilung innerhalb der Gemeinschaft bedeutet, schwindet sein Widerstand.[3]

Der folgende Brief der Dominikaner P. Ralph Rogawski und S. Helen Raycraft berichtet vom Wert des Gebets in Ver-

[3] *First Latin-American Charismatic Leadership Conference;* reported by Francis MacNutt, 4453 McPherson, St. Louis, MO. 63108.

bindung mit Sozialarbeit. Er datiert vom 24. Oktober 1973 und kommt aus den Barrios Boliviens:

„Wie Du weißt, arbeiten wir seit sieben Jahren unter den Ärmsten von Santa Cruz in Bolivien. Unsere beiden Kommunitäten leben jetzt ständig in verschiedenen Vierteln der Stadt. Sie teilen das Leben der Leute, fördern Nachbarschaftshilfen, Kooperativen, Volksbildungs- und Fürsorgeprogramme unter Führung der Leute selbst. Als Kernproblem sozialer Gerechtigkeit erkannten wir immer deutlicher die Umkehr des Herzens, die Bereitschaft der einzelnen, gerecht zu *sein* und neue Werte und Lebensnormen zu schaffen. Dies hat durch eine persönliche Erfahrung Jesu Christi zu geschehen. So suchen wir nach Möglichkeiten, die Menschen im Namen Jesu zusammenzuführen, christliche Gemeinschaften in Stadtvierteln oder sogar in einzelnen Straßen zu schaffen. Im Dezember 1972 versuchten wir etwas Neues. Aus eigenen Erfahrungen mit der Charismatischen Erneuerung zogen wir in die Stadtviertel und verkündeten Jesus Christus jeder Menschengruppe, die bereit war, uns anzuhören. Es ging denkbar einfach zu: Eine kurze Predigt und dann spontanes Gebet mit allen Leuten. Sie waren erstaunlich offen für Jesus und bereit, das Neue Testament zu lesen. Ihr Leben wandelte sich von Grund auf. Sie trafen sich regelmäßig, um gemeinsam zu beten. Der Beginn einer echten christlichen Gemeinschaft war da. Einige wollten uns sogar in andere Stadtviertel begleiten, um dort mit uns zu predigen! Diese Erfahrung hat sich später in Santa Cruz wiederholt."

Zahlreiche Christen und besonders Priester sind heute bereit zu einem Gespräch über Heilung durch Gebet. Viele (wie etwa P. Michael Scanlan) haben neuen Mut geschöpft. Sie wagen es wieder, für die Kranken zu beten. Zumeist erleben sie dies auch als Erneuerung ihres eigenen Priestertums: „Priester entdecken heute wieder die Kraft der Fürbitte in ihrem priesterlichen Dienst und in der Seelsorge. Die Fürbitte dient körperlicher und vor allem seelischer Heilung. Drogenabhängigen, Alkoholikern und Beziehungs-Gestörten konnte in vielen Fällen durch Priester geholfen werden. Sie erfahren, wie die Kraft Christi sie als Werkzeug seiner Liebe durchströmt. Die Zahl der Priester, welche diese Kraft erfahren haben, ist noch nicht groß, aber ihnen ist ihre Berufung kein Problem mehr."[4]

Das Schwierigste für mich als Priester war zu vertrauen, Gott könne und wolle Gebete für körperliche Nöte wörtlich nehmen. Aber das tut er! Ein bewegendes Zeugnis erhielt ich von einem Arzt und seiner Patientin. Die Patientin, Frau Katherine Gould aus Metairie, Louisiana, hatte gleichzeitig um das Gebet für seelische Heilung und für die Heilung von körperlichen Beschwerden einschließlich eines Blasenvorfalls gebeten. Später schrieb sie:

4. Mai 1972

Lieber Pater Francis!

Ich empfand eine derartige Erleichterung während der Tagung in Ardmore, daß ich mich fragte, ob das körperliche Wohlbefinden nicht pure Einbildung wäre. Während des Gebets war ich dennoch überzeugt davon, daß ich geheilt sei.

Wie Sie sich vielleicht erinnern, beteten wir auch für das Wachstum im Glauben meines Arztes (seinen Brief füge ich bei). Wie wünschte ich, ich könnte Ihnen seinen Gesichtsausdruck nach der Untersuchung beschreiben. Er warf die Arme in die Höhe und rief: ‚Danke, Herr Jesus!' Denn eigentlich hätte ich ohne eine größere Unterleibsoperation nicht davonkommen können. Nach dem Gebet für seelische Heilung erfaßte mich die Begegnung mit Jesus in so neuer und tiefer Weise, daß meine körperliche Heilung Nebensache geworden war: Ich hatte die Angst vor der Operation und der Krankheit verloren. Er wollte, so scheint es mir, seine Güte in seinen Wundern noch stärker offenbaren. Wie wunderbar aber auch für Jesus, uns so innig und so persönlich zu lieben und uns die Zeichen und Wunder seiner selbst zu offenbaren. Herzlich Ihre Katherine Gould.

Diesem Brief lag das folgende Attest bei:

3. Mai 1972

Lieber Pater Francis,

hiermit bezeuge ich die heilende Gnade unseres Herrn Jesus Christus. Frau Katherine Gould wurde von mir wegen

[4] *The Spiritual Renewal of the American Priesthood.* Edited by Ernest Larkin O. C. D. and Gerald Broccolo, Washington D. C.: U. S. Catholic Conference, 1973, 18.

einer Blasen-Hernie untersucht, die nach ärztlichem Wissen nicht ohne chirurgischen Eingriff behandelt werden kann. Seinerzeit sagte sie, sie wolle eine Tagung mitmachen, und ich schlug ihr vor, dabei für ihre Heilung zu beten. Sie kam heute erneut zur Untersuchung, war ohne jeden Befund und ohne Anzeichen einer Blasen-Hernie. Die Gnade unseres Herrn erfüllt mich mit Freude. Ihr in Christus ergebener

Dr. med. James A. Seese
Facharzt für Geburtshilfe und Frauenleiden.

Frau Goulds Heilung und die zahlloser anderer Menschen hat meine Überzeugung noch bestärkt, daß eines der Zeichen, an denen man gläubige Christen erkennt, das folgende ist: „Wenn sie Kranken die Hände auflegen, werden diese gesund werden" (Mk 16,18).

2. Kapitel

UNSERE VORURTEILE GEGEN HEILUNG

Die Teilnehmer der erwähnten Tagung in Bogota (Kolumbien) im Februar 1973 waren sich einig, daß sich die Erneuerung der katholischen Kirche Latein-Amerikas durch Heilung und durch Befreiung von Unterdrückung vollziehen wird. Es waren, wie gesagt, Priester und Nonnen der Charismatischen Erneuerung. Die meisten von ihnen standen seit Jahren in der Sozialarbeit. Im Gebet für seelische und körperliche Heilung hatten sie eine ihnen unbekannte Kraft zur Befreiung der Menschen erlebt. Sie berichteten übereinstimmend:

„Heute wie vor 2000 Jahren ist Christus am Werk, die Kranken und die Bedrückten zu heilen. Ein Dominikaner-Missionar berichtete, 80 Prozent der Armen in einem der Barrios Boliviens wurden ganz oder teilweise von ihren Leiden geheilt."

Trotz aller Berichte dieser und ähnlicher Art fällt es vielen Christen schwer, an Heilung zu glauben. Die Evangelien sind voll von Heilungsberichten. Dennoch haben viele, die Christus nachfolgen möchten, Mühe, zu glauben, die Heilungen Jesu hätten nichts an Aktualität verloren. Warum? Die Verantwortlichen der Kirchen machen sich Sorgen um den Glaubensschwund der Christen, aber sie selbst glauben auch nicht an die heilende Kraft Christi. Wie soll ich einen Drogen-Abhängigen zum Glauben an Jesus als Erlöser führen, wenn ich selbst nicht glaube, daß Jesus unser Gebet erhört?

Eines der schwersten Probleme der Kirche unserer Zeit ist der Verlust einer lebendigen Heilungstradition. Die Gründe dafür sehe ich in fünf Vorurteilen:

a) *„Mit Gesundbeten wollen wir nichts zu tun haben."*

Immer wieder stoße ich auf die Verwechslung von Heilungsgebet und Gesundbeten. Hat man selbst noch nie mit

Handauflegung für die Heilung anderer gebetet, so denkt man unwillkürlich an Fernseh-Berichte über kreischende Evangelisten, an Gebetstreffen mit hysterischen Anfällen und nachfolgender Ohnmacht oder an Zeitungsberichte über geschäftstüchtige Prediger mit emporgereckten Armen und verklärtem Blick.

Diese Bilder haben sich uns derart eingeprägt, daß sie unsere Kindheits-Erinnerungen an den Jesus, der die Kranken heilt, einfach verdrängen. Das Bild vom Gesundbeter ist so allgegenwärtig, daß wir uns Heilung gar nicht mehr anders vorstellen können. Wir fragen uns: „War Christus nicht auch so ein Gesundbeter?" Lesen wir aber die Evangelien auch nur oberflächlich, so kommen wir an den Heilungen Jesu nicht vorbei. Rund die Hälfte der ersten acht Kapitel des Markus-Evangeliums ist Heilungsberichten gewidmet: „Denn er heilte so viele, daß die Leute sich um ihn drängten und alle, die eine Plage hatten, ihn zu berühren suchten" (Mk 3,10).

b) „*Meine Krankheit ist ein gottgesandtes Kreuz.*"

Der Glaube an Gottes heilende Kraft wird oft untergraben durch die Vorstellung, Leiden seien gottgewollt, Heilungsgebet stehe also im Widerspruch zum Willen Gottes und dem gottgesandten Kreuz. Diese Überbetonung des Kreuzes und die Vorstellung heilbringenden Leidens hat in fast allen Kirchen den Glauben an Heilung verdrängt[1] und die Verkündigung über Heilung geprägt. Allzugern wird auch heute noch Krankheit als Zeichen züchtigender Gottesliebe hingestellt und nicht als Auswirkung der Macht des Bösen. Für die traditionelle Lehre der katholischen Kirche aber ist und bleibt Krankheit eine Folge der Erbsünde. Nirgendwo in den Evangelien sehen wir Christus die Kranken ermutigen, mit der Krankheit zu leben. Überall brandmarkt er Krankheit als die Ausgeburt der Macht des Bösen, die zu überwinden er gekommen ist.

---

[1] Morton Kelsey schildert in seinem bemerkenswerten Werk *Healing and Christianity*, New York 1973, die Entwicklung vom urkirchlichen Glauben an *Heilung* als Gottes Wille zu der heutigen Auffassung, *Krankheit* sei der Wille Gottes. Diese Bewußtseins-Wandlung vollzog sich im wesentlichen zwischen dem 3. und 5. Jahrhundert.

c) „*Wunder sind für die Heiligen – ich aber bin kein Heiliger.*“

Unmittelbar nach meiner Priesterweihe im Juni 1956 (also lange vor dem Zweiten Vatikanum) bat mich ein protestantischer Freund, mit ihm für die Heilung seines fast blind geborenen Sohnes zu beten. Bei aller Verlegenheit fühlte ich mich herausgefordert. Immerhin wußte ich, daß in der Schrift stand: „Dabei werden Zeichen die begleiten, die glauben ... und wenn sie Kranken die Hände auflegen, werden sie gesund werden“ (Mk 16,17–18). Aber durch meine theologische Ausbildung war ich nicht darauf vorbereitet, für Krankenheilung zu beten. Ich glaubte an die Möglichkeit von Krankenheilung aufgrund der Heiligenleben. Aber eben nur die Heiligen waren dazu in der Lage – und ich war kein Heiliger. Was sollte ich tun? Wie konnte ich meinem Freund Mut machen, wenn ich selbst nicht glaubte, daß mein Gebet erhört würde? Ich war wirklich in Verlegenheit. Einerseits glaubte ich nicht, daß die Blindheit seines Sohnes durch mein Gebet geheilt werden könnte; andererseits wollte ich sein kindliches Vertrauen in die Kraft des Gebets nicht enttäuschen. Ich sagte ihm, was in mir vorging: Ich könne selbst nicht mitkommen, um für seinen Sohn zu beten, könne ihm aber zwei Dominikaner nennen, die ich für heilig hielt. Ich sah seine Enttäuschung und wußte, daß er die beiden nicht um Hilfe bitten würde, denn sein Freund war schließlich ich.

Heute, 15 Jahre später, bin ich immer noch kein Heiliger. Was sich geändert hat, ist meine Einstellung zum Gebet. Die Furcht vor meiner eigenen Unwürdigkeit würde mich heute nicht mehr abhalten, mit einem Freund um die Wiederherstellung des Augenlichts seines Sohnes zu beten. Was ich damals nicht wahrhaben wollte, war die überströmende Liebe Gottes. Gott liegt so viel an seinen Menschen, daß er zu ihrer Heilung selbst Durchschnittschristen wie mich brauchen kann. Am Ende des Markus-Evangeliums sagt Jesus: „Dabei werden Zeichen die begleiten, die glauben“ (Mk 16,17). Er sagt nicht „die Heiligen“, sondern „die *glauben*“. Was mich vom Glauben an Heilung abhielt, war falsche Demut.

d) „*Wir brauchen keine Zeichen und Wunder mehr, wir haben den Glauben.*“

Andere sind zwar bereit, der Urkirche Wunderheilungen zuzugestehen; uns Heutigen aber versichern sie, wir haben den Glauben, deshalb brauchen wir keine Zeichen und Wunder mehr. Diese Einstellung resultiert aus der Lehre, Krankenheilung finde zwar statt, aber nicht, weil der Vater Mitleid mit uns hat und eine gebrochene Menschheit heilen möchte, sondern weil er sich dadurch selbst verherrlicht. Gewisse protestantische Kreise haben daraus ein Dogma gemacht. Für sie ist die Zeit der Wunder endgültig vorüber: Hinter Berichten über Wunder kann nichts stehen als Betrug. Und auch die meisten traditionellen Katholiken sind nur bereit, Wunder anzuerkennen, weil sie darin Zeichen einer höheren Wahrheit sehen, aber nicht den Beweis von Gottes Erbarmen für den kranken Menschen.

e) „*Wunder gibt es nicht, sie sind eine primitive Art, die Wirklichkeit auszudrücken.*“

Die vier erwähnten Schwierigkeiten in bezug auf Heilungsgebet sind ernstzunehmen. Aber sie halten direkte Heilung durch Gott nicht für unmöglich. Hingegen gibt es theologische Richtungen, die sogar die bloße Möglichkeit von Gebetsheilung verneinen. Bei allem Fortschritt in den biblischen Wissenschaften gibt es Autoren, die in den Evangelien alles auf natürliche Weise zu erklären suchen. Aber biblische Geschichten jeder mythischen Bedeutung zu berauben und sie auf ausschließlich menschliche Erfahrung gründen zu wollen, ist denn doch eine übertriebene Entmythologisierung. Diese Haltung stellt die Möglichkeit eines direkten Eingreifens Gottes in die Geschichte und in unser Leben in Frage. Heilung durch göttliche Kräfte wird hier in den Bereich primitiver Religionen verbannt. Beschreibe ich Menschen, die so denken, selbsterlebte Heilungen, so bekomme ich sicher zu hören, die Gesundung sei durch Suggestion eingetreten. Widerspreche ich nicht sofort und entschieden, so geht es bestimmt weiter: „Ich glaube nicht an einen unberechenbaren Gott, der in die Geschichte eingreift und seine Auserwählten hat“, oder aber: „Ich glaube nicht an einen Gott da oben, der plötzlich herunterkommt wie eine heidnische Gottheit.“ Derartige Bemerkungen möchten den Glauben an Heilung gleichsetzen mit der infantilen Vorstellung von einem lieben Gott im Himmel. Ich habe aber gesehen, daß gerade derjenige, der die heilende Kraft Gottes erlebt, auch die Gegenwart Gottes *in sich selbst* erfährt, eines lebendigen Gottes also, der in seiner Schöpfung und seinen Geschöpfen lebt und wirkt. Gerade durch diese Erfahrung ist für mich Gott kein ferner Gott mehr. Er ist mir gegenwärtiger als je zuvor.

Im Evangelium erleben wir Jesus, wie er die Jünger aussendet, die Kranken zu heilen und zu verkünden, das Reich Gottes ist nahe (vgl. Lk 9 und 10). Genau das erlebe ich, wenn Heilung geschieht: Christus ist uns nahe, sein Reich ist Gegenwart. Heilung als Gottesgabe offenbart sich uns heute in einem seit den Tagen der Urkirche nicht mehr erlebten Maße. Heilung ist die Gabe eines personalen, liebenden Gottes, den schwindenden Glauben des Menschen zu stärken. Heilung ist keine Randerscheinung des Christentums, sie gehört zu seiner zentralen Botschaft.

3. Kapitel

DER KERN DER FROHBOTSCHAFT: JESUS RETTET

„Jesus rettet" erinnert mich immer an Kitsch-Plakate und an Straßen-Mission: „Bist Du schon gerettet, lieber Bruder?" Was heißt das überhaupt: Jesus rettet? Was heißt es für mich?

„Lamm Gottes, Du nimmst hinweg die Sünden der Welt." Die Bedeutung der Worte erreicht uns nicht mehr. Wovon rettet mich Jesus eigentlich? Nach der traditionellen Lehre der Kirche befreit Jesus mich von meiner Sünde und von den Auswirkungen der Erbsünde, von Unwissenheit, Willensschwachheit, Verwirrung, Krankheit und Tod. Gänzlich wird uns diese Freiheit erst bei der Auferstehung der Toten zuteil, aber sie beginnt jetzt und hier: „Das Reich Gottes ist nahe." Durch sein Kommen befreit Jesus uns von Sünde und Unwissenheit: „Der Geist der Wahrheit macht Euch frei!"

Jesus kam aber nicht nur, uns neues Leben zu bringen, eine liebende Beziehung zum Vater und zu ihm selbst durch den Heiligen Geist zu schaffen. Er kam auch, uns zu heilen, zu retten und zu befreien von aller Schwachheit, die der Wandlung bedarf, um neues Leben überhaupt erst zu ermöglichen.

Die Gefahr ist und bleibt, die Frohbotschaft als bloße Lehre und Glaubenswahrheit hinzunehmen und uns von der heilenden Kraft Jesu nicht ergreifen zu lassen. Heilung aber ist die *Wirklichkeit* der Frohbotschaft von unserer Rettung und Erlösung. Sie ist der praktische Glaube, daß Jesus uns nicht nur von der Sünde, sondern auch von seelischen und körperlichen Leiden befreien will und kann.

Will Jesus uns wirklich schon in diesem Leben von allem Bösen befreien? Gehört Heilung nicht zur kommenden Welt? Was heißt Heilung im Sinn Jesu? Zum Verständnis seines Heilungs-Auftrags und auch des unseren wollen wir genauer zu erfassen suchen, was das eigentlich heißt: „Jesus rettet."

DER NAME JESU

Die Juden maßen der Namengebung eines Neugeborenen große Bedeutung zu. Oft stand der Name für die Rolle, die das Kind in der Familie oder der Geschichte des Volkes spielen sollte. Der Sohn des Propheten Jesaja hieß „Sha'ar jaschub", „der Rest wird wiederkehren". Damit war jener Rest gemeint, der nach Jesajas Lebzeiten aus dem Exil zurückkehren sollte. Johannes der Täufer erhielt seinen Namen gegen den Willen der Familie auf Gottes ausdrückliche Weisung, um damit seine einzigartige Rolle in der Heilsgeschichte vorzuzeichnen. Gott selbst wählte bei seiner Menschwerdung einen Namen, der Sein und Sendung zugleich bedeutet: „Du sollst empfangen und einen Sohn gebären, dem sollst du den Namen Jesus geben" (Lk 1,31).

Das Wort „Jesus" aramäisch „Yeshua" bedeutet: „Gott rettet, befreit". Dies war damals kein ungewöhnlicher Name. Im Falle Jesu von Nazaret enthält er die ganze Botschaft seiner Sendung. Das hebräische Wort „meschiach", das griechische „christos", deutsch der Gesalbte, meint jenen, der durch Wort und Tat bezeugt, daß Gott rettet, befreit.

DIE SENDUNG JESU

Das entspricht auch der Vorstellung Jesu von seiner Sendung: Die Zeit des Messias ist die Zeit des Heils, der Befreiung und Erlösung. Die Trennung von Leib und Seele ist hebräischem Denken fremd. Der Mensch wird als Ganzheit verstanden. Heilung bedeutet niemals, nur die Seele zu retten, es heißt immer den *ganzen Menschen zu heilen.* Zum Menschsein aber gehören außer der Seele auch Leib und Geist. Lukas bezeugt, daß Jesus von Anfang an in aller Deutlichkeit zu seinem Heilungs-Auftrag stand: „Auch nach Nazaret kam er, wo er aufgewachsen war. Nach seiner Gewohnheit ging er am Sabbat in die Synagoge und erhob sich, um vorzulesen. Man reichte ihm die Buchrolle des Propheten Jesaja, und als er sie auftat, stieß er auf die Stelle, wo geschrieben steht: ‚Der Geist des Herrn ist über mir, denn er hat mich gesalbt und mich gesandt, den Armen frohe Botschaft zu bringen, Befreiung zu künden den Gefangenen, den Blinden neues Augenlicht, Geknechtete in Freiheit zu setzen, auszurufen das Gnadenjahr des Herrn.' Da rollte er das Buch zusammen, gab es dem Diener zurück und setzte sich. Aller Augen in der Synagoge waren gespannt auf ihn gerichtet. So hub er an, zu ihnen zu sprechen: ‚Heute ist dieses Schriftwort, wie ihr gehört, erfüllt' " (Lk 4,16–21).

Als Johannes der Täufer durch seine Jünger fragen läßt, ob Jesus wirklich der Messias sei, weist Jesus auf seine Heilungen als Zeichen seiner Messianität: „Als die Männer bei ihm eintrafen, sagten sie: Johannes der Täufer hat uns zu Dir gesandt und läßt sagen: Bist Du es, der kommen soll, oder sollen wir auf einen anderen warten? Es war gerade eine Stunde, in der er viele von ihren Krankheiten, Plagen und bösen Geistern heilte und manchem Blinden das Augenlicht schenkte. Da gab er ihnen zur Antwort: Geht hin und meldet Johannes, was ihr gesehen und gehört habt: Blinde werden sehend, Lahme gehen, Aussätzige werden rein, Taube hören, Tote werden auferweckt, Armen wird die frohe Botschaft verkündet. Selig, wer keinen Anstoß an mir nimmt" (Lk 7,20–23).

Im übrigen gehört Heilung für Jesus nicht in den Bereich des Wunders, sondern des Gewöhnlichen; er nennt sie „Werk" und nicht „Wunder". Sie ist für ihn selbstverständlich und gehört wesentlich zu seiner Sendung. David Stanley sagt dazu: „Daß die Wunder Jesu den Leser der Evangelien nicht als außergewöhnlich beeindrucken sollen, ergibt sich am überzeugendsten aus dem Vokabular selbst. Höchstens zwei, drei Stellen entsprechen in ihrer Bedeutung annähernd dem, was wir heute unter Wunder verstehen ... Nirgendwo in den Evangelien geschieht Heilung um der Sensation willen. Die Synoptiker nennen sie *dynameis* (Machterweise). Gemeint ist die Offenbarung göttlicher Macht als Zeichen des nahenden Gottesreiches. Sie werden dargestellt als die Frohbotschaft in Aktion."[1] Bedauerlicherweise geben die meisten Übersetzungen des Neuen Testamentes immer noch *dynameis* (Machterweise) mit „Wunder" wieder und betonen dadurch das Außergewöhnliche und Seltene an den Heilungen Jesu.

---

[1] David Stanley, *Salvation and Healing*. In: *The Way* (1970), 302ff.

DIE SENDUNG DER JÜNGER

Die Heilung des Menschen an Geist, Leib und Seele ist ein wesentlicher Bestandteil der Botschaft Jesu. Darum ermächtigte Jesus auch die Jünger, zu predigen *und* zu heilen; zunächst die Zwölf und später auch die Zweiundsiebzig. „Eines Tages rief er die Zwölf zusammen und gab ihnen Kraft und Vollmacht über alle bösen Geister und zur Heilung von Siechtun. Dann sandte er sie aus, das Reich Gottes zu verkünden und die Kranken gesund zu machen" (Lk 9,1–2).

„Danach bezeichnete der Herr noch Zweiundsiebzig und sandte sie paarweise vor sich her, in jede Stadt und Ortschaft, wohin er selber zu kommen dachte: Wenn ihr in eine Stadt kommt, und man nimmt euch auf, so genießet, was euch vorgesetzt wird. Heilet die Kranken, die es dort gibt, und sagt den Leuten: Das Reich Gottes ist euch nahe" (Lk 10,1.8–9). Er gab ihnen die Vollmacht, dieselbe Frohbotschaft zu verkünden, die zu bringen er gekommen war. Diese Frohbotschaft bestand nicht nur in der Lehre, sondern auch in der *befreienden Kraft Gottes.* Die Predigt der Jünger entsprach genau der ihres Herrn: „Dann nahm er sie auf und redete zu ihnen vom Reiche Gottes; und die der Heilung bedurften, machte er gesund" (Lk 9,11).

DIE URKIRCHE

Selbst während der ersten Christenverfolgung ist das Gebet der Bedrängten geprägt von der Bitte um Lehre *und* Heilung: „Nun denn, Herr, sieh an ihr Drohen und verleihe Deinen Knechten mit allem Freimut, Dein Wort zu verkünden. Strecke aus Deine Hand, daß Heilungen, Zeichen und Wunder geschehen durch den Namen Jesu, Deines heiligen Knechtes!" (Apg 4,29–30)

Der inspirierte Bericht über die Aktivitäten der Urgemeinde ist die *Apostelgeschichte.* Der Titel bezieht sich aber nicht nur auf die zwölf Apostel. Das Buch berichtet mehr über die Wirksamkeit des Paulus als über die ursprünglichen Zwölf, ausgenommen Petrus. Der Titel meint also nicht nur die Zwölf, sondern alle Getauften als Apostel Christi: die Diakone Stephanus und Philippus ebenso wie Barnabas und Silas und alle anderen, die ausgesandt waren, das Evangelium zu verkünden und die Kranken zu heilen.

Die Synoptiker sprechen von den Heilungen Jesu gewöhnlich nicht als Wunder, sondern als „Zeichen der Vollmacht". Von daher können wir auch das Grund-Anliegen der Apostelgeschichte besser verstehen: Die Urgemeinde hatte dieselbe Vollmacht, zu predigen, zu heilen und Dämonen auszutreiben wie Jesus selbst. So gesehen ist die Kirche die Entfaltung der heilenden Kraft Jesu in der Geschichte. Das gilt für die Mutterkirche in Jerusalem um Petrus ebenso wie für die Heidengemeinden des Paulus; alle sind gesandt, zu predigen und zu heilen wie Jesus selbst, denn es ist Jesus, der in ihrer Mitte am Werke ist, damit sie seine Zeugen sein können von Jerusalem bis an die Grenzen der Erde.

Nicht um Verkündigung *und* Heilung ging es den Jüngern, sondern um die Verkündigung *durch* Heilung. Sie verkündeten die Erlösung durch die Fortsetzung der *Werke* Jesu. Heilslehre ohne Heilung ist ebenso sinnlos wie vom Heilen zu reden, ohne es zu tun. Vielleicht kommen uns deswegen viele Predigten heute so gegenstandslos und beziehungslos vor.

Vergleicht man die Petrus-Berichte mit den Paulus-Berichten, so zeigt sich die Parallelität ihres Heilungs-Auftrags stärker als die häufig betonten Konflikte und Kontroversen. Beide vertreten die Gemeinde als Weiterführung des Heilungs-Auftrags Jesu.

Petrus-Berichte:	*Paulus-Berichte:*
Petrus und Johannes heilen den Lahmen an der Schönen Pforte (3,1ff): „Im Namen Christi des Nazareners, geh!"	Paulus heilt einen von Geburt Lahmen in Lystra (14,8ff): „Stelle dich aufrecht auf deine Füße!"
Petrus heilt den Äneas, der acht Jahre bettlägrig war (9,32ff).	Paulus heilt den bettlägrigen Vater des Publius von Fieber und Ruhr (28,7ff).

Sogar der Schatten des Petrus heilt Kranke (2,12ff).	Von Paulus berührte Taschentücher und Schürzen heilen Kranke (19,12).
Die Menge wird geheilt (5,16).	„Auch die anderen Kranken der Insel kamen und wurden geheilt" (28,9).
Dorkas wird von den Toten auferweckt (9,36ff).	Eutychus wird von den Toten auferweckt (20,7ff).

Mit welch selbstverständlicher Erwartung die Apostel beteten, sehen wir aus der Befehls-Form ihrer Gebete: „Geh!", „Steh auf!", „Nimm dein Bett und wandle!", „Stell dich auf deine Füße!" Das Gebet der Apostel ist im übrigen nicht nur das Gebet Jesu, sondern das der ganzen Kirche. Wir hören nicht nur von Heilungen durch Petrus und Paulus, sondern auch durch Philippus, Stephanus und Ananias von Damaskus. Heilung und Befreiung gehören wesentlich zum Auftrag der Kirche. Und dieser Auftrag ist noch nicht vollendet. Die Christen unserer Zeit sind ebenso berufen und gesandt wie die Urchristen, in der Vollmacht Jesu zu lehren und zu heilen.

DER HEILUNGS-AUFTRAG JESU HEUTE

Der Heilungs-Auftrag war nicht nur als besondere Gnade zur Gründung der Urkirche erteilt. Immer noch sind Kranke unter uns.

Am Ende des Markus-Evangeliums[2] wird bezeugt, daß *alle* Gläubigen Anteil haben sollen am Auftrag Jesu: „Dabei werden Zeichen die begleiten, die glauben. In meinem Namen werden sie böse Geister austreiben, in neuen Sprachen reden, Schlangen aufheben; wenn sie Giftiges trinken, keinen Schaden

[2] Dieser Markus-Schluß fehlt in den frühesten Handschriften. Nach Meinung vieler Gelehrter ist Mk 16,9—20 ein Zusatz der Urkirche. Das aber würde den urchristlichen Glauben bezeugen, daß Gebetsheilung zum Alltag der Gemeinde gehöre.

nehmen, und wenn sie Kranken die Hände auflegen, werden diese gesund werden" (Mk 16,17–18).

Petrus skizzierte das öffentliche Auftreten Jesu: „Ihr wißt, was über das ganze Judenland hin sich zugetragen hat. In Galiläa begann es, nach der Taufe, die Johannes verkündete: Ich meine Jesus von Nazaret, wie Gott ihn mit dem Heiligen Geist und mit Kraft gesalbt hat; dann zog er Wohltaten spendend und alle vom Teufel Besessenen heilend umher" (Apg 10,37f).

Der Akzent dieser Aussage liegt stärker auf den *Taten* Jesu als auf der Lehre. Jesus predigte das Heil, indem er Menschen tatsächlich heilte und sie vom Bösen befreite. Nirgendwo aber ist gesagt, daß die charismatische Dimension der Kirche eines Tages versiegen werde. Nirgendwo steht, daß der alleinige Daseinsgrund der Kirche in der Entfaltung der Institutionen besteht, daß ihre Strukturen aus eigener Machtvollkommenheit weiterzuleben vermögen. Die Aufgabe der Christen aller Zeiten besteht in der ständigen Aktualisierung der Botschaft Christi. Als Voraussetzung haben wir die wesentlichen Elemente dieser Botschaft in uns lebendig zu erhalten. Rechtgläubig ist man nicht schon dadurch, daß man die Lehre der Kirche für wahr hält. Die Lehre bleibt unvollständig, solange sie nicht von jener Kraft getragen ist, die Lehre in *Leben* verwandelt: „Wahrlich, ich sage Euch: Wer an mich glaubt, wird die Werke, die ich tue, auch seinerseits tun, und noch Größeres als dies wird er tun, denn ich gehe zum Vater" (Joh 14,12).

4. Kapitel

HEILIG SEIN HEISST HEIL SEIN

Katholische Theologen und Seelsorger aller Zeiten verkündeten mit großer Selbstsicherheit als Auftrag Jesu die Rettung der Seelen und die Vergebung der Sünden. Sie waren sich ihrer Sache wesentlich weniger sicher, sobald es um den Auftrag Christi ging, den *Körper* zu heilen. Sagen wir es deutlich: Die christliche Einstellung zu Heilung ist vielfach stärker von antikem als von christlichem Gedankengut geprägt. Die meisten Predigten über Krankheit und Leiden sind stärker von der römischen Stoa beeinflußt als von Christus als dem Gründer der Kirche.

JESUS UND DIE KRANKHEIT

Wo immer Jesus dem Bösen begegnet, sei es im Körper oder in der Seele, tritt er ihm als dem Feind gegenüber. Jeder Kranke, der im Glauben zu Jesus kommt, wird von ihm geheilt. Er rettet nicht die Seelen und überläßt den Körper dem Leiden. Er kommt, *Menschen* zu retten und zu heilen an Leib und Seele. Jesus heilt und befreit nicht nur die seelisch Kranken durch Vergebung der Sünden und Austreibung böser Geister. Er heilt auch die Lahmen, Blinden und Aussätzigen. Tatsächlich finden wir im Neuen Testament mehr Berichte über Krankenheilung als über Sündenvergebung. Als der Lahme zu Jesus gebracht wird (Mt 9,1ff), vergibt er ihm zunächst seine Sünden. Auf die Anklage der Schriftgelehrten, dies sei Gotteslästerung, antwortet Jesus: „Was ist leichter zu sagen: Dir sind Deine Sünden vergeben! — Oder: Steh auf und wandle? Damit ihr aber wißt, daß der Menschensohn Macht hat, auf Erden Sünden zu vergeben, — und nun sprach er zu dem Gelähmten: Steh auf, nimm Dein Bett und geh nach Hause!“ (Mt 9,5—7)

Jesus hat also Macht über *beide Arten* des Bösen. Was aber ist leichter für *uns?* Zu sagen: „Deine Sünden sind Dir vergeben!" oder „Sei geheilt!"? Warum glauben wir im Sakrament der Buße den Worten: „Deine Sünden sind Dir vergeben", während wir im Sakrament der Krankensalbung dem „Sei geheilt!" so gut wie kein Vertrauen schenken?

EINE SPÄTERE TRADITION SPRICHT VOM SEGEN DES LEIDENS

Die ursprüngliche Frohbotschaft von der Rettung und Heilung des ganzen Menschen geriet allzu schnell in Vergessenheit. Man könnte Schritt für Schritt die Entwicklung der kirchlichen Lehre nachzeichnen von den frühen Kirchenvätern wie Justinus und Irenäus (2. Jh.), die noch voll und ganz an Krankenheilung glaubten, bis zu Gregor dem Großen (5. Jh.), für den körperliche Leiden vor allem dem Seelenheil dienten.[1] Plato, die Stoa und der Manichäismus beeinflußten das Christentum nachhaltig. Für sie war der Körper das Gefängnis der Seele, der ihrem geistigen Wachstum im Wege stand. Die Wüstenväter erhoben eine strikte Askese zum Ideal christlicher Vollkommenheit: Der Körper bedarf nicht nur der Züchtigung und der Verachtung, sondern der Abtötung durch Bußübungen und Kasteiungen. Die Hoffnung des Christen war auf die Befreiung der Seele aus dem Gefängnis des Fleisches in der kommenden Welt konzentriert.

Reste dieser geistigen Einstellung haften uns noch immer an. Nicht alles ist schlecht an ihr. Sie einfach aufgeben zu wollen, wäre ein Verlust. Aber sie enthält eine stoische, unchristliche Sicht alles Körperlichen. Viele von uns sind ihr noch immer verhaftet.

Ein Musterbeispiel solcher Geisteshaltung ist die Autobiographie des seliggesprochenen Dominikaners *Heinrich Seuse*. Er berichtet von sich selbst in der dritten Person: „In seiner Jugend hatte er eine frische Art. Als er ihrer bewußt wurde und merkte, daß sie ihn selbst bedrängte, empfand er das als bitter und beschwerlich. Er suchte nach mancherlei Kunstgriffen und viel Bußübung, um seinen Leib dem Geist zu

[1] Eine klare Zusammenfassung dieser Entwicklung findet sich bei Morton Kelsey, a. a. O., Kap. 8.

unterwerfen. Ein härenes Unterhemd und eine eiserne Kette trug er, ich weiß nicht wie lange, bis das Blut herabfloß: Dann mußte er es aufgeben. Insgeheim ließ er sich ein härenes Bußkleid für den Unterkörper anfertigen, darin Riemen, in denen 150 spitz zugefeilte Messingnägel eingeschlagen waren, alle gegen den Leib zugerichtet. Dieses Kleidungsstück wurde gar eng und vorn zusammengezogen, damit es der Haut dichter aufläge und die spitzen Nägel in das Fleisch drängen, und er ließ es bis an den Nabel hinaufgehen. Darin schlief er des Nachts. Wenn es nun im Sommer heiß und er vom Gehen müde und schwer war, oder wenn man ihn zur Ader gelassen hatte, und er nun in seiner Mühsal hilflos dalag und ihn das Ungeziefer peinigte, so weinte er zuweilen und knirschte mit den Zähnen und wandte sich vor Drangsal wie ein Wurm, den man mit spitzen Nadeln gestochen hat. Oft war ihm, als läge er in einem Ameisenhaufen, so quälte ihn das Ungeziefer ... Doch nie wurden ihm die Nächte des Winters zu lang noch des Sommers zu heiß, daß er davon abgelassen hätte. Und damit er bei dieser Pein umso weniger Erholung gewönne, erdachte er sich noch etwas: Um seinen Hals schlang er ein Stück Gürtel und befestigte daran auf ausgeklügelte Weise zwei Lederringe; dahinein schob er seine Hände und schloß die Arme mit zwei Vorhängeschlössern fest. Die Schlüssel legte er vor sein Lager auf ein Brett bis zur Mette, da er aufstand und sich selber aufschloß. Seine Arme waren in diesen Fesseln, jeder am Hals hochgezogen, und die Bande waren so gefestigt, daß er – wäre die Zelle über ihm in Flammen gestanden – sich selber nicht hätte helfen können. Dies trieb er, bis ihm Hände und Arme von der Spannung zittrig geworden waren; dann ersann er sich etwas anderes. Er ließ sich zwei lederne Handschuhe anfertigen, so wie sie die Arbeiter zu tragen pflegen, wenn sie Dornen entfernen, und ließ durch einen Spengler daran um und um messingene Stifte befestigen; die zog er des Nachts an. Er tat das, damit ihn die Stifte stächen, wenn er etwa im Schlaf das härene Bußkleid ausziehen oder sich sonstwie von dem Nagen des Ungeziefers befreien wollte; und dann stachen ihn die Stifte. Wollte er sich dann selbst mit den Händen helfen, so zerkratzte er sich im Schlaf mit den Stiften die Brust; er zog sich damit so schreckliche Wunden zu, als wenn ein Bär mit den spitzen Klauen ihn zerkratzt hätte. An den Armen und in der Herzgegend begannen die Wunden zu schwären; als sie nach vielen Wochen geheilt waren, trieb er es noch schlimmer und zog sich neue Wunden zu. Diese qualvolle Übung trieb er wohl sechzehn Jahre. Als dann sein Blut und seine Natur zugrunde gerichtet waren, da erhielt er zu Pfingsten durch einen himmlischen Boten in einer Erscheinung die Nachricht, daß Gott diese Übung nicht länger von ihm haben wolle. Da ließ er davon ab und warf das ganze Nagel- und Riemenwerk in ein fließendes Gewässer."[2]

Selbst für das 14. Jahrhundert ist dieses Beispiel extrem. Aber der Grundton ist bezeichnend für die Spiritualität jener Heiligen, die bis vor kurzem noch das Ideal christlicher Vollkommenheit darstellten. Einige Heilige, sogenannte „Opfer-Seelen", hielten ihre selbstauferlegten Bußübungen für göttliche Eingebung. Für den Durchschnittschristen dagegen galten außergewöhnliche Kasteiungen als Anmaßung.

Am deutlichsten wird die totale Verachtung alles Körperlichen in der negativen Einstellung zu Liebe und Ehe, wie wir ihr von der Urkirche bis zum Zweiten Vatikanum immer wieder begegnen. Körperliche Liebe und der Geschlechtstrieb waren ausschließlich zur Fortzeugung bestimmt. Kirchenlehrer wie Papst Gregor der Große (540—604) gingen soweit, jede Regung der Lust im ehelichen Verkehr für sündhaft zu halten. In seinem Buch über Empfängnisverhütung sagt John T. Noonan: „Unter der Überschrift *Ermahnungen für Eheleute und Zölibatäre* schreibt Gregor der Große in seiner *Seelsorge-Regel:* Eheleuten ist der Geschlechtsverkehr nur zum Zwecke der Fortzeugung gestattet. Soweit stimmt Gregor noch mit Augustinus überein. Aber Gregor geht weiter: Nicht nur ist Lustgewinn ein unrechtmäßiges Motiv des Geschlechtsverkehrs: Lustgewinn beim Geschlechtsverkehr bedeutet einen Verstoß der Eheleute gegen das Ehegesetz. In Gregors Sicht ist diese Sünde sicher nicht größer als jene, die Augustinus als die Sünde des nicht durch Fortzeugung motivierten Geschlechtsverkehrs bezeichnet. Aber der Tatbestand der Sünde

[2] Heinrich Seuse, *Deutsche Mystische Schriften*, Düsseldorf 1966. (Aus dem Mittelhochdeutschen übertragen und herausgegeben von Georg Hofmann) I,15; S. 49ff.

ist gegeben. Die Eheleute haben sich schuldig gemacht, weil sie ihren Geschlechtsverkehr durch Lust befleckt haben (PL 77,102). Verkehr zu haben ohne zu sündigen ist wie im Feuer zu sein, ohne zu brennen. Dem Wunder ist freilich nichts unmöglich, aber ehelicher Verkehr ist gewöhnlich kein Wunder – also ist mit Sünde zu rechnen."[3]

Derart harsche Einstellungen zur Ehe haben anscheinend wenig zu tun mit Frohbotschaft und Krankenheilung. Aber sie zeigen auf dramatische Weise, wie die kirchliche Lehre mit dem Körper und „der Welt" umging. Der Geist allein war des Gebets würdig; Gebet für Heilung sowie für alle anderen materiellen Nöte galt als fragwürdig. Wahrhafte Christen hatten ausschließlich um Gnadengaben und andere geistliche Güter zu beten.

Heute erscheint uns der Körper nicht mehr als feindlich. Wir freuen uns an ihm als einem Geschenk Gottes. Immer mehr Bücher preisen die christlichen Dimensionen von Liebe und Ehe. Aber die Einstellung zur Krankheit bleibt davon so gut wie unberührt. In seiner kurzen Abhandlung über Krankheit und Krankensalbung singt der Holländische Katechismus[4] zwar weder das Loblied des Leidens als imitatio Christi, noch behandelt er den Körper als Feind wie das Mittelalter, aber er enthält dennoch wenig Hilfreiches zum Thema. Dieses bekannte Lehrbuch des katholischen Glaubens hat darüber nichts anderes zu sagen als: 1. In Zeiten der Krankheit fühlt sich der Mensch oft von Gott verlassen. 2. Das kann zu einem neuen Wirklichkeits-Verständnis und zu einer neuen Gottesbeziehung führen. 3. Christen sollten die Kranken besuchen. – Vom *Gebet* um Krankenheilung ist nirgendwo die Rede.

DIE KRANKENSALBUNG

Die Geschichte des Sakraments der Krankensalbung spiegelt getreulich die verschiedenen Einstellungen zur Krankenheilung. Ursprünglich galt Krankensalbung im wesentlichen als Sakrament körperlicher Heilung nach dem Vorbild des Jako-

[3] John T. Noonan Jr., *Contraception*. New York 1967, 187f.
[4] *Glaubensverkündigung für Erwachsene*. Deutsche Ausgabe des Holländischen Katechismus, Nijmegen, 1968, 518ff.

bus-Briefes: „Ist jemand unter euch krank, so lasse er die Ältesten der Gemeinde kommen, daß sie über ihn beten, und ihn mit Öl salben im Namen des Herrn: Das Gebet des Glaubens wird den Kranken retten, und der Herr wird ihn aufrichten; und wenn er Sünden begangen hat, so werden sie ihm vergeben werden. Bekennet denn einander eure Sünden und betet füreinander, damit ihr Heilung findet; viel vermag das eindringliche Gebet eines Gerechten. Elias war ein Mensch von gleicher Art wie wir. Als er inständig betete, es möge nicht regnen, kam es drei Jahre und sechs Monate nicht zum Regnen im Lande; und als er wiederum betete, da spendete der Himmel wieder Regen, und die Erde grünte und brachte ihre Frucht" (Jak 5,14—18).[5]

Die Einstellung, die in Krankheit eher einen Segen als einen Fluch sah, gab dem Sakrament eine ausschließlich geistige Bestimmung, die todbedrohte Seele sollte für die unmittelbare Aufnahme in die Herrlichkeit Gottes bereitet werden. Immerhin blieb im Text des Sakraments körperliche Heilung noch ausdrücklich erwähnt, wenn auch als frommer Überrest vergangener Zeiten und ohne jede tatsächliche Bedeutung. Im 12. Jahrhundert erhielt es die Bezeichnung „Letzte Ölung". Gemeint war zwar das letzte der sieben Sakramente, in dem Öl als Teil des Rituals verwandt wurde;[6] bald aber verstand man allgemein unter „Letzter Ölung" den letzten Akt der Kirche, einen Menschen für den Tod zu bereiten.

Noch später wurde festgelegt, daß dieses Sakrament wirk-

---

[5] Das Verständnis dieses Textes unterlag weitgehend dem Einfluß der sogenannten Vulgata, die 1500 Jahre lang die einzig offizielle Übersetzung des Neuen Testaments war. Bei seiner Übertragung vom Griechischen ins Lateinische übersetzte Hieronymus (um 400) sowohl „retten" wie „heilen" mit dem lateinischen „salvo". Es ist freilich ein Unterschied, ob man liest: „Bekennet denn einander Eure Sünden und betet für einander, *auf daß Ihr gerettet werdet*" oder aber, wie das griechische Original sagt: „. . . *damit Ihr Heilung findet*". Gerade jene Texte also, die die Gläubigen zum Gebet um körperliche Heilung ermutigten, wurden in einer Weise übersetzt, die ausschließlich den geistlichen Aspekt wiedergaben.

[6] Das erste Sakrament war die Taufe mit der Salbung von Stirn, Brust und Rücken. Ihm folgte die Firmung mit der Salbung der Stirn. Dann kam die Priesterweihe, bei der die Hände gesalbt wurden — und schließlich die Letzte Ölung mit der Salbung aller fünf Sinne.

lich nur im Sterbefall zu spenden sei, um damit klarzustellen, daß die Letzte Ölung eine ausschließlich geistige Bestimmung habe. Dennoch können Priester zuweilen Erstaunliches darüber berichten, wie Kranke nach der Letzten Ölung plötzlich wieder gesund werden oder es ihnen doch wesentlich besser geht. Im allgemeinen aber gilt der Priester mit dem Sakrament im Krankenzimmer auch heute noch als Vorbote des Todes.

Heute hat man die Bezeichnung „Letzte Ölung" wieder fallenlassen zugunsten der ursprünglichen „Krankensalbung". Die heilende Wirkung des Sakraments steht wieder im Vordergrund. Wir entdecken die Frohbotschaft von der Heilung der Kranken neu (vgl. Kap. 20, Heilung und Sakrament).

VOLKSTÜMLICHE FRÖMMIGKEIT

Verschiedene Arten volkstümlicher Frömmigkeit bewegten die einfachen Leute aller Zeiten, aus vollem Herzen für die Kranken zu beten. Beteten die Priester als die Verantwortlichen der Kirche nicht mehr um Krankenheilung, mußte das Volk sich selbst an die Heiligen wenden, um von seinen Gebrechen befreit zu werden. So wurde und wird Maria, die Mutter Gottes, in Lourdes und an anderen Wallfahrtsstätten um Heilung gebeten. Teilweise entwickelten sich diese zu echten Heilungszentren. Daß diese Stätten bei vielen Katholiken auch heute noch beliebter sind als die offizielle Liturgie, wird gern der Tatsache zugeschrieben, daß man hier seinen Gefühlen eher freien Lauf lassen kann als in der allzu nüchternen lateinischen Messe. Der tiefere Grund aber scheint, daß diese Art Frömmigkeit dem durchaus menschlichen Bedürfnis, für leibliche und materielle Nöte zu beten, entspricht. Ist Gott schon so weit weg, und läßt er schon Krankheit einfach gewähren, kann man sich immer noch an Maria wenden.

In den protestantischen Kirchen sorgen volkstümliche Evangelisten wie Oral Roberts und Kathryn Kuhlman für die Kontinuität einer Heilungstradition, die durch die liturgischen Formen dieser Kirchen ebenfalls nicht mehr gewahrt wird; mit der bemerkenswerten Ausnahme einiger Pfingstkirchen und einzelner anglikanischer Pastoren, die in ihren Gemeinden solche Heilungsgottesdienste abhalten.

Wallfahrtsstätten und volkstümliche Gottesdienstformen ziehen heute die gleichen Menschenmengen an wie Jesus. Sie erinnern uns an den blinden Bartimäus, an die blutflüssige Frau, den epileptischen Knaben, also an all jene, die sich dauernd um Jesus scharten. Gewiß ist solche Volksfrömmigkeit manchmal verbunden mit Aberglauben, oft mit Sentimentalität und allzuoft mit störender Geschäftstüchtigkeit. Diese Auswüchse aber sind die Folge davon, daß wir Theologen Gebet um körperliche und materielle Nöte aus dem Zentrum kirchlichen Lebens verdrängt haben. Theologie und Volksfrömmigkeit bewegten sich jahrhundertelang in entgegengesetzte Richtungen. Jenen Pilgerscharen, die an den Seitenaltären der Wallfahrtsstätten ihren Lieblingsheiligen Opferkerzen anzünden, wird allzugern Gefühlsduselei nachgesagt. Aber dahinter steckt mehr. Diese Menschen suchen einfach Hilfe in Bedrängnis. Wer betet schon für die Heilung einer Frau, die an unheilbarem Krebs leidet? Ihr katholischer Pfarrer oder Oral Roberts? Ihr evangelischer Pastor oder Kathryn Kuhlman?

DER MENSCH IN HEUTIGER SICHT

Die moderne Psychologie hilft uns, das Menschenbild der Bibel wiederzuentdecken, die Spaltung in Leib und Seele zu überwinden und zu jener Ganzheit zurückzufinden, die gekennzeichnet ist durch das Zusammenspiel von Leib und Seele, Geist und Verstand. Wir erleben die Seele nicht länger als Gefangene des Körpers, sondern als im Körper Geborgene. Die Auferstehung des Fleisches entspricht unseren geheimsten Wünschen und Nöten. Unsere Sicht des Menschen entspricht wieder der Sicht Jesu. Die platonische, stoische und manichäische Schule und in der Neuzeit auch die kartesianische und jansenistische lebten aus dem Zwiespalt. Geist und Verstand schienen ihnen von Gott, der Körper galt als notwendiges Übel. Heute aber entdecken wir von neuem die Schöpfung als Ganzheit und mit ihr Gottes Liebe zum Menschen als Ganzes. Daß wir in der Vergangenheit nicht intensiver um Heilung gebetet haben, lag nicht nur am mangelnden Glauben. Der tiefere Grund war die leibfeindliche Geisteshaltung der letzten 1500 Jahre. Heute hören wir von neuem die Frohbotschaft von der Erlösung des *ganzen* Menschen. Gott wurde Mensch, uns das *Leben* zu bringen – in jeder nur erdenklichen Dimension. Nach der Heilung des Aussätzigen sagt Matthäus: „Er vertrieb die Geister mit seinem Wort und heilte alle Kranken. So erfüllte sich das Wort des Propheten Jesaja: Er hat unsere Gebrechen auf sich genommen und unsere Krankheiten getragen“ (Mt 8,16–17).

5. Kapitel

NIMM DEIN KREUZ

Selbst Gott kann nicht auf verstimmten Instrumenten spielen. Viele Menschen aber – gute Christen nicht ausgenommen – sind verstimmt, zerbrochen. Was soll Gott mit ihnen anfangen? Es gibt eine Art Gebrochenheit, unter der alle Menschen leiden, die unterwegs sind zum Heil (*contritio*, die Reue, meint wörtlich nichts anderes als diesen Zustand der Gebrochenheit). Viele Christen aber scheinen so endgültig gebrochen, daß sie nicht einmal mehr das Gebot der Gottesliebe und der Nächstenliebe befolgen können. Ihr inneres Chaos hindert sie, Gottes Willen zu tun. Paradoxerweise aber glauben sie, solches Leiden *sei* Gottes Wille, und zeigen keinerlei Neigung, von dem befreit zu werden, was sie für gottgesandt halten.

Nehmen wir einmal an, jemand leidet derart unter Depressionen, daß es ihm schwerfällt zu glauben, Gott liebe ihn. Wie aber sollte er Gott lieben, wenn Gott ihn nicht liebt? Er ist viel zu verstrickt in seine eigene Traurigkeit, andere lieben oder gar in einer christlichen Gemeinschaft leben zu können. Er ist nicht einmal in der Lage, den einfachsten Grundsätzen christlichen Lebens nachzukommen. Noch dazu liegen die Ursachen seiner Krankheit vermutlich so weit zurück, daß ihm nicht einmal ein Psychiater helfen kann. Wieviel Priester oder Pastoren aber sind bereit, für einen solchen Menschen zu *beten* einfach aus der Überzeugung, Gott wäre dieser Zustand zuwider?

EIN FALSCHER AKZENT

„Der Aufstieg zum Berg Karmel" des heiligen Johannes vom Kreuz enthält gleich zu Anfang ein Bild, das den steilen, leidgeprüften Aufstieg zum Gipfel darstellt, während verschlungene Seitenpfade zu den verbotenen Freuden dieses Lebens führen. Der ungebildete Leser muß den Eindruck gewinnen, die Vereinigung mit Gott wäre mit viel Leid verbunden. Jene, die sich zu soviel Heldentum nicht entschließen können, bescheiden sich darum lieber mit der Überlegung: „Überlassen wir das den Heiligen."

Noch dazu wird eine volkstümliche Spiritualität nicht müde, dem Volk die Vorteile gottgesandten Leidens und Büßens anzupreisen:

a) *Als Einzelnen* befreit es mich von Selbstsucht und Egoismus, Abtötung ist der Weg zu Loslösung und selbstloser Liebe.

b) *Für die Welt* freue ich mich über die Leiden, die ich für Euch trage, und ergänze in meinem irdischen Leben, was an den Leiden Christi noch aussteht (Kol 1,24).

In meinem Verlangen nach Leiden kann ich den Spuren Jesu bis ans Kreuz folgen, um durch Leiden seinen Erlöserauftrag zu teilen. Hat Christus nicht ausdrücklich gesagt: „Wer nicht sein Kreuz nimmt und mir nachfolgt, ist meiner nicht wert" (Mt 10,37)?

Bis vor kurzem pflegten Seelsorger den Leidenden zu sagen, als Zeichen seiner Liebe hätte Gott sie auserwählt, sein Kreuz zu tragen. Ein Leben des Kreuzes galt als besonders heroisch. Bluttriefende und leidverzerrte Kruzifixe sollten uns beweisen, wie weit von echter Abtötung und Askese unser Leben noch entfernt sei.

DAS KREUZ CHRISTI

Die Bibel scheint sich zu widersprechen. Einerseits lehrt Jesu die Jünger, ihr Kreuz auf sich zu nehmen; andererseits rührt Jesus die Kranken an, um sie zu heilen. War er wirklich so inkonsequent – oder wurde er nur mißverstanden?

Jesus lehrte die Jünger: „Habt acht vor den Menschen. Sie werden euch an Gerichtshöfe ausliefern und werden euch in ihren Synagogen peitschen, vor Statthalter und Könige wird man euch führen um meinetwillen, ihnen und den Heiden zum Zeugnis. Ein Bruder wird den anderen, der Vater den Sohn in den Tod preisgeben. Wer aber ausharrt bis zum Ende, der wird selig werden" (Mt 10,17–22).

Dieser Haltung Jesu zur *Verfolgung* steht seine Einstellung zur *Krankheit* gegenüber. Nirgendwo in den Evangelien sehen wir Jesus erfreut oder geduldig, wo er Krankheit begegnet, weil sie ihm etwa hilfreich oder erlösend erschiene.[1] Im Gegenteil: „Es folgten ihm viele, und er heilte sie alle" (Mt 12,15 par).[2] Wo immer wir Jesus in den Evangelien begegnen, ist er entweder gerade dabei zu heilen, oder aber er kommt von einer Heilung oder er ist auf dem Weg dorthin.

DIE HALTUNG DER JÜNGER UND APOSTEL

Dieselbe unbeugsame Haltung der Krankheit gegenüber lehrte Jesus die Jünger. Als er die Zwölf beauftragte zu predigen (Lk 9) und auch, als er die Zweiundsiebzig aussandte, gab er ihnen den Auftrag, Kranke zu heilen und Dämonen auszutreiben (Lk 10). Daß in diesem Auftrag Predigt, Krankenheilung und Dämonen-Austreibung eine Einheit bilden, zeigt das Bewußtsein der Urkirche, jede Form der Krankheit wäre vom Bösen und keine gottgesandte Gabe. Selbst Paulus, der auf die Nachahmung Christi so großen Wert legt, daß er ihm sogar „in seinem Sterben gleichgestaltet" werden möchte (Phil 3,10), stand positiv zur Krankenheilung: „Gott wirkte durch Paulus ungewöhnliche Zeichen der Macht: So wurden Schweißtücher und Wäschestücke, die er benutzte, zu Kranken gebracht, und die Krankheiten wichen von ihnen und die bösen Geister fuhren aus" (Apg 19,11—12). Bei aller Betonung des Kreuzes ermutigt Paulus die Kranken jedoch nie, ihre Krankheit als Gottes Willen anzunehmen. Paulus wurde zwar selbst von Krankheit befallen (Gal 4,14), als er sich aber seiner Leiden um Christi willen rühmt (Phil 3,10), erwähnt er seine Krankheit mit keinem Wort, sondern ausschließlich Verfolgung und Drangsal, die zu seiner Berufung gehören: „Unvernünftig rede ich, ich bin es noch mehr, in Muhsalen mehr, in

[1] Außerdem scheint es bezeichnend, daß in den Evangelien Krankensalbung und Dämonen-Austreibung zusammengehören. Heilung und Exorzismus scheinen verwandte kirchliche Dienste. Beide haben mit dem Bösen zu schaffen. Krankheit ist ebensowenig Gottes Wille, wie von Dämonen gequält zu werden. „Zahlreiche böse Geister trieben sie aus, auch salbten sie viele Kranke mit Öl und heilten sie" (Mk 6,13).

[2] Einige frühe Handschriften haben „durch Gebet und Fasten"; die frühesten aber lauten nur „durch Gebet".

Gefängnissen mehr, geschlagen über die Maßen, und oftmals in Todesgefahr. Von den Juden bekam ich fünfmal je 39 Hiebe, dreimal wurde ich mit Ruten gepeitscht, einmal gesteinigt, litt dreimal Schiffbruch, Tag und Nacht trieb ich auf hoher See herum. Auf vielen beschwerlichen Reisen war ich, in Gefahren durch Flüsse, in Gefahren durch Räuber, Gefahren von seiten der Volksgenossen, Gefahren von Heiden, Gefahren in der Stadt, in der Wüste, auf dem Meere, Gefahren unter falschen Brüdern, in Mühen und Plagereien, oft in durchwachten Nächten, in Hunger und Durst, oft ohne Nahrung, in Kälte und Blöße, und neben allem übrigen der Andrang bei mir, Tag um Tag, die Sorgen um alle Gemeinden. Wer ist schwach und ich wäre es nicht mit ihm? Wer wird vom Bösen angefochten, ohne daß ich glühte?" (2 Kor 11,23ff)

Die Erkenntnis, daß Gott die Menschen heilen will, ist also nicht gleichzusetzen mit einem Christentum ohne Kreuz. Einerseits lehrten Jesus und die Jünger, Leid ist die Frucht des Bösen, und zwar eines Bösen, das wir zu überwinden haben, bevor es uns überwältigt und uns an Leib und Seele zerstört; andererseits aber haben wir Leiden mit Freuden zu ertragen, soweit sie uns aus der Verfolgung durch Feinde oder aus der Ermüdung durch unser Apostolat erwachsen. Wenn auch aus Leiden Gutes entstehen kann, so stammt das Leiden selbst doch immer aus dem Bösen. Wir haben es *um des Reiches Gottes willen* zu ertragen, nie aber um seiner selbst willen.

Fast jedes Gespräch über den Sinn des Leidens stößt früher oder später auf die Bedeutung von Paulus' „Pfahl im Fleisch", der ihm bei allem Beten niemals genommen wurde: „Und damit ich bei dem Übermaß der Offenbarungen mich nicht überhebe, ward mir ein Dorn für das natürlich Menschliche gegeben, daß er mich ohrfeige, damit ich mich nicht überhebe. Deswegen habe ich dreimal den Herrn gebeten, er möge doch von mir ablassen; aber er sagte mir: Meine Gnade genügt dir. Die Kraft vollendet sich in der Schwachheit" (2 Kor 12,7–9).

Niemand weiß genau, worin dieser Pfahl im Fleisch eigentlich bestand. Die Vermutungen reichen von Krankheit über Verfolgung bis zu sexuellen Versuchungen. Festzuhalten bleibt auch hier, daß Paulus sein Gebrechen „einen Engel Satans" nennt und nicht eine Gabe Gottes. Er hörte auf zu beten, als er verstand, daß sein Leiden einen Sinn hatte, das um des Reiches Gottes willen geschah, damit ihn seine Visionen nicht hochmütig werden ließen.

Andererseits zeigt die Geschichte vom besessenen Knaben (Mk 9,17—29 par):

a) *Jesus* erwartet von seinen Jüngern, sie würden den Knaben heilen.

b) Auch die *Jünger* erwarten die Heilung des Knaben durch ihr Gebet.

Ihr Versagen brachte sie darum in Verlegenheit. Markus schildert die Menge, wie sie die Jünger beobachtet, als sie vergebens den stummen Geist des Knaben auszutreiben suchen. Der Vater erklärt Jesus: „Ich bat die Jünger, den Geist auszutreiben, aber sie konnten es nicht.“ Jesus wird ungehalten: „Ihr glaubensloses Geschlecht, wie lange noch soll ich bei euch sein? Wie lange noch euch ertragen?“ (Mk 9,19) Offenbar hatte Jesus von den Jüngern erwartet, daß sie den Knaben heilen würden. Schließlich fragt Jesus den Vater nach der Geschichte des Knaben. Der Vater antwortet mit einem sehr menschlichen Gebet: „Wenn du allmächtig bist, erbarme dich unser und hilf uns.“ Jesus erwidert ebenso ungehalten wie zuvor: „Alles ist möglich *jedem*, der glaubt.“ Jesus sagt also, nicht nur er könne Kranke heilen, sondern der Vater des Kindes und jedermann könne es. Es gibt bei Jesus kein Wenn und Aber, es gibt nur die Frage des Glaubens. Danach heilt Jesus den Knaben. Als die verlegenen Jünger mit dem Herrn wieder allein sind, fragen sie ihn: „Warum konnten wir den stummen Geist nicht austreiben?“ Jesus antwortet ihnen: „Das ist die Art Dämonen, die man nur durch Gebet austreiben kann.“

WARUM ÜBERHAUPT LEIDEN?

Mit dem Mysterium des Leidens hat sich jeder früher oder später auseinanderzusetzen. Wenn Gott Leiden verhindern kann, warum tut er es nicht? Menschen, die viel gelitten oder viel Leid mit angesehen haben, kommen oft mit dem Vorwurf, sie wären jetzt Atheisten, weil sie nicht an einen Gott glauben könnten, der Leiden duldet.

Was kann man darauf mit der Bibel antworten?

a) Gott ist Leben. Er hat sich als Leben offenbart, als Heil an Geist, Seele und Körper. Gott will uns gesund und nicht krank. Weil Gott allmächtig ist, hat er auch die Macht, Heilungsgebete zu erhören, soweit ihnen kein Hindernis im Wege steht und soweit Krankheit nicht aus einem tieferen Grund gewollt oder geduldet ist.

b) Krankheit ist in sich selbst etwas Böses, selbst wenn sie zuweilen Gutes wirkt. Gewöhnlich ist Krankheit nicht Gottes Wille, aber als Folge der Erbsünde kann sie geduldet sein. Durch die Auferstehung bricht Gottes Leben in unsere verwundete Welt und er verleiht uns die Vollmacht, durch Leiden und Versöhnung mit Gott zusammenzuarbeiten, und zwar „auf Hoffnung hin, auch sie, die Schöpfung, werde von der verderblichen Sklaverei einst erlöst werden für die Freiheit, das herrliche Gut der Kinder Gottes" (Röm 8,20–21).

c) Im Zusammenhang mit dem Tod hört man immer wieder die Frage, ob man für Alte und Unheilbare beten soll. Wir müssen Gott um Klarheit bitten, ob wir um Heilung oder einen gnädigen Tod beten sollen. Denn der Tod ist keine Tragödie, sondern nur der Übergang zu einem innigeren Leben mit Gott. Agnes Sanford berichtet von den Schwierigkeiten rechten Betens für ihren todkranken Mann: „Vollständige Heilung blieb aus. Ich betete um Erleuchtung. Jeder muß einmal sterben, das wußte ich. Mein Mann war fast siebzig. Ich fragte den Herrn: Wie lange noch? Die Antwort: Drei Jahre. Ständiges Gebet verlängerte sein Leben um drei Jahre und sechs Monate. Die letzten anderthalb Jahre waren, wie der Psalmist sagt, Mühe und Arbeit. Er hatte einen Schlaganfall erlitten ... Wir beteten nicht länger um Heilung ... In meinem Gebet überließ ich Gott den Zeitpunkt, ihn zu sich zu nehmen. Alle anderen aber kümmerten sich nicht darum und beteten entschieden um Heilung. In meinen Schriften empfehle ich darum immer wieder, um Weisung zu bitten, bevor man um Heilung betet. Aber die meisten mißachten meinen Rat. Mein Mann erholte sich zwar, war aber nie mehr der gleiche."[3]

---

[3] Agnes Sanford, *Sealed Orders*, Plainfield N. J. 1972, 259.

d) Gewisse Erkrankungen können einen tieferen Grund haben. Manchmal tut uns Züchtigung not, um uns zum Nachdenken zu bringen. Vielleicht geben sie unserem Leben auch eine neue Richtung. Auf dem Weg nach Damaskus erblindete Paulus. Erst da begegnete er Jesus, der sein Leben von Grund auf wandelte. Später erkrankte er in Galatien. Das aber ermöglichte ihm, den Galatern die Frohbotschaft zu verkünden.

e) Für viele Heilige bedeutete das *erlösende* Leiden eine Teilhabe am Kreuz Christi. Diese Tradition hat zu tiefe Wurzeln, um sie leichtfertig abzutun. Krankheit und der Teufel einerseits, Gott und Gesundheit andererseits ist eine zu einfache Alternative. Das Neue Testament aber sieht es normal an, für die Befreiung von Krankheit zu beten, anstatt sie anzunehmen. Erlösendes Leiden ist jene Ausnahme, die die Regel bestätigt.

Daß im übrigen nicht nur das Neue Testament, sondern auch die frühchristliche Liturgie das Heilungsgebet der Ergebenheit in die Krankheit vorzieht, beweist folgender Text aus dem alten Rituale Romanum: „Lasset uns beten. Allmächtiger Gott, durch dein Wort befreie den menschlichen Körper von Gebrechen und Krankheit. In deinem Erbarmen stehe deinem Diener bei, so daß seine (ihre) Gebrechen von ihm genommen werden, seine (ihre) Kraft und Gesundheit ihm (ihr) wiedergegeben werden und durch ihn (sie) dein Name verherrlicht werde. Durch Jesus Christus unseren Herrn. Amen!“[4]

---

[4] Collectio Rituum. New York, 1964, 307.

6. Kapitel

WUNDER – EIN BEWEIS?

In den vorigen Kapiteln kamen einige der Gründe jener Bewußtseins-Entwicklung zur Sprache, in der Krankheit vom Feind zum Freund wurde. Der Hauptgrund scheint mir, daß uns die *Lehre* wichtiger erschien als die *Erfahrung.* Als ob Wissen und Willenskraft allein schon gute Christen machten! Intellekt allein genügt einfach nicht, eine Generation oder eine ganze Nation zu Christen zu erziehen. Wie oft trifft man junge Leute, die einem sagen: „Ich war katholisch – heute bin ich Christ." Sie wollen offenbar sagen, ihre ganze katholische Erziehung bestand darin, Regeln und Lehrmeinungen auswendig gelernt zu haben. Eine persönliche Beziehung zu Jesus aber fanden sie erst außerhalb der katholischen Kirche, zum Beispiel, wenn es sie bei einem Treffen der Jesus People „gepackt" hat – und das trotz jahrelanger Bemühungen wohlmeinender Eltern und Erzieher. Natürlich ist so ein Gepacktwerden nur ein Anfang; aber als Anfang ist die persönliche Begegnung mit Christus notwendig. Ohne sie ist lebendiger Glaube unmöglich.

Durch die einseitige Betonung der Lehre ist uns aber nicht nur der Sinn für die lebendige Gegenwart Jesu, sondern auch für die *heilende Kraft Christi* verlorengegangen. Gewöhnlich wurden Heilungen Jesu als Wahrheits-Beweise seiner Botschaft hingestellt. Nach dieser Auffassung dienten sie einem dreifachen Ziel:

a) Sie geschahen *durch Christus* als Beweis seiner Messianität und Heiligkeit.

b) Sie geschahen *in der Urkirche* als Beweis, daß die Urkirche die Werke Jesu weiterführte und tatsächlich das Volk Gottes war. Sobald diese Tatsache feststand, bedurfte es auch keiner Wunder mehr. Nach dem ersten Jahrhundert geschahen sie nur noch vereinzelt, wie etwa in Lourdes, einer skeptischen Welt zu beweisen, daß Jesus noch immer der Herr der Kirche ist. Lehrbücher, wie ich sie während meines Studiums noch gebrauchen mußte, wußten überdies zu berichten, daß in den protestantischen Kirchen keine echten Wunder geschahen, weil dies in den Augen Gottes keine wahren Kirchen waren.

c) Sie geschahen *durch die Heiligen* als Beweis ihrer Heiligkeit. Der Durchschnittschrist hatte nicht um Heilung zu beten; es wäre anmaßend, sich selbst für einen Heiligen zu halten.

DIE WUNDER JESU

Jesus heilte Menschen wirklich nicht nur, um seine messianische Sendung unter Beweis zu stellen. Er heilte oft am Sabbat; damit widersprach er bewußt der Lehre der Pharisäer und Schriftgelehrten. Anstatt sie von seiner göttlichen Sendung zu überzeugen, mußten seine Heilungen ihnen nahelegen, er wäre ein Gotteslästerer: „Die Schriftgelehrten und Pharisäer paßten auf, ob er am Sabbat heile, um etwas zur Anklage gegen ihn zu finden" (Lk 6,7).

Mitleid mit den Kranken aber war ihm wichtiger, als den religiösen Machthabern seine Gottgesandtheit zu beweisen. Oft hat er beim Heilen sein Leben aufs Spiel gesetzt. Mehrfach gebot Jesus den Geheilten, über ihre Heilung mit niemandem zu sprechen. Es ging ihm also auch nicht um die Wirkung in der Öffentlichkeit. Das Jesus-Bild, das man gerade aus dem frühesten der Evangelien (Markus) gewinnt, ist das eines Menschen, der seine Messianität zu verbergen sucht und nichts beweisen will. Er versucht sogar, der Menge, die geheilt werden möchte, zu entkommen: „Deshalb gab er seinen Jüngern den Auftrag, es solle wegen der Volksmenge stets ein Boot für ihn bereitstehen, damit man ihn nicht so sehr einenge. Denn er heilte so viele, daß die Leute sich um ihn drängten und alle, die eine Plage hatten, ihn zu berühren suchten" (Mk 3,9—10).

WUNDER ALS BEWEIS DER WAHREN KIRCHE?

Die Theorie, Heilungen fänden nur in *einer* Kirche statt, und dies zum Beweis, sie sei die einzig wahre, wird durch die Tatsachen Lügen gestraft. Heilungen geschehen in allen Konfessionen – und sogar außerhalb der etablierten Kirchen, etwa bei den Jesus People. Was Jesus den Menschen durch Heilung zunächst und zuerst zeigen möchte, ist die Tatsache, daß es ihn gibt und daß er die Menschen liebt. Es scheint ihm mehr darum zu gehen, *alle* Menschen in seine Nähe zu bringen, als die „Wahrheit" *einer* Kirche zu beweisen. Dies ist freilich nur eine Frage der Prioritäten. Ob man zur Kirche gehört oder nicht, ist darum noch nicht nebensächlich.

Ist Heilung nur als Beweis von Bedeutung und hat sie keinerlei Selbstwert, so ist sie nur ein von außen kommender Hinweis auf den Kern der Frohbotschaft. Solche Sicht geht aber am Wesentlichen vorbei: Heilung ist ein integraler Bestandteil der Frohbotschaft von der Vollmacht Jesu, den ganzen Menschen zu retten: Geist, Leib und Seele. Heilung zu leugnen oder auch nur zu minimalisieren, hieße, dem Evangelium seine Kraft nehmen und es zu einer leblosen Sammlung geglaubter Wahrheiten zu degradieren: „Und ich will dann sehen, nicht was die Kühnen reden, sondern was sie *können*, denn nicht im Wort liegt das Gottes-Reich, sondern in der Kraft" (1 Kor 4,19–20).

Christentum ist mehr als nur eine Lehre, es ist eine *Kraft*. Es ist die Kraft, unser Leben zu verwandeln, das Böse zu zerstören, das uns hindert, Gott und den Nächsten zu lieben. Jesus kam, uns neues Leben zu bringen, uns Gottes Leben mitzuteilen. Wir haben das alles immer geglaubt, aber wo ist die *Wirklichkeit* Gottes geblieben? Wo ist die Kraft geblieben, Menschenleben zu *wandeln?*

Was uns der Glaube wirklich bedeutet, zeigt sich in der Begegnung mit einem Drogen-Abhängigen. Geben wir ihm alle möglichen guten Ratschläge? Ermutigen wir ihn, durch Willenskraft den Drogen fernzubleiben? Rufen wir das Sozialamt an, um den armen Kerl in ein Programm für Drogen-Abhängige oder in ein staatliches Krankenhaus einzuweisen? Das alles wäre sicher hilfreich und gut. Aber wer von uns *betet* mit ihm, daß *Christus* ihn von seiner Abhängigkeit befreit? Nur wenn wir selbst glauben, daß Gebet Befreiung wirken kann, haben wir wirklich eine Botschaft für den anderen – die Frohbotschaft von der Befreiung Gefangener. Jesus stellt uns nicht nur ein Ideal vor Augen, er gibt uns auch die Kraft, es zu verwirklichen. Christentum wäre pure Träumerei, bestünde es nur aus Worten ohne die verwandelnde Kraft, uns von unseren Ketten zu befreien.

Der Pastor einer Pfingstgemeinde, David Wilkerson, hat mit der Einrichtung von Teen Challenge-Zentren weltweit Zeugnis abgelegt für diese Kraft. Er *glaubt* nicht nur an die Befreiung von Drogen-Abhängigen durch die Kraft Christi, er will sie *beweisen:* 70 Prozent der Abhängigen, die sich seinem auf Gebet aufgebauten Rehabilitations-Programm anvertrauten, kommen von der Droge los und bleiben von ihr befreit, gegenüber nur 5 Prozent in den staatlichen Krankenhäusern.[1]

Erst wenn wir mit dem Alkoholiker für Befreiung von Trunksucht beten, mit dem Drogen-Abhängigen um Befreiung von der Droge, mit dem Lahmen, daß er wieder gehen kann, werden wir aus *Erfahrung* begreifen lernen, was Jesus mit den Worten meint: „Wahrlich, wahrlich, ich sage euch: Wer an mich glaubt, wird die Werke, die ich tue, auch seinerseits tun, und noch Größeres als dies wird er tun, denn ich gehe zum Vater" (Joh 14,12).

Christen haben immer an die Kraft des Gebetes, an Gemeinschaft geglaubt, darüber gesprochen und geschrieben. Aber glauben wir in der Tat, daß Christus gekommen ist, Menschen zu befreien und zu verwandeln? Glauben wir an die Kraft Jesu?

---

[1] Über seine Arbeit mit Drogen-Abhängigen berichtet David Wilkerson in „*Das Kreuz und die Messerhelden*", Erzhausen 1966.

7. Kapitel

GOTT IST LIEBE

Bittet jemand Gott schon um Heilung, so fühlt er sich verpflichtet, einen selbstlosen Grund als Entschuldigung vorzubringen: „Ich möchte gesund werden, um meiner Familie nicht zur Last zu fallen." „Ich möchte geheilt werden, um besser arbeiten zu können."

Geht dagegen jemand zum Arzt, so fällt ihm nicht ein, sich dafür zu entschuldigen. Er geht zum Orthopäden, weil er eine Rückgrat-Verletzung hat und davon befreit werden möchte. Er braucht sich dem Arzt gegenüber nicht damit zu rechtfertigen, daß er seiner Familie helfen möchte oder besser arbeiten. Er ist krank und möchte geheilt werden, das ist Grund genug, zum Arzt zu gehen.

Warum glauben wir, wir müßten uns rechtfertigen, wenn wir von Gott geheilt werden möchten? Anscheinend können wir nicht glauben, daß Gott uns liebt, wir meinen, daß er uns nur nach unserer Leistung bewertet. Wie anders sind doch Kinder, die ihren Vater selbstverständlich um einen Gefallen bitten.

Eine englische Hausfrau schreibt über ihre angelernte Spiritualität: „Bei allem Unterricht über die Väterlichkeit Gottes lernten wir in Wirklichkeit nur, daß unsere Beziehung zu Gott so gut wie nichts mit der Beziehung eines Kindes zu seinem Vater zu tun hat. Man stelle sich sein eigenes Kind vor, wie es nervös von einem Bein auf das andere hüpft, sobald es die Stimme des Vaters hört; wie es nicht mit andern Kindern spielen will, aus Angst, es könne sich schmutzig machen; wie es immer etwas ängstlich ist, denn wenn auch der Vater nichts *sagt*, so ist er im Herzen doch grundsätzlich dagegen; wie es immer in der Furcht lebt, etwas falsch zu machen; immer unsicher, den Vater um etwas zu bitten, weil das entweder zu mühsam oder zu teuer oder nicht gut genug oder zu gut sein könnte; alles, nur kein einfaches liebevolles ‚Ja'; insgeheim überzeugt, daß der Vater im Grunde keine Kinder mag, daß er nur dann ja sagen wird, wenn man sich möglichst wenig kindlich benimmt ... Wir *wissen*, Gott liebt uns ... wir *spüren*, seiner Liebe ist nicht zu trauen; meistens wird's Essig und das Gegenteil von unseren Wünschen. Aber diese Gefühle wagen wir nicht auszusprechen. Irgendwie wissen wir, es käme eine ziemlich andere Vorstellung dabei heraus, etwa wie: Gott ist grausam ... er versucht andauernd, uns hereinzulegen. Darum lassen wir diese Gefühle gar nicht erst heraus, bewußt werden sie höchstens in Form von bestimmten, unausgesprochenen Erwartungen ..."[1]

Zum Teil mag die angsterfüllte Gottesbeziehung vieler Christen darauf gründen, daß sie die Offenbarung des heilbringenden Vaters durch Jesus Christus verwechseln mit ihrer eigenen, mehr oder weniger heidnischen Vorstellung von einem Gott, der Leiden als Strafe und Buße schickt. Zur Botschaft des Evangeliums gehört aber wesentlich Heilung. Sie stellt damit unseren Gottes-Begriff grundsätzlich in Frage. Glauben wir wirklich, Gott ist Liebe, sollte es uns nicht schwerfallen, Heilung nicht für ein außergewöhnliches, sondern für ein selbstverständliches Zeichen seines Mitleids zu halten. Jede andere Einstellung zu Heilung aber beraubt die Evangelien ihrer Wirklichkeit, nämlich der Selbst-Offenbarung Gottes als eines liebenden Vaters: „Wenn nun schon Ihr, die Ihr böse seid, Euren Kindern gute Gaben zu geben wißt, um wieviel mehr wird Euer Vater im Himmel denen Gutes geben, die ihn bitten!" (Mt 7,11) Es geht bei diesem Text nicht um irgendein Rand-Phänomen, sondern um ein Kernproblem christlicher Botschaft: Wenn ich von Gottes Liebe zu mir spreche, tue ich es dann in einer Sprache, dic ich als Mensch verstehen kann? Oder spreche ich von irgendeinem abstrakten Begriff „göttlicher Liebe" oder „Nächstenliebe", der mit meinem Alltag nichts zu schaffen hat?

Ich weiß, was echte menschliche Liebe bedeutet. Geht es mir schlecht oder werde ich krank, bin ich sicher, daß meine

[1] Pamela Carswell, *Offbeat Spirituality*. New York, 1961, 219ff.

Freunde alles tun werden, mich gesundzupflegen. Sie werden mit mir zum Arzt gehen, mir Medikamente besorgen, mich ins Krankenhaus bringen, mir Tausende Dollar an Spitalsrechnungen bezahlen helfen. Sie zeigen mir mit all dem eine durchaus verständliche Liebe und Sorge. Kommt aber der Krankenhaus-Seelsorger und sucht mich mit einem kleinen Schwatz zu erheitern, um mir dann zu sagen, Gott pflegt die Menschen gewöhnlich nicht gerade durch Gebet zu heilen, so werde ich verwirrt. Ausgerechnet der Seelsorger vermag nicht, mir Gottes Liebe in einer menschlich faßbaren Art zu bringen. Entweder Jesus meinte etwas durchaus Konkretes, als er sagte: „Bittet, und es wird Euch gegeben", oder aber die Bibel muß neu ausgelegt werden; und zwar so, daß sie für den gewöhnlichen Menschenverstand möglichst schwer zugänglich wird.

In seinem Buch „Angst vor dem Leiden" versuchte C. S. Lewis mit ungewöhnlicher Schärfe das Geheimnis des Leidens zu analysieren. Kurze Zeit später starb seine Frau. Angesichts dieses verheerenden Schlages konnten ihn die Analysen des Intellektuellen nicht trösten. Außer sich vor Schmerz suchte er sich nach Schriftsteller-Art durch Tagebuch-Aufzeichnungen über den täglichen Kampf mit der Verzweiflung zu retten. Als er wieder zu sich kam und etwas Licht sah, entschloß er sich, dieses Tagebuch zu veröffentlichen. Gerade weil C. S. Lewis als intellektueller Verteidiger des Christentums bekannt geworden ist, sind seine menschlichen Reaktionen dem Leid gegenüber aufschlußreich.[2]

Er wird hier zum Beispiel eines Gefangenen jener Tradition, die besagt, Leid wäre gottgesandt und nicht ein Auswuchs des Bösen. Er schreit sein Unvermögen heraus, sich vorzustellen, wie ein liebender Gott derart mitleidlos sein kann.

Bei einem Aufenthalt in Peru stellte ich zu meiner Überraschung fest, daß das volkstümlichste Fest des Jahres *El Senor de los Milagros* war: Unser Herr der Wunder. Trotz aller offiziellen Unterweisung ist dieses vom Volk selbst geschaffene Fest beliebter als Ostern und Weihnachten. Das Volk sucht bei Gott Hilfe, Heilung, Wunder. Wie in anderen Ländern die Fastenzeit auf Ostern hinführt, bereitet man sich in Peru den

---

[2] C. S. Lewis, *Über die menschliche Trauer*, Einsiedeln, 1967.

ganzen Oktober auf die Prozession Unseres Herrn der Wunder vor. Das ganze peruanische Volk schaut in seinem einfältigen Glauben zum Herrn der Kirche als seinem Herrn und Heiland auf – und nicht nur zu der Lehre, Leiden müsse man annehmen und ertragen. Die meisten großen Wallfahrtsstätten sind gerade durch die Frömmigkeit des Volkes zu dem geworden, was sie sind. Auch heute noch strömen erwartungsvolle Pilger auf der Suche nach Heilung nach Lourdes. Sie scharen sich um Maria als einer Mutter voller Liebe und Mitleid, zu der wir kommen dürfen und die zu uns kommt, uns zu heilen. Aber wenn schon Marias Liebe so groß ist, um wieviel größer muß dann erst Gottes Liebe sein, der durch den Propheten Jesaja sagt: „Vergißt wohl eine Mutter ihren Säugling, erbarmt sie sich ihres leiblichen Sohnes? Mögen auch diese vergessen – ich vergesse Dich nicht!“ (Jes 49,15)

Noch einmal: Es geht hier um unseren Gottes-Begriff. Einem Gott, der es zuläßt, daß die Menschen auf Erden leiden, sind wir versucht, mit dem Ivan in Dostojewskis „Brüder Karamasow“ zu zürnen: „Sag es doch selbst, ich fordere Dich heraus – antworte! Stell Dir vor, Du schaffst eine Fabrik menschlicher Schicksale mit dem Ziel, Menschen schließlich glücklich zu machen, ihnen endlich Ruhe und Frieden zu geben. Stell Dir vor, Du könntest das tun, aber es wäre wesentlich, ja unvermeidlich, auch nur *eine*, eine winzig kleine Kreatur zu Tode zu foltern – dieses Kind, das sich mit der Faust vor die Brust schlägt, zum Beispiel –, um dieses ganze Gebäude auf seinen unerlösten Tränen zu errichten. Würdest Du unter diesen Bedingungen bereit sein, den Architekten zu spielen? Sag es mir! Sag mir die Wahrheit!“ – „Nein“, sagte Aljoscha sanft, „ich würde nicht bereit sein.“

Die Offenbarung Gottes in Jesus Christus lehrt uns, daß unser Herr nicht grausam ist, sondern voller Erbarmen, daß er rettet und heilt. Jesus als der sichtbare Ausdruck des unsichtbaren Gottes zeigt uns Gott als einen liebenden Vater. Mehr als einmal mahnt Jesus zum Vertrauen: „Alles, worum Ihr in meinem Namen bittet, wird Euch gegeben werden.“ Es wird höchste Zeit, daß wir wieder mit diesem kindlichen Vertrauen beten lernen, daß wir Gott wieder glauben, wie sehr er uns liebt. Denn das sichtbarste Zeichen, daß er uns wirklich liebt, ist die Tatsache, daß er sich wie Jesus herabneigt, die Kranken zu heilen.

Hat Gott jedoch die Macht, Menschen zu helfen, tut er es aber nicht, so müssen wir uns fragen:

a) Kümmert sich Gott wirklich um uns? Habe ich die Möglichkeit, einem verletzten Freund zu helfen, so helfe ich ihm nach Kräften. Hat Gott also die Macht, zu helfen, aber hilft nicht, so weiß ich nicht, was das heißen soll: „Gott liebt uns." Das ist eine ganz echte Frage, die ich immer wieder zu hören bekomme, besonders von verzweifelten Menschen: „Mein Zustand beweist doch, daß Gott sich nicht kümmert. Vielleicht sorgt er sich um *Sie*. Aber mich brauchen Sie nur anzusehn, dann sehen Sie ja, daß ich ihm egal bin."

b) Kümmert sich Gott aber doch, beläßt er aber trotzdem Menschen im Leid, dann scheint er keine Macht zu haben, uns zu helfen. Damit aber ist er ohne Bedeutung für mich, meinen Alltag und all das, was mich wirklich beschäftigt.

In beiden Fällen kann unsere Vorstellung von Gottes Liebe und Güte zutiefst erschüttert werden, solange wir leugnen, daß Gott durch Gebet Menschen heilt. Zumindest teilweise scheint mir die heute weltweite Glaubenskrise aus einem abgrundtiefen Mißtrauen in die Kraft des Gebets erklärlich. Gewisse Prediger, die zur Vorsicht raten und gern betonen, wie oft Gott „Nein" sagt, sind an diesem Mangel an Glauben und Hoffnung nicht unschuldig. Wenn es nicht selbstverständlich ist, daß Gott unsere Gebete erhört, wenn er immer nur will, daß wir unser Leid annehmen und in Geduld ertragen, was heißt dann überhaupt *Froh*botschaft? Wenn jemand mir immer wieder sagt, er sei mein Freund, aber mich leiden läßt, obwohl er mir helfen könnte, muß ich mich schließlich fragen, ob ich ihn überhaupt interessiere.[3]

---

[3] Die bewegende Frage geht auch aus dem folgenden Brief hervor: „Meine Schwester starb letzten Sommer. Sie war sehr fromm und ging jeden Tag zur Messe, nur dieses Jahr ging es ihr schon zu schlecht. Es war ein außergewöhnliches Mädchen, sie klagte nie über Schmerzen. Die ärztliche Behandlung war erschöpfend, gegen Ende gingen ihr die Haare aus, sie konnte keine Nahrung mehr zu sich nehmen. Aber sie verlor niemals ihr Lächeln. Meine ganze Sorge ist jetzt meine Mutter. Auch meine Mutter war immer sehr fromm. Auch sie ging jeden Tag zur

Vaterliebe, Mutterliebe, Freundesliebe — das alles ist noch verständlich. Was aber heißt Gottes-Liebe? In der Schrift sagt Gott selbst, seine Liebe sei größer als Mutterliebe (Jes 49,15) und Vaterliebe (Mt 7,11). Er offenbart sich uns nicht als ein unnahbarer Gott auf dem Gipfel des Berges Sinai, sondern er ist Mensch geworden: „In allem uns gleich außer der Sünde." Jesus hat unser Leid geteilt, um es in neues Leben zu wandeln, um uns zu heilen an Geist, Leib und Seele.

Von Christus inspiriert haben wir Krankenhäuser gebaut in der Annahme, es sei Gottes Wille, daß wir alles in unseren Kräften Stehende tun, die Kranken zu heilen. Nicht zufällig ist das Rote Kreuz aus dem Mitleid des heiligen Camillus entstanden. Christliche Ärzte und Schwestern geben ihr Leben, die Kranken zu heilen. Warum also sagen ausgerechnet die Seelsorger den Kranken, sie hätten ihr Leiden als gottgesandt anzunehmen, während alle anderen im Krankenhaus alles daransetzen, sie gesundzupflegen? Es braucht uns gar nicht zu wundern, daß so viele Kranke Gott fürchten, wenn ihre letzte Stunde schlägt: Die Freunde und Verwandten beteuern ihre Liebe und möchten den Sterbenden am Leben erhalten — Gott aber, der ihn heilen könnte, scheint mit seiner Liebe nicht gerade verschwenderisch.

Und wir brauchen uns ebensowenig zu wundern, daß in Südamerika Krankheit und Unglück mit einam achselzuckenden „Es ist Gottes Wille" hingenommen werden. Wer aber gesund werden will, geht nicht zu Gott, sondern zum *curandero*, zum Medizinmann, daß er um Heilung betet. Es ist

---

Messe und zur Kommunion, jeden Abend kniete sie im Gebet. Mutter war unser Leben und unsere Stütze.

Der Tod meiner Schwester hat sie restlos erschüttert. Mutter glaubte fest, ein Wunder würde geschehen. Als meine Schwester erkrankte, ließen wir jede Woche eine Messe für sie lesen. Hunderte von Messen wurden zu ihrer Genesung geopfert. Ich frage mich: Warum? Wir haben gebetet, geglaubt, gehofft. Sie hatte so viel, für das sie leben konnte, und sie war so gut. Ich weiß, Gottes Wege sind nicht unsere Wege. Mutter macht mir Sorge. Sie hat sich völlig von Gott abgewandt. Sie betet nicht mehr, geht nicht mehr zur Messe, glaubt nicht mehr. Es ist jetzt fast schon zwei Monate her — Gott ist an allem schuld. Das ist doch nicht mehr Mutter! Aber niemand kann ihr helfen oder sie irgendwie trösten."

wahrhaftig eine verkehrte Welt: Gott wird wie eine heidnische Gottheit behandelt, die man durch Leiden zu versöhnen sucht, will man aber geheilt werden, wendet man sich an die Welt der Geister und Dämonen.[4]

Wann werden wir endlich wieder zu jenem Gott zurückfinden, der sich in und durch Jesus Christus offenbart? Sein Mitleid drängte ihn, die Kranken zu heilen, wo immer er ihnen begegnete. Für Petrus waren die Heilungen Jesu derart wesentlich, daß er dem Cornelius kein Wort über den Inhalt der *Lehre* Jesu erzählt: „Ihr wißt, was über das ganze Judenland hin sich zugetragen hat. In Galiläa begann es, nach der Taufe, die Johannes verkündete: Ich meine Jesus von Nazaret, wie Gott ihn *mit dem Heiligen Geist und mit Kraft* gesalbt hat; dann zog er *wohltatenspendend und alle Besessenen heilend* umher: Gott war mit ihm und wir sind Zeugen all seiner Taten, die er im Judenland und in Jerusalem vollbrachte" (Apg 10,37—39). Danach spricht Petrus von Kreuzigung, Tod und Auferstehung. Die ganze öffentliche Wirksamkeit Jesu faßt er in den *Taten* Jesu zusammen: Durch Jesus brach das Reich Gottes an, durch seine heilende Kraft ebenso mächtig wie durch seine Lehre. Dennoch heilte Jesus die Menschen nicht, um seine Göttlichkeit zu beweisen; er heilte sie, *weil er Gott war.*

---

[4] Der Film „*The Healer*" (hergestellt von den Maryknoll Fathers) zeigt einen jungen Priester, P. Innocente Salazar, im Kontakt mit den Aymara-Indianern in seiner Pfarrei in Peru. Er entdeckt, daß sie praktisch von der Lehre der katholischen Kirche unberührt blieben. Gott ist für sie ein Gott der Rache. Heilung von Krankheit und Not suchen sie beim Medizinmann.

Zweiter Teil

8. Kapitel

DER GLAUBE, GEHEILT ZU WERDEN

Katholiken glauben ohne jeden Zweifel an die Vergebung der Sünden, sobald der Sünder seine Sünden bereut. Mit gleich unerschütterlichem Glauben predigen viele Evangelisten, jede Form körperlicher Heilung sei möglich und geschehe, soweit der Kranke glaubt. In beiden Fällen – der Heilung von Sünde und der Heilung von Krankheit – geht die Verkündigung davon aus, Christus hätte alles für uns am Kreuz errungen, wir brauchten die Frucht der Erlösung nur noch auf unser Leben anzuwenden: „Er hat unsere Gebrechen auf sich genommen und hat unsere Krankheiten getragen" (Mt 8,17). Die Sünden, so glauben wir, werden uns in jedem Fall vergeben. Körperliche Krankheit, so sehen wir, wird nicht immer geheilt. Vergebung ist nicht sichtbar, wohl aber Heilung. Der Blinde sieht oder er bleibt blind, der Lahme geht oder er bleibt in seinem Rollstuhl. Was sollen wir also glauben – und wie?

WELCHE ART GLAUBEN BRAUCHEN WIR?

Um Vereinfachungen zu vermeiden, die letztlich dem Glauben nur schaden können, folgen hier vier mögliche Grundhaltungen Heilung gegenüber:

a) *Heilen kann nur der Arzt.* Viele Christen verschiedener Konfession bezweifeln die Möglichkeit direkter Heilung durch Gott, glauben aber an Heilung durch Sekundär-Ursachen, etwa durch ärztliche Kunst oder auch durch Suggestion.

Louis Evely spricht von Wunderheilung nur mit Verachtung: „Offenbar liegen für Jesus Wunder außerhalb des Bereichs der Religion. Sich selbst überlassen, würde der Mensch wohl hoffen, Reichtum und Macht könnten seine Situation verbessern, Gott aber hat uns gelehrt, unsern Zustand durch Liebe zu ändern – dadurch nämlich, daß wir ihn freiwillig hinnehmen, wie Gott seinen Tod am Kreuz hingenommen hat. Nichts ist Gott unähnlicher, als uns Wunder aufzwingen zu wollen, die nur Furcht und Neugier erregen würden. Durch die Weiterentwicklung bibelwissenschaftlicher Methoden und technischer Möglichkeiten wird immer deutlicher, daß die durch Christus offenbarte Religion durchaus menschlich und durchaus göttlich ist, keine archaische Wunderreligion im Gegenüber zur menschlichen Natur, sondern eine Religion geduldiger und liebevoller Verantwortlichkeit. Sollen schon Wunder geschehen, sind wir für ihre Herstellung selbst verantwortlich. Denn dem Menschen stehn nun einmal unbegrenzte Kraftquellen zur Verfügung."[1] Eine derart autarke Haltung macht Heilungsgebet überflüssig. Es wäre nichts als Illusion und hielte den Menschen davon ab, sein Schicksal selbst in die Hand zu nehmen.

b) *Heilung durch Gebet ist möglich, aber außergewöhnlich:* Diese Haltung ist typisch für viele Christen, besonders Katholiken. Dem Glauben an Gottes *Vermögen*, Wunderheilungen zu wirken, widersteht der Zweifel an Gottes *Verlangen*, Menschen wirklich zu heilen. Wunder, so meinen sie, sind die Ausnahme. Wunder haben etwas zu beweisen, etwa die Heiligkeit eines Heiligen. Aber sie sind selten. Wären Wunder selbstverständlich, verlören sie ihren Wert als außergewöhnliche Zeichen.

c) *Heilung durch Gebet ist selbstverständlich und normal, aber sie geschieht nicht immer.* Ich glaube fest, daß Gott die Menschen nicht nur heilig, sondern auch heil sehen möchte. Ein gesunder Mensch gereicht Gott mehr zum Ruhm als ein kranker. Deswegen können und sollen wir mit Vertrauen um Heilung beten. Dennoch gibt es Ausnahmen. Zuweilen kann Krankheit tatsächlich dem Reich Gottes dienen. Deswegen geschieht Heilung nicht in jedem Fall, selbst dann nicht, wenn der nötige Glaube vorhanden ist.

d) *Wo Glauben ist, geschieht auch Heilung.* Dieser unbedingte Glaube findet sich häufig bei Menschen, die die Bibel

---

[1] Louis Evely, *Was seid ihr ängstlich, ihr Kleingläubigen? Evangelium ohne Mythos.* Graz 1970.

wörtlich nehmen und eine allzu einfache Lehre der Heilung für wahr halten. Sie bilden sich ihre Meinung durch Traktate wie den folgenden: „Einige haben zwar eine spezielle Heilungsgabe, heilen aber kann jeder, der glaubt. Jeder sollte zu einem Kranken hingehen können und ihm aus der Schrift vorlesen, was sie über Heilung zu sagen hat. Ist der Kranke aufgeschlossen für das Wort Gottes, so wird Glauben sein Herz erfüllen. Öffnet man die Schrift an der Stelle: ‚Berühren wir den Saum seines Kleides, so sind wir geheilt', so wird das Wort durch den Verstand des Kranken sein Herz anrühren. Er wird darüber nachdenken und schließlich erfahren, daß er nach dem Wort der Schrift durch das Berühren vom Saum Seines Kleides geheilt ist. Folgt dieser Mensch wirklich dem Wort Gottes, wird er nicht mehr hören, was sein alter Adam zu sagen hat. Körperliche Symptome mögen noch bleiben, vielleicht sogar Schmerz und Not — aber unser Vertrauen gilt nicht der menschlichen Natur, sondern der Bibel! Ich habe Patienten erlebt, die wußten, der Arzt kann ihnen nicht mehr helfen — aber sobald ich ihnen aus der Schrift vorlas, sagten sie trotz aller verbleibenden Symptome: ‚Ich bin geheilt.' Auf die Frage: ‚Woher wissen Sie das?' antworteten sie mir: ‚Weil die Schrift sagt: Er selbst nahm meine Gebrechen hinweg und trug meine Leiden.' Diesen Menschen geht es heute gut! Nicht einem nur, sondern vielen! Es geht ihnen wirklich gut, die Symptome sind verschwunden. Solange sie nur im Glauben handelten und beichteten, waren ihre Symptome geblieben. Die ärztliche Wissenschaft hielt sie nach wie vor für unheilbar. Was aber war geschehen? Sie glaubten in ihrem *Herzen*!"[2]

Ein junges Ehepaar, das nach diesem Glauben zu leben sucht, aber damit Probleme hat, schreibt: „Wir lassen Krankheit nicht mehr über die Schwelle unseres Hauses. Wir wissen, unser Glaube und die Schrift können sie vertreiben. Jesus nahm unsere Gebrechen auf sich. Warum erkranken geisterfüllte Christen dennoch? Warum liegt die Sängerin des Evangelisten X[3] reglos im Krankenhaus, obwohl sie nicht an

---

[2] *The Word of Faith*, 1972 (Kenneth Hagin Evangelistic Association, P. O. Box 50126. Tulsa, Okla. 74150).

[3] X ist ein bekannter Evangelist; nach dem von ihm gepredigten Glauben ist die Nichtbeachtung der Symptome eine Vorbedingung zur Heilung.

Krankheit glaubt? Man hofft, daß ein Blutgerinnsel nicht zu Herzstillstand führen wird. Mein Mann und ich haben da Fragen. Wir können einfach nicht Gottes Heilswillen lehren und dann schließlich doch sagen müssen: ‚Vielleicht, wenn es der Wille des Herrn ist . . .' Das ist doch kein Glauben mehr! Ich dachte, die Bibel enthielte Gesetze, die im Glauben einfach erfüllt würden, da gäbe es kein ‚vielleicht' — oder doch? Hat die Bibel auch ihre Schattenseiten?"

Solche Schwierigkeiten mit dem Wesen der Heilung führen oft zu Angst; manchmal sogar zu Ablehnung. Gottes Heils-Wille scheint unglaubwürdig, er steht im Gegensatz zur Wirklichkeit einer leidenden Menschheit. Soll Heilung auch für jene glaubwürdig erscheinen, die sich solche und ähnliche Fragen stellen, so geht es nicht ohne Unterscheidungen. Wie kommt es überhaupt, daß Christen krank werden? Warum werden einige geheilt und andere nicht? Ich habe durchaus keine Antwort auf alle Fragen. Wie Hiob beuge ich mich dem Geheimnis der Heilung in seiner Beziehung zum Leiden: „*Geheimnis* des Glaubens" sagen wir bei der Messe. Dennoch gibt es Kriterien jenes Glaubens, der — wenn auch nicht immer — zu Heilung führt.

ICH GLAUBE AN GOTT — NICHT AN MEINEN GLAUBEN

Ich glaube nicht an meinen Glauben — sondern tatsächlich an Gott. Das scheint selbstverständlich. Vermutlich ist es das auch. Aber wenn jeder, der um Heilung betet, das richtig verstehen würde, so wären wir viele Probleme los, die wir heute bei Heilungen antreffen. Ich glaube also an Gott, an *die* Erfüllung *seiner* Verheißungen, an *seine* Weisheit, *seine* Kraft und *seine* Güte. Ich glaube an *seine* Erfüllung *seiner* Verheißung, mein Gebet zu erhören. Ich vertraue unbedingt, daß Gott mein Gebet erhört — ob ich die Ergebnisse sehe oder nicht.

Ich glaube an *seine* Weisheit. Um seiner Weisheit willen, die so unendlich viel tiefer ist als meine, vertraue ich ihm, daß selbst dann, wenn ich nichts mehr verstehe, er jedes Motiv meines Gebets für eine bestimmte Heilung versteht. Meiner Unwissenheit wegen bete ich zuweilen für ein falsches Anliegen oder auf falsche Art. Deswegen sind die Ergebnisse vielleicht anders, als ich erwarte, eben weil sie göttlicher Weisheit entstammen. Ich glaube an *seine Kraft*. Ich glaube, daß bei Gott alles möglich ist. Deshalb ist dem Gebet des Christen nichts unmöglich — nicht einmal die Auferstehung eines Toten.

Ich glaube an *seine Güte*. Weil ich an Gottes Güte glaube, versuche ich, alles als Ausdruck seiner Liebe zu verstehen. Als Erhörung meines Gebets um Heilung wird Gott mir das zeigen, was am stärksten seiner Liebe entspricht. Aber ich glaube nicht an meinen Glauben. Schaue ich auf die Qualität meines Glaubens und meines Gebets, beginne ich schon zu zweifeln. Bittet ein Blinder um Heilung, der nicht einmal mehr Augen in den Augenhöhlen hat, so muß ich mich fragen, ob mein Glauben ausreicht, für ihn zu beten.

Schaun wir aber auf unseren Glauben mehr als auf unseren Gott, so konzentrieren wir uns auf unsere Schwächen. Jene, die behaupten, sie zweifeln nie, bedürfen zuweilen selbst der Heilung stärker als die, für deren Heilung sie beten. Anstatt ihre eigenen Praktiken unter die Lupe zu nehmen und sich zu fragen, warum sie nicht immer Erfolg haben, projizieren sie ihr Schuldbewußtsein über Mangel an Erfolg lieber auf jene Kranken, für deren Heilung sie erfolglos beten.

Mein Glauben an Gott läßt mir keinerlei Zweifel, weder an Gottes Heils-Vermögen noch an Gottes Heils-Verlangen. Dennoch zweifle ich oft: *Kenne* ich wirklich alle Faktoren, für einen Kranken richtig zu beten? *Verstehe* ich wirklich *alles*, was der Kranke mir sagt? Offenbaren der Kranke oder der Herr mir nicht alle Faktoren, so weiß ich einfach nicht, ob der Kranke dieses Mal total geheilt wird. Heißt das, es fehlt mir an *Glauben*? Es heißt nur, ich bin ein *Mensch*, der nicht alles weiß. Aber ich glaube an *Gott* und nicht an meinen Glauben oder meine Kraft.

Viele Kranke glauben an Heilung, haben aber Schuldgefühle wegen ihrer Zweifel. Anstatt sich ganz und gar Gottes Kraft und seiner Güte auszuliefern, gehen sie in sich, um zu prüfen, ob sie ganz frei sind von Bedenken — und meistens antworten sie „Nein“. Die Folge ist ein qualvoller Konflikt. Der Kranke fühlt sich schuldig: Je mehr er seine Zweifel prüft, umso stärker werden sie. Vielleicht überwindet er sich schließlich durch einen heroischen Willensakt. Damit aber *verdrängt* er den Zweifel nur, der unbewußt in ihm weiterschwelt. Denn Glaube ist keine Gabe, die man durch eigene Anstrengung erreichen kann, sondern nur im Vertrauen erbitten. Glauben wir wirklich, daß *Gott* die Verantwortung übernimmt, unsere Gebete zu erhören, so können wir uns auf unseren Teil begnügen, nämlich zu beten. Die Ergebnisse können wir ruhig ihm überlassen. „Bringt man ein Paar Schuhe zum Besohlen, so läßt man sie beim Schuhmacher und geht seines Weges. Wie sollte der Schuster sonst daran arbeiten können? Wie soll Gott unsere Probleme lösen, wenn wir daran festhalten? Das größte Problem beim Beten ist: Loslassen und Gott lassen."[4]

Zusammenfassend können wir sagen, im Glauben um Heilung beten heißt:

a) uns *Gott* zuzuwenden in dem unbedingten Vertrauen, daß er weiß, was das Beste für uns ist, daß er uns mehr liebt als irgend jemand sonst, daß er die Kraft hat, für uns genau das zu tun, was wir im Augenblick brauchen;

b) unsere *Zweifel* an der Fähigkeit, Ergebnisse vorherzusagen, als normal hinzunehmen;

c) unsere *Glaubens-Aktivität* in nichts anderem zu sehen als im Gebet für den Kranken (soweit wir vorher durch Gebet Klarheit darüber gewonnen haben);

d) *die Ergebnisse Gott zu überlassen.* Gewöhnlich brauchen wir die Entwicklung eines Menschen, für den wir gebetet haben, darum nicht weiter zu verfolgen.[5]

---

[4] *Under the shelter of His wings.* A pamphlet by Macalester-Park Publishing Co., St. Paul. Minnesota.

[5] Wir brauchen uns also um die Erhörung unseres Gebets keine Sorgen zu machen. Einerseits können wir für jemand beten, weggehen und das weitere Gott überlassen. Anderseits aber ist zuweilen Nachbehandlung nötig; wir müssen den anderen ermutigen, Gott für seine Heilung und die Gebetserhörung zu danken. Außerdem müssen wir vielleicht nochmals beten, dazu aber müssen wir die Auswirkung oder die mangelnde Wirkung unseres ersten Gebetes kennen. Vor allem aber müssen wir wissen, daß viele Heilungen nur schrittweise geschehen und die dauernde Unterstützung einer christlichen Gemeinschaft brauchen.

DIE GABE DES GLAUBENS IST NICHT IDENTISCH MIT DER TUGEND DES GLAUBENS

Jedem Christen wird Glauben zuteil: Die Tugend des Glaubens. Sie impliziert jenes oben erwähnte Vertrauen in Gottes Treue, seine Weisheit, seine Kraft und seine Liebe. Dieser Glaube sollte den Heilungsglauben einschließen. Auch er ist eine Gabe, jedoch nicht zu verwechseln mit der „Gabe des Glaubens", die für Paulus zu den *besonderen* Gaben gehört, die nur einigen Gemeindegliedern zuteil werden: „Dem einen wird Weisheitsrede durch den Geist, einem anderen Erkenntnisrede nach dem Maße desselben Geistes, dem einen wird Glaubenskraft in demselben Geiste, einem anderen werden Heilungsgaben in einem Geiste" (1 Kor 12,8—9). Im nächsten Kapitel erwähnt Paulus noch andere Gaben und fährt fort: „Wenn ich auch allen Glauben besäße, um Berge zu versetzen, aber hätte nicht Liebe, so wäre ich nichts" (1 Kor 13,2b). Dieser Glaube, Berge zu versetzen, bezieht sich offensichtlich auf das Jesus-Wort: „Wenn jemand zu diesem Berge sagt: Hebe dich fort und stürze ins Meer *und ist nicht geteilt in seinem Herzen,* sondern glaubt einfach, es werde geschehen, was er sagt, so wird es ihm zuteil werden" (Mk 11,23).

Die „Gabe des Glaubens" oder Fülle des Glaubens ist, wie gesagt, nicht allen Christen gegeben. Sie scheint eine Gabe im Dienst an anderen, die uns helfen soll, im Vertrauen und mit ungeteiltem Herz für ein bestimmtes Anliegen zu beten. Da dieses Vertrauen nur dann zustande kommen kann, wenn Gott seinen Willen zu einem bestimmten Zeitpunkt offenbart, steht die „Gabe des Glaubens" in enger Beziehung zum „Wort der Erkenntnis". Durch ein solches Wort der Erkenntnis teilt Gott dem Betenden mit, er wolle einen bestimmten Kranken zu einer bestimmten Zeit heilen. Er kann uns inspirieren, folgendes zu wissen:

a) Der Kranke, für den wir beten, wird geheilt werden. Die Gabe des Glaubens besteht dann in der bedingungslosen Annahme dieser Erkenntnis und in unserem ebenso unbedingt vertrauenden Gebet, daß der Kranke geheilt wird.

b) Zuweilen kann der Kranke die Eingebung haben, keine Tabletten mehr zu nehmen und sich nicht weiter um die Symptome zu kümmern. Entscheidend ist hier die besondere

Gabe der Unterscheidung der Geister. Die Folgen einer falschen Eingebung können verhängnisvoll sein.

Die Unterscheidung zwischen dem allen Christen gegebenen Heilungs-Glauben und der speziellen „Gabe des Glaubens" ist auch in praktischer Hinsicht wichtig. Sie erklärt, warum Christen, die an Heilung glauben, dennoch manchmal sagen müssen: „Ich glaube, daß Gott heilt, daß er dich liebt und die Kraft hat, dich zu heilen. Aber ich kann dir wirklich nicht im voraus sagen, was geschehen wird." Andere, die die Gabe des Glaubens haben, können mit mehr Vertrauen beten und sagen: „Gott liebt dich und wird dich auf der Stelle heilen, wenn wir ihn nur darum bitten." Das wiederum erklärt, warum Evangelisten wie Kenneth Hagin mit voller Überzeugung befehlen können: „Sei geheilt!" Gott inspiriert ihn nicht, ausnahmslos für jeden zu beten, der kommt. Es geschieht, daß er innerlich am Gebet für jemand gehindert wird. Wird uns jedoch durch die *besondere* Gabe der Unterscheidung nicht offenbart, wann wir beten sollen und wann nicht, so werden wir immer im Zweifel bleiben: Zweifel nicht an Gott, aber an unserer Erkenntnis seines Willens in einer gegebenen Situation.

BETEN IM NAMEN JESU

Nur wenn wir „im Namen Jesu" beten, können wir absolut sicher sein und unserem Gebet unbedingten Glauben schenken. Im Namen Jesu zu beten bedeutet mehr, als eine Formel zu verwenden, etwa den Vater „im Namen Jesu" zu bitten. Im Hebräischen bedeutet der Name eines Menschen sein ganzes Wesen. Im Namen Jesu zu beten heißt also, in der Person Jesu zu beten, wie Jesus selbst beten. Im Namen Jesu zu beten heißt, Menschen und Situationen mit den Augen Jesu zu sehen und dann mit der Vollmacht Jesu zu sprechen. *Nur dann* kann man wirklich in der Befehlsform beten: Der Krankheit im Namen Jesu gebieten, sie habe einen Menschen zu verlassen; Lahmen im Namen Jesu gebieten, sie sollen aufstehen und gehen. Die Apostel beteten auf diese Art. Sie waren von Gott mehr inspiriert als die meisten Christen unserer Tage. Sie sagten ohne Zögern: „Im Namen Jesu des Nazareners, geh!" (Apg 3,6b) Sie sprachen mit der Autorität Jesu.

Zusammenfassend gibt es also zwei Arten, um Heilung zu beten. Beide sind gleichermaßen gültig, nur geht die eine tiefer als die andere. Aber sie kann nicht erzwungen werden; sie ist eine Gabe.

a) Für gewöhnliche Christen in einer normalen Situation gilt: Das Gebet um Heilung ist ein Bittgebet, das Gott den Vater bittet, den Kranken im Namen Jesu in der Einheit des Heiligen Geistes zu heilen. Dies ist die in der katholischen Liturgie gebräuchliche Formel.

b) Für jemand mit einer speziellen Heilungsgabe kann gelten: Ist er tatsächlich inspiriert, so ist das Heilungsgebet eher ein Gebet in Befehlsform: „Sei geheilt!" Ist aber sein Gebet ein Bittgebet, so ist es stärker als das gewöhnliche Bittgebet, denn es ist frei von jedem Zweifel: „Wahrlich, es geschieht. Danke, Herr." Es ist ein Gebet im Namen Jesu im wahrsten Sinn des Wortes. Der Betende kennt auf geheimnisvolle Weise den Willen Gottes und kann im Namen Gottes sprechen, als wäre er mit Gott und spräche an seiner Stelle.

Ein *Diagramm* mag diese beiden Gebetsarten deutlicher machen:

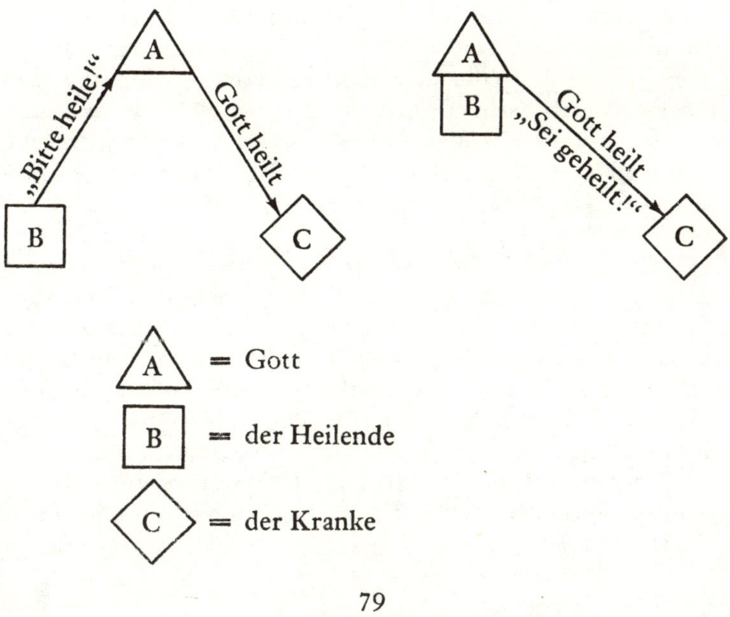

Freilich erscheint Gott in diesem Diagramm als „da oben", während er in Wirklichkeit auch immanent ist und uns von innen her heilt. Es versucht nur zu veranschaulichen, daß im ersten Fall der Betende nicht wissen kann, was Gottes Wille für diesen Kranken in dieser Situation ist, und also zu *Gott* spricht, die Heilung des Kranken zu erbitten. Im zweiten Fall hat Gott seinen Willen, hier und jetzt zu heilen, offenbar werden lassen. Darum besteht das Heilungsgebet nicht im Sprechen zu *Gott*, sondern im Sprechen zum *Kranken* an Gottes Stelle.

Beide Arten beruhen zwar auf Glauben, sind aber dennoch wesensverschieden. Viele der Schwierigkeiten bei Gebetsheilungen entstehen dadurch, daß Menschen ohne spezielle Gaben den Stil jener zu imitieren suchen, die über diese Gaben verfügen. Ein Heilender, der nicht wirklich die Gabe der Erkenntnis oder die Gabe des Glaubens hat, gerät leicht in einen prätentiösen, hohlen Gebetsstil. Er kann Kranken damit schaden und ihnen Schuldgefühle verursachen, wenn er etwa sagt, sie wären geheilt – und das nicht etwa, weil Gott es ihm offenbart hätte, sondern weil er die Gebetsformen anderer nachahmt, die über Gaben verfügen, die er nicht hat.

Jeder von uns sollte zunächst herausfinden, wo er steht. Er sollte in einer Art beten lernen, die seiner persönlichen Wirklichkeit entspricht. Jeder kann vom anderen lernen, aber man sollte niemanden nachahmen wollen. Selbst wenn jemand über keinerlei besondere Gaben wie Erkenntnis, Unterscheidung oder Glauben verfügt, sollte er sich dadurch nicht hindern lassen, für Krankenheilung zu beten — er muß nur seine Grenzen kennen.

Es gibt auch ein Wachstum dieser Gaben. Gebrauche, was Gott dir an Gnaden gibt; und du wirst sehen, daß Gott dich mehr und mehr als sein Werkzeug gebraucht. Agnes Sanford empfiehlt Anfängern, zunächst um die Heilung von kleineren Krankheiten zu beten, etwa Erkältungen, die leichter kommen und gehen als Krebs, Arthritis oder Blindheit. (Aber auch hier sollte man nicht zu schnell feste Regeln aufstellen wollen. Ich habe Anfänger erlebt, die von Gott auf wunderbarere Weise gebraucht wurden als jene, die seit Jahren aktiv um Heilung beten.) Übt man sich im Glauben und erlebt, wie Menschen durch das eigene Gebet geheilt werden, so erfährt man auch ein Wachsen im Glauben. Die Gaben, die man hat, soll man brauchen, das „Gebet des Glaubens“ anwenden, vor allem aber die Menschen lieben — dann *werden* Wunder geschehen.

HEILUNGS-GLAUBEN HAT JEDER ODER NIEMAND

Es ist trostreich zu wissen, daß gerade durch unsere Schwäche Gott *alles* kann. „Meiner Schwäche will ich mich rühmen“, sagt Paulus.

Kathryn Kuhlman und andere berichten von Kranken, die keinerlei Glauben an ihre Heilung mitbrachten. Ich habe selbst Kranke getroffen, die nicht an ihr eigenes Heilungsgebet glaubten, aber durch das Gebet anderer geheilt wurden. Vielleicht haben solche Heilungen den Sinn, jenen Menschen zum Glauben zu verhelfen, die ihn bis dahin nicht hatten. Glaube ist wesentlich für Heilung. Tun wir in unserer Schwäche alles, was in unseren Kräften steht, so wird Gott uns über alles Verdienst segnen. *Unser Glaube führt zum Gehorsam, für die Kranken zu beten.* Trotz unserer Schwäche haben wir alles zu tun, ihnen das Erbarmen Christi weiterzugeben. Wir sollten uns selbst weniger ernst nehmen — und dafür Gott umso ernster: „Wenn ich auch nichts bin — hinter den Überaposteln stehe ich doch in keiner Hinsicht zurück! Die Erweise meiner Sendung als Apostel sind in eurer Mitte erbracht worden: Vollkommene Geduld, Zeichen, Wunder und Machttaten“ (2 Kor 12,11f).

9. Kapitel

GEHEIMNIS DES GLAUBENS

Das Paradox jeder Heilung läßt mir das Geheimnis des Glaubens immer bewußter werden. Wer nach einfachen Antworten und absoluter Klarheit ausschaut, wird notwendig enttäuscht. Er wird niemals die Erfahrung machen, die mir fast täglich zuteil wird: Einen Menschen von der Liebe Gottes berührt und geheilt zu sehen. In einem Brief heißt es: „Tausend Dank für die geistliche Heilung. Sie war vollkommen; Mut, Kraft und Freude erfüllten mich, als Sie für mich beteten. Gott sprach durch dieses Gebet zu mir, um mich seiner Liebe zu versichern. Der größte Trost war mir, daß Sie meine Sorgen so genau verstanden haben. Nach dem Gebet ging ich in die Kapelle. Ich erlebte eine wirkliche Befreiung. Alle bitteren Erinnerungen waren wie ausgelöscht. Ich war augenblicklich voller Freude. Die jahrelange Last war von mir genommen."

Heilung wird immer ein Geheimnis bleiben. Jeder, der es sich zu einfach macht, stiftet letztlich nur Verwirrung. Paulus sagt: „Jetzt erkenne ich nur stückweise" (1 Kor 13,12b). Auch wir sollten uns nicht schämen, einzugestehen, daß unsere Erkenntnis alles andere ist als vollkommen. Aus verläßlicher Quelle weiß ich, daß bei den Gottesdiensten eines bekannten Heilungs-Evangelisten nur etwa 10 Prozent der Heilung-Suchenden gesund werden. Diese 10 Prozent sind freilich Grund zur Dankbarkeit und Freude; aber was wird aus den anderen 90 Prozent? Beschränkt sich der Evangelist auf die Frage: „Glaubt ihr, daß ihr geheilt werdet?", so kommen die Leute zum Schluß: Ich wurde nicht geheilt, weil mein Glaube zu schwach war. Durch eine zu stark vereinfachende Predigt fühlen sich jene schuldig, die nicht geheilt werden. Diejenigen, die Heilung sowieso skeptisch gegenüberstehen, werden in ihrem Widerstand noch bestärkt. Die meisten Menschen bevorzugen einfache Lösungen. Alles Komplizierte schreckt sie ab. Paul Tournier hat das sehr klug beobachtet: „Jeder kann von seiner Stelle aus feststellen, daß die ganze Menschheit sich zwischen diesen beiden Polen hin und her bewegt: Zwischen der Einfalt und der Vielfalt. Die einfachen, ursprünglichen Gemüter besitzen im allgemeinen einen starken Dynamismus, der sie zum Handeln befähigt. Alles gelingt ihnen, weil sie sich nicht in einem Wasserglas ertränken und ihre Einfalt ein schönes Selbstvertrauen begünstigt. So ist beispielsweise der einflußreiche Journalist ein Geist, der danach strebt, die Dinge zu vereinfachen und deren Vielfältigkeit auf eine einfache, elementare Vorstellung zurückzuschrauben, die die Menge überrascht. Ein feiner, gepflegter und nuancierter Geist verliert sich dagegen in subtilen und gewissenhaften Überlegungen, sieht immer die Vielfältigkeit der Dinge vor sich und wird darum niemanden mitreißen. Das ist der Grund, weswegen die Welt von denen geleitet wird, die am wenigsten dazu geeignet sind, der Welt kulturelles und moralisches Niveau zu heben. Sehr selten nur trifft man die Geister, in denen sich beide Pole, beide Tendenzen vereinen, und ich glaube, daß ein lebendiger christlicher Glaube dieses Wunder noch am ehesten zustande bringen könnte. Denn er gibt zugleich das tiefe Eindringen in die Probleme und die Einfalt des Herzens."[1]

Wie Tournier sagt, wird der Volksmissionar oder Straßenevangelist immer vereinfachen, um Wirkung zu erzielen: „Glaube – und Du wirst geheilt!" Gebildeten sträuben sich die Haare ob so viel Fundamentalismus. Vermutlich sind die meisten, die sich ohne viel zu zweifeln an Heilung wagen, nicht imstande zu erklären, was sie eigentlich tun. Andererseits sind diejenigen, die auch nur eine Ahnung davon haben, wie komplex Heilung ist, von Zweifeln so gelähmt, von Spekulationen über den traditionellen Stellenwert erlösenden Leidens etwa, daß sie nur selten den Mut haben, selbst für Krankenheilung zu beten.

Erfahrung hat mich überzeugt, dem Geheimnis jenen Raum zu belassen, der sich in der Praxis als hilfreich erweist. Ich möchte dazu zwei Grundsätze vorschlagen:

[1] Paul Tournier, *Technik und Glaube*, Basel 1945, 42.

a) Nicht jede beliebige Erfahrung sollte zur Universalmethode erhoben werden.

b) Gott vertrauensvoll um Linderung von Not bitten, heißt nicht, ihm vorzuschreiben, wann und wie er das zu machen hat.

a) Nicht jede beliebige Erfahrung sollte zur Universalmethode erhoben werden.

Etwas in uns läßt uns der richtigen Methode für jede Aufgabe, der richtigen Formulierung für jedes Gebet nachjagen. Wir suchen immer noch den „Stein des Weisen" der Alchimisten, eine Art magischer Kontrolle über alles, was Gott tut und läßt. Gott aber lehrt uns immer von neuem, daß er über unsere Grenzen erhaben ist und sich nicht in unser Schubfachdenken einsortieren läßt. Immer noch und immer wieder gibt es jene, die behaupten, um zu heilen brauche man nur „Gott bei seinen Verheißungen zu nehmen". Andere wieder glauben ausschließlich an Heilung durch die Sakramente. Wie die Jünger suchen wir nach der vollkommenen Antwort: „Wer hat gesündigt, dieser oder seine Eltern, daß er blind geboren wurde?" Wie so oft muß Jesus uns von einem falschen Entweder-Oder befreien: „Weder er noch seine Eltern haben gesündigt, sondern das Wirken Gottes soll an ihm offenbar werden" (Joh 9,2—3).

Allzuoft versuchen wir eine bestimmte Methode, die sich in einer gegebenen Situation bewährt hat, als Allheilmittel anzuwenden. Vermutlich haben wir sogar Erfolg, um vor uns selbst und anderen diese Methode zu rechtfertigen. Wir übersehen dabei allzugerne eigene Fehler und schwören auf die Fülle der Erfahrung.

Ich möchte in diesem Zusammenhang einige Beispiele für das Gesagte bringen. Alle beziehen sich auf Heilungs-Methoden in den Vereinigten Staaten. Zunächst gibt es da eine Tendenz, jede Art der Krankheit als Besessenheit anzusehen und sie durch Dämonen-Austreibung zu behandeln. In gewissen Fällen mag das angehen. Erfolg jedoch bestärkt den Exorzisten häufig, auch für diejenigen Kranken zu beten, denen dadurch mehr geschadet als geholfen wird. Intelligente Beobachter können derart abgestoßen werden, daß ihnen ein ständiges

Vorurteil gegen Heilung oder Dämonen-Austreibung zurückbleibt.

Ein anderes Beispiel ist die Methode, „Deinen Sieg auszurufen"; das heißt, automatisch die Tatsache der Heilung anzunehmen, sobald um Heilung gebetet worden ist. Das kann richtig sein, wenn es dem Willen Gottes entspricht und der Kranke inspiriert wird, seine Heilung als Tatsache hinzunehmen, selbst wenn die Symptome noch nicht gleich verschwunden sind. In Exerzitien begegnete mir eine Klosterfrau mit einer Endometriose. Sie bat die ganze Gruppe um Gebet. Am nächsten Tag berichtete sie: „Seit dem Gebet um meine Heilung bin ich beschwerdefrei, habe keine Schmerzen mehr. Während der letzten anderthalb Monate wurde ich fast ständig von Schmerzen geplagt, besonders nach den Mahlzeiten. Jetzt aber kann ich vier Mahlzeiten zu mir nehmen — ohne die geringsten Beschwerden. Was jetzt kommt, ist komisch. Während des Gebetes in der Gruppe dachte ich noch, meine Medikamente wie bisher alle vierzehn Tage bis in den Mai hinein aufzubrauchen (die Exerzitien waren im Februar). Dann würde ich zusehen, ob ich geheilt bin oder nicht. Der Herr aber hatte anderes im Sinn. Um mir zu zeigen, was Er wollte, ließen plötzlich die Schmerzen nach, unter denen ich seit drei Stunden litt. Dann — und das scheint mir entscheidend — fragte Er mich in aller Ruhe, ob ich meinen Glauben dadurch beweisen könne, daß ich die Medikamente nicht mehr nähme. Ich rang damit, während die anderen beteten, denn nach dreieinhalb Jahren ohne jede Erleichterung bewahrten mich jetzt diese Medikamente vor chronischen Schmerzen. Wie also sollte ich darauf verzichten?

‚Gut, Herr', sagte ich, ‚ich will den Weg zu Ende gehen. Wir werden sehen, ob du mich wirklich heilen willst.' Daß ich den Mut erhielt, in vollem Glauben ja zu sagen, bedeutet die Heilung, denn eigentlich gab es keine Rettung mehr, außer durch Operation. Das heißt nun wirklich Glauben! Meine Freude ist unbeschreiblich. Ein neues Leben hat begonnen."

Tatsächlich war diese Klosterfrau von Gott inspiriert, das Glaubens-Wagnis einzugehen und ihre Heilung anzunehmen, eine Heilung, die jetzt mehr als drei Jahre angehalten hat. Sie tat das ohne jeden Rat von anderen, aus einem unwiderstehlichen inneren Antrieb. Wie einer, der heilt, die „Gabe des Glaubens" erhalten kann, einer persönlichen Offenbarung zu vertrauen und in der Befehlsform zu beten, so kann auch der Kranke inspiriert werden, daß er geheilt worden ist, zuweilen trotz verbleibender Symptome. Gehorsam der inneren Stimme gegenüber scheint in diesen Fällen die Voraussetzung der Heilung.

Gefährlich wird es erst dann, wenn diese einerseits zwar besondere, andererseits aber doch ziemlich häufige Erfahrung zu einer Universal-Methode erhoben wird, wenn nämlich der Heilende den Anspruch erhebt, dies solle ausnahmslos in jedem Fall geschehen, jeder, der Gott bei seinen Verheißungen nimmt, müsse auch geheilt werden.

Ich befand mich eines Tages in einem Raum, wo für einen Mann im Rollstuhl gebetet wurde, der sich durch einen Unfall eine Rückgratverletzung zugezogen hatte. Die Leiter der Gebetsgruppe versicherten ihm, daß er geheilt werden würde, wenn er nur glaubte. Sie hatten für ihn gebetet und gefastet und einige hatten versprochen, weiter zu fasten, bis er geheilt wäre. Als sie sich in aller Aufrichtigkeit um ihn versammelten, um für ihn zu beten, bekam der Mann Angst und verkrampfte sich. Umgeben von Verwandten und Freunden nahm er sich zusammen, so gut er konnte. Alle wußten, daß es eines echten Wunders bedurfte, die durchschnittenen Nerven wieder zusammenwachsen zu lassen. Ihr Gebet und die Aufforderung, er solle sich aus dem Rollstuhl erheben und gehen, ließ die Spannung im Raum nur noch steigen. Tatsächlich vermochte er nicht aufzustehen. Durch die Enttäuschung war sein Zustand hinterher schlimmer als vorher. Es ist schmerzlich, eine solche Begebenheit in einem Buch über Heilung erwähnen zu müssen. Aber leider passiert so etwas immer wieder. Es schadet sowohl dem Kranken als auch der Gebetsgruppe. Außerdem leidet der Ruf der Gebetsheilung darunter. Durch die Ableitung falscher Gesetze aus dem Wirken der Gnade wird die Gnade wieder zum Gesetz.

Um noch einmal Paul Tournier zu zitieren:

„Leicht ist es, Theorien auszubauen, leicht ist es, seine Gegner mit einer scharfen und spitzfindigen Dialektik aus dem Felde zu schlagen und begeisterte Anhänger zu finden, wenn man ein zusammenhängendes und jede andere Meinung ausschließendes Lehrgebäude errichtet. Aber in der Praxis des Alltags: Wie viele unergründliche Rätsel gibt es da, wie viele Widersprüche, wie oft hat man Erfolge, wo man keine erwartete, und Mißerfolge, wo man sie nicht befürchten zu müssen glaubte! Von Tag zu Tag wird es mir klarer, welch verwickelt, subtil und heikel Ding die menschliche Seele ist. Man sammelt gewisse Erfahrungen; sobald man aber eine bestimmte Theorie daraus ableiten will, entschlüpft schon das Leben aus ihnen, und man merkt, daß man Theorien nicht zu den Erlebnissen vorstoßen kann. Umgekehrt kann es sich ereignen, daß just in dem Augenblick, wo man hilflos, verwirrt und voll Schmerz vor dem Durcheinander eines Geschickes steht, plötzlich – und ohne daß man um das Wie des Zustandekommens etwas wüßte – ein lebendiges Erlebnis hervorsprudelt. So gewinnt ein jeder aus einem persönlichen Erlebnis ein Denksystem, das er als *die* Wahrheit allen anderen Systemen gegenüberstellt. Und jeder beruft sich auf sein persönliches Erlebnis, um das Denksystem zu stützen, mit dem er dieses Erlebnis verbindet. Jeder beharrt auf den von ihm entdeckten Wahrheiten und schließt aus ihnen, daß diejenigen, die sich nicht zu gleichen Wahrheiten bekennen, im Irrtum wandeln.

Jedermann verbirgt die geheimen Schwächen und schmerzlichen Mißerfolge, die es immer in unserem Leben gab und geben wird, weil er fürchtet, ihr Eingeständnis könnte Zweifel an der Güte des Systems, das er für die Wahrheit hält, aufkommen lassen. Und jedermann prangert die Irrtümer der anderen an und erinnert an ihre Inkonsequenz und ihre Schändlichkeiten, um so die hinfällige Eitelkeit ihrer Glaubensgrundsätze zu zeigen. Nach dem berühmten Worte Leibnizens sind alle Systeme zutreffend in dem, was sie versichern, und falsch in dem, was sie leugnen.“[2]

b) Gott um die Linderung von Not zu bitten, heißt nicht, ihm vorzuschreiben, wann und wie er das zu tun hat.

Dieser Grundsatz kommt aus der Erfahrung. Gott hat seine Kinder sicher ermutigt, um *alles* zu bitten, was sie brauchen,

[2] A. a. O., 150f.

und zwar *inständig* zu bitten. Aber in seiner Weisheit kennt Gott allein die *Zeit und den Ort* der Heilung. Mehrmals schon habe ich erlebt, daß Heilung später eintrat als das Gebet darum. Eine Frau, deren Arm durch Krebs und Bestrahlungen gelähmt war, konnte nach Aussage der Ärzte mit Besserung auch durch Physiotherapie nicht mehr rechnen. Wir beteten für sie an einem Samstagabend. Mehrere von uns hatten die Gewißheit, sie wäre geheilt, obwohl sich eine Änderung ihres Zustandes nicht wahrnehmen ließ. Als sie am folgenden Montag erwachte, konnte sie den Arm normal bewegen.

Selbst wenn keine sofortige Heilung eintritt, brauchen wir also nicht ängstlich zu werden, wenn wir vorher alles getan haben, Gottes Führung und Weisheit zu suchen. Ich habe derart viele Heilungen erlebt, die erst nach und nach geschahen, oder sogar erst eine ganze Zeit später, daß ich heute immer nur um Heilung bete und Art und Zeitpunkt des Ergebnisses ganz und gar Gott überlasse. Vielleicht ist jetzt nicht die Zeit. Vielleicht geschieht die endgültige Heilung durch das Gebet eines anderen. Vielleicht ist durch mein Gebet ein Prozeß in Gang gekommen, der erst viel später zum Erfolg führt.

Der folgende Brief ist ein schönes Beispiel dafür. Eine Frau hatte um seelische Heilung von einer im frühen Kindesalter gestörten Vater-Beziehung gebeten, die ihr Selbstvertrauen nachhaltig beeinträchtigt hatte: „Ich schreibe Ihnen, um Zeugnis zu geben von der wunderbaren Art, auf die mir der Herr während der Wochenend-Exerzitien half. Als Sie und Schwester Jeanne am Samstag für mich beteten, bewegten mich zwei Dinge. Zunächst war ich fasziniert von der Gabe der Unterscheidung, die der Herr Ihnen gab, meine Not genau zu erkennen. Innerhalb von Minuten entdeckten Sie zwei neuralgische Punkte, die mir ganz unbewußt waren: Mein Aussehen und mein Vater. Dann aber fühlte ich mich nicht befreit durch Ihr Gebet. Meine frühere Erfahrung mit seelischer Heilung hatte mich gelehrt, fest an diese Kraft zu glauben. Dieses Mal aber spürte ich nichts. Jetzt ging ich in mein Zimmer und betete um Vertrauen, die Heilung wäre bereits geschehen.

Nach und nach erlebte ich die erste Heilung. Ich fand mich plötzlich schön, was der Wirklichkeit nicht widersprach. Ich konnte jetzt in den Spiegel sehen und mir selbst zulächeln, ohne das Gefühl zu haben, ich wäre jemand, den man lieber meidet. Montag bei der Messe wußte ich plötzlich, die zweite Heilung würde geschehen, wenn mein Vater mich umarmte. Er liebt mich von Herzen und hat mir immer großzügig von seinem Reichtum geschenkt. Jetzt aber wußte ich, daß ich ein Zeichen seiner Liebe brauchte. Mittwoch abend fuhr ich nach Hause. Ich wußte, daß ich mit Vater sprechen mußte. Ich fühlte mich krank und wie erschlagen. Nachdem Mutter zu Bett gegangen war, saß ich Vater gegenüber und begann fassungslos zu weinen. Er nahm mich in die Arme und fragte mich, was los sei. Ich erzählte ihm alles. Er küßte mich, ich weinte noch immer. Wir konnten uns zum ersten Mal sagen, daß wir uns lieben. Ich weinte fast eine halbe Stunde lang. Es gab mir tiefen Frieden und Sicherheit im Herrn. Gepriesen sei Gott, unser Vater, für seine Liebe, die ich so deutlich erfahren durfte. Meine Rückkehr zur Arbeit wird voller Freude sein. Ich fühle mich ganz in seiner Liebe. Ich bin frei, die Liebe Jesu all jenen mitzuteilen, die ich liebe."

Das erlebe ich ziemlich häufig: Gott erhört Gebete nicht nur an der Oberfläche, er möchte, daß Menschen an die Wurzel des Übels vorstoßen. Die Versöhnung zwischen Vater und Tochter in der *Wirklichkeit* war entscheidend – nicht nur in der Vorstellung. Die spontane Reaktion dieser Frau auf das Heilungsgebet war ein Dampfkochtopf-Gefühl. Aber das war nur das *Vorzeichen* endgültiger Heilung. Hätte mich das Ausbleiben eines spontanen Erfolges zu sehr beschäftigt, hätte ich dadurch vielleicht den Erfolg verunmöglicht.

Frau Cavnar aus Dallas ist ein anderes Beispiel dafür, wie offen man verschiedenen Möglichkeiten von Heilung gegenüber bleiben muß. Frau Cavnar litt seit Jahren unter Rückenschmerzen. Eines Tages kam sie zu einem Gebetstreffen, wo in einer ihr lächerlichen Art um „Bein-Längen" gebetet wurde (vgl. Kap. 21). Dennoch folgte sie einer Eingebung, mitzubeten. Schließlich konnte sie nicht umhin, für sich selbst beten zu lassen, sie wurde auf der Stelle geheilt – durch ein Gebet, das ihr zunächst ganz und gar unangemessen erschien.

Ein weiteres Beispiel für Gottes Überraschungs-Effekte ist die Heilung von Schwester Avina Michels O.S.F. Man hatte für Schwester Avina schon mehrfach gebetet, durch einen schweren Autounfall war sie an den Rollstuhl gefesselt. Früher war durch Gebet ihr Arm geheilt worden. Jetzt bat sie mit größerem Vertrauen um Heilung ihrer Knie, um vom Rollstuhl freizukommen. Für präzise Anliegen soll man präzis beten. Wir beteten also um Heilung der Knie. Plötzlich schlug sie die Hände vor die Augen. Ihr Ausdruck veränderte sich total. Wir konnten Heilung von einer Gesichtslähmung und von Neuralgien feststellen, die sie nicht einmal erwähnt hatte. Das präzise Gebet für die Knie bewirkte also Heilung des Gesichts! (Später wurde sie total geheilt, sie läuft heute ohne Beschwerden und ohne jede Hilfe.)

Diese und andere Erfahrungen haben mich gelehrt, daß Gott Humor hat; und daß er ihn nutzt, unsere wohldurchdachten Vorstellungen von seinem göttlichen Walten durcheinanderzubringen. Immer wieder entdecken wir, wie komplex Heilung ist. Immer wieder müssen wir Gottes Weisheit suchen, um zu wissen, was wir tun sollen. Dann aber dürfen wir furchtlos ihm die Ergebnisse überlassen.

Die berühmteste Heilerin Amerikas ist heute sicher Kathryn Kuhlman. Aber auch sie muß sich fragen, warum in ihren Heilungsgottesdiensten die einen geheilt werden und die anderen nicht. Sie kommt zu denselben Ergebnissen: „Gott hat keine Vorliebe in Sachen Theologie“, sagte sie mit einem Lächeln. „Wir versuchen einen Zaun um Gott aufzurichten, ihn auf unser Niveau herabzuziehen. Das gelingt zum Glück niemand. Gott ist einfach zu groß, in unsere Schubladen zu passen. Trotz aller Anfragen habe ich nie ein Buch über das Wie und Warum göttlichen Heilens veröffentlicht. Ich verstehe einfach nichts davon. Gerade als ich das Buch herausgeben wollte, machte der Heilige Geist genau das Gegenteil von dem, was ich gesagt hatte. Ich buchstabiere immer noch an den geheimnisvollen Wegen Gottes herum. Als ich noch jung war und viel mehr wußte als heute, sagte ich mir: Du mußt dies und jenes tun, geheilt zu werden. Schließlich gibt es Bedingungen, an die man sich halten muß. Ich meinte zum Beispiel, der Glaube des Kranken sei unbedingt notwendig. Dann aber kam der Schock meines Lebens. Während eines Gottesdienstes sagte ein Mann, sein taubes Ohr wäre eben hörend geworden, aber er wäre absolut ungläubig. Ich glaube einfach nicht, sagte er, ich war auch noch nie in der Kirche. – Da war es um meine Theologie geschehen ...

Oder nehmen Sie ein anderes Beispiel. Vor zwanzig Jahren glaubte ich, es wäre Gottes durch nichts zu erschütternder Wille, ausnahmslos jeden Menschen zu heilen. Heute weiß ich, wir können nicht erwarten oder gar befehlen, daß Gott alles macht. Ich glaube auch heute noch, Gott will heilen. Aber ich kann nicht mehr mit Sicherheit sagen, was er in diesem oder jenem Fall zu tun gedenkt. Ich habe einfach gelernt, daß man an gewisse Dinge nicht rühren darf."[3]

Weil Kathryn Kuhlman in ihrer Jugend soviel Enttäuschungen von Menschen erlebt hat, die bei Heilungs-Gottesdiensten nicht geheilt wurden und sich nachher schuldig fühlten, sagt sie heute jedesmal, sie wisse nicht, warum einige Menschen geheilt werden und andere nicht, warum einige, die voller Glauben kommen, ungeheilt wieder gehen müssen, während Skeptiker auf der Stelle geheilt werden.

Heilung ist ein Geheimnis! Als Menschen haben wir uns vor dem Mysterium Gottes zu beugen. Gefällt es Gott, seinen Willen zu offenbaren, können wir mit Sicherheit handeln. Zweifeln wir aber in einem bestimmten Fall, so ist es immer noch am ehrlichsten, unsere Zweifel offen einzugestehen und uns vor dem Mysterium zu beugen. Hiob antwortet Gott: „Ich habe erkannt, daß du alles vermagst, und daß kein Vorhaben dir unmöglich ist. Wer ist es, der den Weltenplan verschleiert, bar der Einsicht? So habe ich also törichte Dinge vorgebracht, die allzu wunderbar für mich sind und die ich nicht begreife" (Hiob 42,2f).

---

[3] Allen Spraggett, *Kathryn Kuhlman, The woman who believes in miracles.* New York, 1970.

10. Kapitel

DAS GRÖSSTE ABER IST DIE LIEBE

Glaube sollte eine Voraussetzung für den Kranken wie für den Heilenden sein. Die entscheidende Grundhaltung des Heilenden aber ist Liebe. Über die grundlegende Bedeutung der Liebe für den Heilungsprozeß wird so gut wie nie gesprochen. In der Einleitung zu Agnes Sanfords „Heilendes Licht" schreibt Glenn Clark über die liebende Gegenwart ihrer Heilungstätigkeit: „Das gewisse Etwas von Agnes Sanford ist schwer in Worte zu fassen. Es ist hauchzart und unfaßbar wie die Luft, die wir atmen. In Ermangelung eines Besseren nenne ich es die Heilungsatmosphäre ... Jeder, der Agnes Sanford auch nur begegnet, befindet sich bereits in dieser heilenden Atmosphäre. Die ‚Technik' des Heilens ist für mich Nebensache, denn ich weiß, diese Technik hat sie. Ich weiß auch, daß Tausende von Menschen, die niemals irgend jemand geheilt haben, über diese Technik verfügen. Ich wollte sehen, ob in einer Welt, in der die geistige Temperatur immer mehr unter den Gefrierpunkt sinkt, dieses Buch eine Atmosphäre schaffen könnte, in der Heilung als lebendige Realität erscheint ... Zu meiner Freude ist das der Fall. Dieses Buch zeigt, wie ein Junge — und mit ihm zahllose andere — allein dadurch geheilt wurde, daß man ihn einem Klima des Glaubens und der Liebe aussetzte. Kommt zu dieser Atmosphäre des Glaubens und der Liebe ein Sonnenstrahl Enthusiasmus, Humor und gute Laune, so kann man sich nichts Besseres mehr wünschen."[1]

Was auch geschehen mag, entscheidend für das Heilungsgebet ist eine Atmosphäre des Glaubens und der Liebe. Sobald

---

[1] Glenn Clark, Introduction to Agnes Sanford, *Healing Light* (Amerikanische Original-Ausgabe, St. Paul 1947).

Liebe da ist, kann kaum jemand verletzt werden. Wer für Heilung betet, tritt in gewisser Weise an Jesu Stelle; er steht für Jesus. Dem Kranken, der zum Heilenden aufschaut, wird bis zu einem gewissen Grad Gottes Nähe vermittelt. Das bringt uns in Verlegenheit. Wir alle kennen unsere Schwächen. Manchen erschreckt schon der Gedanke, der Kranke könne im Heilenden Jesus suchen. Tatsächlich aber ist das so. Schreie und Befehle des Heilenden rufen beim Kranken nur Karikatur-Vorstellungen von einem zürnenden Gott hervor. Wird aber die Liebe Gottes durch den Ausdruck und die Stimme des Betenden offenbar, so erlebt der Kranke Mitleid und die Liebe Jesu in seinem Nächsten. Nichts anderes als unser Gottes-Bild steht auf dem Spiel. Jesus hat nicht geheilt, weil er seine Göttlichkeit beweisen wollte, sondern weil er ein Gott der Liebe und des Mitleids ist. Sünder und Kranke scharten sich um ihn, weil er jeden einzelnen anzurühren vermochte. Unsere unbewußte Gottesvorstellung entscheidet nicht nur über unser Heilungsverständnis, sondern auch über unsere Art, mit Kranken um Heilung zu beten.

BETONUNG DER MACHT GOTTES

Bei der Krankenheilung kann man auf verschiedene Eigenschaften Gottes setzen; etwa auf seine Macht oder seine Liebe. Tatsächlich offenbart jede Heilung beide Aspekte Gottes. Unserer menschlichen Grenzen wegen haben wir zumeist die Tendenz, den einen Aspekt stärker zu betonen als den anderen. Gottes Macht zu betonen heißt, die Verheißungen seiner Allmacht und Wunder in den Vordergrund zu stellen. Gefordert wird der zur Verwirklichung der Verheißungen notwendige Glaube. Gott hat etwas verheißen, der Kranke nimmt das gläubig an, Gott belohnt diesen Glauben und heilt durch seine Liebe und Kraft.

Das Gebet derer, die Gottes Macht betonen, ist zumeist fordernd. Gewöhnlich wird es mit vernehmlicher Stimme vorgetragen und von kraftvoller Handauflegung begleitet. Sicher ist das ein gültiger Weg als Abbild göttlicher Autorität und Macht. Aber es kann eine Überbetonung menschlichen Glaubens und des Gesetzescharakters der Bibel bedeuten. Der

Betende tritt auf wie ein Rechtsanwalt beim Plädoyer. Er verweist auf die Schrift und argumentiert: „Es gibt Verheißungen. Wir haben einen Vertrag mit Gott. Gott steht dazu. Er ist getreu. Kannst Du seine Verheißungen im Glauben annehmen, so wirst Du geheilt. Nimmst Du seine Verheißungen nicht ernst, respektierst Du den Vertrag nicht, kannst Du auch nicht geheilt werden."

Sicher darf man auf die Erfüllung der Verheißungen bestehen, doch erinnert es an einen Zwerg, der auf seine Bibel steigt und Gott mit der Faust droht: „Du hast Dich um mich zu kümmern – erfüll gefälligst Deine Verheißungen!" Jemand, der Gott als seinen liebenden Vater kennt, der im Heiligen Geist rufen kann „Abba, Vater!", braucht kaum laut zu schreien. Daheim braucht niemand auf die Verwirklichung der Verheißungen durch den Vater zu bestehen. Er kann sich auf ihre Verwirklichung verlassen, weil der Vater ihn liebt und ihm gewährt, was er braucht und worum er bittet. Vielleicht ist es ein größerer Beweis für den Glauben, auf die Verheißungen zu vertrauen als darauf zu bestehen. Dies sind freilich bloße Worte, aber sie besagen viel über die Vorstellung eines Menschen von Gott. Ich kann mir nicht vorstellen, mit meinem Vater je in jenem Tonfall gesprochen zu haben, den manche Leute Gott gegenüber anschlagen. Ich kann mich nicht erinnern, meinen Vater je angeschrien zu haben, er solle gefälligst etwas zu essen an das untere Tischende schicken. Ich bat ihn in aller Ruhe um ein Stück Huhn. Gelassenheit ist ein Zeichen von Vertrauen und Sicherheit. Lautstarke Forderungen verraten zumeist tiefe Unsicherheit. Manche Gebete, die tiefen Glauben und Vertrauen in die Verheißungen Gottes fordern, klingen ziemlich ängstlich und unsicher. Sie sind wie Menschen, die laut sprechen, um ihre Angst zu übertönen, von den andern nicht verstanden zu werden.

BETONUNG DER LIEBE GOTTES

Eine andere Auffassung von Heilung betont eher Gottes *Liebe*, die freilich seine Kraft miteinschließt. Stellt man das Geheimnis göttlicher Liebe in den Mittelpunkt, so betont man damit Gottes Bereitschaft, all jene zu retten und zu heilen, die mit gebrochenem Herzen zu ihm kommen. Der Akzent liegt auf der Vertreibung aller Kräfte, die diese Liebe hindern, besonders Haß und mangelnde Bereitschaft, zu verzeihen. Ort, Zeit und Art der Gebetserhörung bleiben Gott überlassen. Entscheidend ist vielmehr die Einsicht, daß Gott jeden Menschen liebt, daß er jedes Gebet erhört – manchmal ganz unerwartet, manchmal erst viel später. Aber er erhört uns.

Ich persönlich setze lieber auf die Liebe Gottes, die sich in Jesus Christus offenbart, von dem alles Heil und alle Heilung ausgehen. Je inniger man mit Jesus lebt, desto weniger sucht man nach Wirkung, desto weniger ängstigt man sich, desto friedfertiger wird man. Ehrlich gesagt hat man es auch leichter. Ich finde es einfacher, mich ganz auf Gottes Liebe zu verlassen, als laut zu sprechen und eine autoritäre Haltung einzunehmen. Ich kann ganz der sein, der ich bin. Alles Gute kommt sowieso von Gott, aus seiner Liebe und seiner Kraft, und nicht aus meiner Anstrengung. Gott sollten wir ernst nehmen – und uns selbst nicht allzu ernst. Um Heilung zu beten ist nicht nur eine Prüfung unseres Glaubens, es ist vielmehr unsere normale Antwort auf Gottes Liebe.

WIE MAN UM HEILUNG BETET

Die Vorstellung, die jemand von Heilung hat, beeinflußt die Art, wie er um Heilung betet. Wer Gottes Liebe und seine Kraft vermitteln will, wird sicher leise sprechen. Er wird „im Geiste Christi" beten. Seine Stimme wird seine Einheit mit Christus ausdrücken; sein Blick wird den forschenden Blick des Mitleids Jesu widerspiegeln. Er wird aufdecken, was ans Licht muß, aber in Liebe, „zu retten und nicht zu richten".

Der Heilende muß frei vom Zwang sein, irgend etwas beweisen zu wollen, frei vom Verlangen nach persönlichem Erfolg. Ein Zusammenbruch nach mißglückter Heilung sollte Grund genug sein, mich zu prüfen, wieviel Angst vor dem eigenen Versagen noch in mir steckt. Vielleicht möchte ich die Ehre Gottes retten, wenn ich den Glauben anderer fordere. Vielleicht aber will ich nur mein Selbstbewußtsein als Heilender verteidigen. Immer wieder muß ich mir sagen: *Die Heilungsgabe ist eine Offenbarung des Geistes Gottes durch mich hindurch*. Es ist nicht etwas, das ich habe, das ich nach Belieben an- und abschalten kann. Es ist eine Gnadengabe göttlichen Geistes, der mich durchströmt, anderen zu helfen. Man ist zu dritt: Gott, der Kranke und der Diener des Heilens.

Meine Aufgabe als Heilender ist es, voller Glauben zu beten – und dann der Gnade nicht länger im Weg zu stehen. Der Kranke kann nämlich auch allein Gott um Heilung bitten, ohne die Hilfe eines Dritten. Als Heilender bin ich nichts als Fürbitter um göttliche Liebe. Ich sollte also demütig bleiben. Manchmal kann Gott mich brauchen, manchmal braucht er mich nicht. Ich schätze es gar nicht, ein Heiler genannt zu werden. Es klingt, als wollte man mir ein Prädikat anhängen, als handle es sich um einen Besitz, über den ich ein Kontrollrecht habe. Das stimmt einfach nicht. Zuweilen erhört Gott mein Gebet und rührt den Kranken an; zuweilen tut er es nicht. Warum das so ist, weiß ich nicht. Das absolute Unvermögen, diese Gabe unter Kontrolle zu bringen, macht mich demütig. Es hilft mir zu verstehen, woher die heilende Kraft wirklich kommt: Von einem anderen. Als Heilender kann ich immer nur beten – und den Kranken, der zu mir kommt, lieben.

Erstaunliche Dinge geschehen, sobald eine Atmosphäre der Liebe da ist. Heilungen ereignen sich, ohne daß man für sie gebetet hätte. Innerhalb eines Jahres wurde ich zweimal von Ehepaaren angefragt, um die Vertiefung ihrer Liebe zu beten. Während wir für Chuck und Alice beteten – ganz einfach um die Vertiefung ihrer Liebe –, verschwand eine Zyste an Alices Schulter, mit der sie sich lange Zeit herumgequält hatte. Im Sommer 1972 beteten wir zu mehreren für einen protestantischen Missionar und seine Frau. Plötzlich hielt er sich den Unterleib und rief: „Er ist weg, einfach weg!" Er war von einem Bruch befreit, an dem er mehrere Jahre gelitten hatte. Immer wieder geschieht es, daß Menschen nicht nur durch Gebet geheilt werden, sondern schlicht und einfach durch *gegenseitige Liebe*. Offenbar gefällt es Gott, in einer Atmosphäre der Liebe zu wirken, Menschen zu heilen, die ihn und einander wirklich lieben.

Die Einstellung, mit der wir um Heilung beten, ist ein wesentliches Element der Heilung. Paul Tournier sagt: „Ihr gebt einem Kinde einen Rat. Dabei ist euer seelischer Zustand von größerer Wichtigkeit als der Rat selber. Es kann die Angst in euch lebendig sein, die Angst, es könnte mit dem Kinde ‚schiefgehen'. Ohne eurer Angst Worte zu verleihen, suggeriert ihr sie doch dem Kinde; und so überlegt und klug euer Rat auch sein mag, so öffnet er doch dem Bösen die Türe, weil er an das Böse denken läßt. Ist es aber die weise, vertrauende Vorsicht, die euch den Rat eingibt, so wird der Rat von Nutzen sein."[2]

Tourniers Mahnung ist von Bedeutung für alle Heilenden. Ich kenne Menschen mit echten Heilungsgaben, die für viele Kranke gebetet haben und mit erstaunlichen Ergebnissen, und die dennoch Angst und Furcht einflößen. Ihr Gebet kann dauernde Heilung zur Folge haben. Dennoch verletzen sie viele Menschen: Angst und Furcht werden größer statt kleiner. Jede Heilung sollte dem Geheilten die Nähe Gottes, seine Liebe und seine Kraft vertrauter machen. Niemand sollte mit neuen Verletzungen fortgehen müssen.

Das scheint im übrigen ein Grund für den Erfolg von Kathryn Kuhlmans Heilungsgottesdiensten: „In diesen Gottesdiensten entsteht eine Gemeinschaft der Liebe und der Hingabe. Der einzelne fühlt sich geborgen, er kann Fesseln der Angst, des Mißtrauens und des Egoismus abstreifen, die ihn hinderten; nicht nur an der Beziehung zum anderen, sondern auch zu seiner eignen Tiefe. Die Selbst-Isolierung wird durchbrochen. Der einzelne verliert sich in der Gemeinschaft, Symbol einer liebenden Familie, wo jeder willkommen ist, trotz aller Schwächen und Sünden. Er identifiziert sich mit den Nöten anderer. Zuweilen geschieht es, daß er seine eigene Krankheit, seine eigene Not vergißt, indem er für andere betet, deren Misere noch größer ist als die eigene. Durch diese Selbstvergessenheit ist er oft schon geheilt."[3]

In jedem Heilungsgebet sollten sowohl die Liebe Gottes als auch seine Kraft angerufen werden. Der erste Platz aber gebührt der Liebe. Macht, Autorität und die Forderung nach Verwirklichung göttlicher Verheißungen haben gewiß ihren

---

[2] Paul Tournier, a. a. O., 95.

[3] Allen Spraggett, *Kathryn Kuhlman*, 129.

Sinn für erfahrene Evangelisten. Für einfache Menschen, die Diener sein wollen und keine Herren, ist der Weg der Liebe das kleinere Risiko, sich selbst zu täuschen. Vor allem aber wird dem Kranken Frieden zuteil und keine Angst: „Besäße ich allen Glauben, um Berge zu versetzen, aber hätte die Liebe nicht, so wäre ich nichts“ (1 Kor 13,2).

Dritter Teil

11. Kapitel

DIE VIER GRUNDARTEN DER GEBETSHEILUNG

Es gibt vier verschiedene Arten grundlegender Heilung. Sie werden bestimmt durch Art und Ursache der Erkrankung. Ohne diese unterscheiden zu lernen, können wir dem Kranken nicht helfen. Wir würden ihm schaden, beständen wir auf einer bestimmten Diagnose und Gebetsform, während es sich in Wirklichkeit um eine ganz andere Erkrankung, und also auch um eine andere Behandlung und Gebetsform handelt. Jemand, der nur in Dämonen-Austreibung und Exorzismus erfahren ist, kann unsäglichen Schaden anrichten, wollte er bei einem Kranken mit seelischen Problemen immer nur Teufel austreiben. Seelische Leiden *können* durch dämonische Einflüsse verursacht sein. Meiner Erfahrung nach aber lassen sich die meisten psychischen Störungen durch natürliche Ursachen, etwa durch Ablehnung oder andere innere Verletzungen, erklären. Außerdem können psychische Störungen körperliche Ursachen haben. So können etwa chemische Veränderungen im Blutbild zu Wochenbett-Depressionen führen.

Jeder, der für Kranke beten will, muß wissen, daß es drei wesensverschiedene Krankheitsarten gibt; jede erfordert zu ihrer Heilung eine grundlegend andere Gebetsform:

a) Erkrankung des Geistes als Folge persönlicher Sünde;

b) Seelische Erkrankungen (wie etwa Angst), ausgelöst durch psychische Störungen in der Vergangenheit;

c) Körperliche Erkrankungen, verursacht durch Krankheit oder Unfall.

Zusätzlich können alle drei erwähnten Krankheitsarten — Sünde, psychische Störungen und körperliche Leiden — auch durch Bedrängnis von Dämonen verursacht sein. Diese andersartige Ursache erfordert dann auch ein grundlegend anderes Gebet, nämlich Exorzismus. Es gibt also mindestens vier

Grundformen des Gebets, die wir kennen und verstehen müssen, um vollständig heilen zu können:

a) Gebet um Reue bei persönlicher Sünde;

b) Gebet um seelische Heilung („Heilung von Erinnerungen“) bei seelischen Störungen;

c) Gebet um körperliche Heilung bei körperlichen Leiden;

d) Gebet um Befreiung (Exorzismus) bei dämonischer Besessenheit.

Nicht jeder kann in jedem dieser Bereiche gleich erfahren sein. Wir sollten auch hier unsere Grenzen kennen und jederzeit bereit sein, einen Kranken jemandem mit mehr Erfahrung zu überlassen. Eines Tages werden wir hoffentlich bereit und in der Lage sein, unsere verschiedenen Geistesgaben in einem Team einzusetzen, so wie in einer Klinik Fachärzte im Team arbeiten. Das wird dann besonders wichtig, wenn wir Menschen begegnen, die zu ihrer Heilung alle vier Gebetsformen zu brauchen scheinen. Eine Frau in den mittleren Jahren kann zum Beispiel darum bitten, von Arthritis geheilt zu werden (körperliche Heilung). Im Gespräch stellt sich heraus, daß sie in der Kindheit von ihrem Vater schwer verletzt wurde (seelische Heilung), daß sie ihm niemals vergeben konnte (Reue). Dadurch aber konnte sie keine echte Beziehung zu ihrem Ehemann finden (vermutlich seelische Heilung). Auf der Suche nach einem Ausweg hat sie an spiritistischen Sitzungen teilgenommen, bei denen ein „Geister-Führer“ aus dem Totenreich ihr Weisungen durch automatisches Schreiben gab.

DIE SAKRAMENTE

Es ist nicht ohne Bedeutung, daß zum Bestand der sakramentalen Kirchen Sakramente oder andere Riten (Sakramentalien) gehören, die in Sinngehalt und Zielsetzung die vier Grundarten der Heilung miteinschließen:

a) Reue hat ihren sakramentalen Platz im Sakrament der Buße.

b) Auch seelische Heilung kann durch das Sakrament der Buße geschehen.

c) Körperliche Heilung soll durch das Sakrament der Krankensalbung gefördert werden.

d) Befreiung von Bedrängnis oder Besessenheit durch Dämonen geschieht im Exorzismus-Ritus.

MEDIZIN

Gewöhnlich wirkt Gott durch Ärzte, Psychiater, Psychotherapeuten und Schwestern. Sie fördern den natürlichen Heilprozeß. Das scheint selbstverständlich. Dennoch gibt es Evangelisten, die einen Gegensatz zwischen medizinischer Heilung und Gebetsheilung zu konstruieren suchen; als heile Gott durch Gebet, die Medizin aber heile auf weltliche Art und stände dadurch unter der Würde gläubiger Christen. Mit ihren verschiedenen Kompetenzbereichen gehören alle diese Berufe in Wirklichkeit zusammen als *Gottes Heilungs-Team.* Schließen wir jemanden aus, der zur Heilung des ganzen Menschen beitragen kann, so schaden wir jener Zusammenarbeit, die für jede christliche Gemeinschaft selbstverständlich sein sollte. Wir errichten absolut unsinnige Schranken zwischen göttlichen und menschlichen Heil-Methoden. Zuviel Schaden haben folgende Einstellungen schon angerichtet:

– Gesundbeter sagen den Kranken, sie brauchten nicht mehr zum Arzt zu gehen.
– Ärzte tun Gebetsheilung ab als unwissenschaftliche Attraktion für die Leichtgläubigen.
– Evangelisten tun die kirchlichen Sakramente ab als tote Riten.
– Priester ignorieren die Kraft Gottes im Sakrament der Krankensalbung und der Buße.
– Menschen, die an Gebetsheilung glauben, glauben nicht an Exorzismus.
– Exorzisten verachten seelische Heilung („Heilung von Erinnerungen").

Derlei Spannungen und Mißverständnisse sind nicht nur traurig, sondern überflüssig. Ich gebe heute nur noch im Team Exerzitien. Immer wieder erfahre ich dabei die Vorzüge der Zusammenarbeit verschiedener Menschen mit verschiedenen Gaben. Mit gleicher Kompetenz können wir dabei für körperliche und für seelische Heilung beten, andere zu persönlicher Reue und Buße führen, psychologisch beraten und Gottes

Heilkraft durch die Sakramente spenden; besonders während der Eucharistie erlebe ich immer wieder Heilungen. Aber ich warte auf den Tag, an dem wir noch stärker im Team arbeiten: Ärzte, Schwestern und Krankenhäuser sollten mit Menschen zusammenarbeiten, denen Gnadengaben zu körperlicher und seelischer Heilung und Befreiung von Dämonen zuteil werden; außerdem mit Priestern und Pastoren, die die Heilkraft der Sakramente erfahren haben und weitergeben können. An jenem Tag werden wir eine Erneuerung des Christentums erfahren, wie wir sie seit den Tagen der Urkirche nicht mehr gesehen haben.

Die vier Formen des Heilungsgebetes, die sich auf die vier Arten von Erkrankung gründen, lassen sich einschließlich der in diesem Kapitel mitgeteilten Erfahrungen im folgenden Diagramm zusammenfassen:

Erkrankung	Ursache	Gebetsform	Sakrament	Natürliche Heilung
1. Geistige: Sie trägt oft zu seelischen Störungen bei, manchmal auch zu körperlichen.	Persönliche Sünde	Reue	Buße	Ärztliche Behandlung
2. Seelische: Sie trägt oft zu geistiger, auch körperlicher Störung bei.	Erbsünde	Um seelische Heilung	Buße	Psychotherapie (Counseling)
3. Körperliche: Sie trägt oft zu seelischer, manchmal geistiger Störung bei.	Krankheit, Unfall, Streß	Um körperliche Heilung („Gebet des Glaubens“)	Krankensalbung	Ärztliche Behandlung
4. Alle erwähnten *können*	dämonische Ursachen haben	Befreiungsgebet (Exorzismus)	Exorzismus	

Die folgenden Kapitel bauen auf diese vier Grundarten der Heilung und die geeigneten Heilmethoden, einschließlich Medizin und Sakramenten-Lehre, auf. Zusammenfassend können wir sagen, die wesentlichen Fragen, die wir uns vor jedem Heilungsgebet stellen sollten, sind die folgenden:

a) Wo liegt der Grund der Krankheit?

b) Was ist die Ursache?

c) Welche Gebetsform oder welche andere Heil-Methode sollten wir anwenden?

12. Kapitel

VERGEBUNG DER SÜNDEN

Die erste und tiefste Art der Heilung, die Christus uns gebracht hat, ist die Vergebung der Sünden. Unsere Reue und seine Vergebung werden von jeder christlichen Konfession betont. Jesus starb um unserer Sünden willen. Er nimmt sie hinweg, sobald wir sie bereuen. Daran zweifelt niemand. Das ist Erlösung und Heilung von Grund auf.

Mir wurde aber die Erfahrung zuteil, wie innig Sündenvergebung mit körperlicher und seelischer Heilung verbunden sein kann. Oft bilden sie eine Einheit. Allzuoft ist körperliche Krankheit kein Zeichen göttlichen Segens, sondern im Gegenteil ein direkter Hinweis darauf, daß etwas in unserer Beziehung zu Gott oder unserem Nächsten nicht stimmt: „Denn wer nur ißt und trinkt, der ißt und trinkt sich das Gericht, da er den Leib nicht unterscheidet. Deshalb sind unter Euch viele Kranke und Schwache, und gar viele sind schon entschlafen. Würden wir uns selbst ins Gericht nehmen, so würden wir nicht gerichtet. Wenn wir aber vom Herrn gerichtet werden, so erleiden wir Züchtigung, damit wir nicht mit der Welt verdammt werden" (1 Kor 11,29—32).

Paulus beschreibt hier Krankheit und Tod als Folge der Sünde in der jungen Gemeinde der Korinther. Krankheit ist hier kein Segen, sondern Strafe. Die enge Beziehung zwischen Krankheit und Sünde wird heute weniger von der Kirche als von den Psychologen und Ärzten betont. Sie erkennen, daß viele, wenn nicht die meisten körperlichen Erkrankungen seelische Komponenten enthalten: „Selbst Krebs ist neuerdings mit seelischen Störungen in Verbindung gebracht worden. Forscher haben gefunden, daß Krebskranke oft Menschen sind, die lange vorher schon unter Hoffnungslosigkeit litten, die glaubten, sie wären dazu verurteilt, zu verzweifeln. Der Ausbruch der Krankheit ist häufig mit einer Reihe schwerer Schicksalsschläge oder Verluste verbunden, die den Kranken schließlich dazu führen, ganz und gar aufzugeben."[1]

Sicher ist es nicht ungefährlich, sich als Amateur-Psychologe zu betätigen und gar zuviel in die körperliche Erkrankung eines Menschen hineinzulesen. Dennoch zeigen Forschungsergebnisse, wie berechtigt die zornerfüllte Reaktion Jesu der Krankheit gegenüber war: „Er befahl dem Fieber, zu weichen." Diese Haltung scheint berechtigter als die Reaktionen späterer Christen, die die meisten Krankheiten als erlösend ansahen. Weit davon entfernt, erlösend zu wirken, ist Krankheit oft ein Zeichen, daß wir weder heil noch erlöst sind, daß wir in der Tiefe auseinanderfallen: „Darmgeschwüre entwickeln sich nach Ansicht der Forscher, wenn ein Mensch, bei dem ohnehin eine gewisse Neigung dazu besteht, Ressentiments und Zorn nicht ausdrücken will oder kann. Unbewußt reagiert sein Darm eben doch auf die angestauten Emotionen. Die daraus resultierenden Stauungen und Überaktivitäten führen dann zu Blutungen ... Darmgeschwüre sind oft von Depressionen, Hoffnungslosigkeit und Verzweiflung begleitet. Der typische Darmkranke ist unreif und abhängig, besonders von seiner Mutter. Er ist oft pedantisch und neigt zu Mißtrauen."[2]

Das zeigt nur allzu deutlich, daß es ganz natürliche Zusammenhänge gibt zwischen körperlicher Erkrankung und geistiger und seelischer Gesundheit. Körperliche Erkrankungen können tiefersitzende seelische Konflikte ausdrücken. Diese Erkenntnis bewegte den Arzt Paul Tournier, die ausschließliche Behandlung körperlicher Symptome aufzugeben und durch ein vertieftes Gebetsleben und das Studium der Psychologie den ganzen Menschen und seine ganze Erkrankung in ihrer ganzen Tiefe zu behandeln.

Wegen dieser Zusammenhänge zwischen verschiedenen Heilungsarten habe ich es oft hilfreich gefunden — und manchmal sogar entscheidend wichtig —, vor dem Gebet um körper-

[1] Howard R. und Martha E. Lewis, *Heilerfolge der psychosomatischen Medizin*, München, 1974, 7. Eine allgemeinverständliche, lesenswerte Darstellung medizinischer Forschungsergebnisse über den Zusammenhang von körperlichen Erkrankungen mit psychischen und moralischen Hintergründen.

[2] A. a. O., 160.

liche Heilung zunächst um die Bereitschaft zur Reue und um seelische Heilung zu beten.

Die Geschichte vom Lahmen, der durch das Dach heruntergelassen wird, und dem Jesus seine Sünden verzeiht, bevor er ihm sagt: „Nimm Dein Bett und geh", wird oft so ausgelegt, als wollte Jesus durch die körperliche Heilung den ungläubigen Pharisäern seine Vollmacht beweisen, die Sünden zu vergeben. Das ist sicher richtig. Vermutlich aber wollte Jesus den Gelähmten etappenweise in beiden Bereichen heilen, in denen er der Heilung bedurfte. Vielleicht bestand zwischen Sünde und Lähmung ein Zusammenhang.

In meiner eigenen Tätigkeit wurde mir diese Verbindung immer wieder in faszinierender Weise gezeigt. Während Exerzitien bei den Karmelitern in Aylesford (Illinois) leitete ich zusammen mit Barbara Shlemon und Schwester Jeanne Hill O.P. einen Buß-Gottesdienst. Ich betonte die Notwendigkeit, den Feinden zu vergeben und ließ dann den etwa 200 Teilnehmern reichlich Zeit, jedem zu vergeben, der sie jemals verletzt hätte. Auf diesen gemeinsamen Buß-Gottesdienst folgte Gebet um seelische Heilung. Körperliche Heilung hatte ich mit keinem Wort erwähnt — aber unmittelbar im Anschluß an das Gebet bezeugten zwei Teilnehmer ihre körperliche Heilung. Ein Mann hatte seit seiner Operation am offenen Herzen unter ständigen Schmerzen in der Brust gelitten. Während des gemeinsamen Buß-Gottesdienstes kam ihm sein Chef in den Sinn, den er für ungerecht hielt. Zunächst wollte und konnte er ihm nicht vergeben. Während der langen Zeit persönlichen Gebetes begann er schließlich doch, um Vergebung zu beten. In diesem Augenblick waren alle schmerzhaften Nachwirkungen der Herz-Operation verschwunden. Etwas Ähnliches ereignete sich bei einem Buß-Gottesdienst in West Virginia Camp Farthest Out im Juli 1973. Eine junge Frau bezeugte die Heilung einer Zyste, nachdem es ihr möglich geworden war, eine langwährende Fehde zu bereuen.

VERGEBUNG IST DIE WESENTLICHSTE FORM DER REUE

Der Schlüssel zu echter Reue ist, den Feinden zu vergeben. Viele Sünden blockieren Gottes heilende Kraft weniger als Nicht-vergeben-Können. Jesus betont unsere Vergebungsbereitschaft im Zusammenhang mit dem Beten. Er spricht nicht annähernd so häufig über Trunkenheit und Lust als über Nicht-vergeben-Wollen. Oft scheint er das Feinden-vergeben-Können in Zusammenhang zu bringen mit Gebetserhörung durch den Vater: „Darum sage ich euch: Bei allem, was ihr im Gebete erfleht, sollt ihr glauben, daß ihr es bereits empfangen habt, und es wird euch zuteil werden. Und wenn ihr euch zum Gebet anschickt, sollt ihr vergeben, was ihr gegen jemanden auf dem Herzen habt, damit euer Vater im Himmel auch euch eure Sünden vergebe" (Mk 11,24—25).

Springt Jesus hier von einem Thema zum anderen? Ich glaube nicht. Im ersten Satz besteht er auf Glauben im Gebet, im zweiten auf Vergebung. Beide Teile des Satzes gehören unauflösbar zusammen. Es scheint, als könne Gottes rettende, heilende und vergebende Liebe uns nicht zuteil werden, bevor wir nicht bereit sind, sie anderen mitzuteilen. Ich kann Gott nicht mehr lieben als den ärgsten meiner Feinde.

Heilung ist gebunden an unsere Bereitschaft, andere zu lieben: „Seid barmherzig so wie euer Vater barmherzig ist; richtet nicht, so werdet ihr nicht gerichtet werden; verurteilt nicht, so werdet ihr nicht verurteilt werden; gewähret Nachlaß, so werdet ihr Nachlaß erhalten; gebt, so wird euch gegeben werden: Ein gutes gediegenes, gerütteltes, überfließendes Maß wird man euch in den Schoß legen. Denn mit dem Maße, mit dem ihr meßt, wird auch euch gemessen werden" (Lk 6, 36—38). Mit anderen Worten: Vergib und es wird dir vergeben werden. Die erste Bedingung der Heilung ist die Befreiung von den Wurzeln der Bitterkeit.

Aus irgendeinem Grunde scheinen wir blind gegenüber unseren ärgsten Sünden: Bitterkeit und Ressentiment. Die Sünde der Trunkenheit spüren wir mit derselben feinen Nase auf, mit der der Nichtraucher den Zigarettenrauch der gestrigen Abendgesellschaft im Raum hängen spürt — unsere Bitterkeit und unsere Ressentiments aber übersehen wir großzügig.

Wir meinen, wir hätten ein Recht, nicht zu vergeben; um der Gerechtigkeit willen halten wir uns an Aug um Auge, Zahn um Zahn. Wir haben allen Grund, ja wir sind sogar gezwungen, uns zu rächen, so meinen wir. Jesus aber sagt uns: „Ihr habt gehört, daß gesagt wurde: Aug um Auge, Zahn um

Zahn! Ich aber sage euch: Ihr sollt dem Bösen nicht widerstehen" (Mt 5,38–39).

John L. McKenzie S. J. schreibt zu diesem Text: „Das Gesetz der Blutrache diente im Nahen Osten von alters her dem Schutz des Einzelnen. Sein Stammes-Nächster hatte Verletzung oder Totschlag zu rächen ... Die Gebote des Pentateuchs sind genaugenommen Einschränkungen dieses Gesetzes; die Verletzungen durch den Rächer haben den Verletzungen durch den Aggressor zu entsprechen. Die Aussage Jesu verwirft das gebräuchliche Gesetz der Selbst-Verteidigung, ohne es durch ein anderes zu ersetzen. Sicher handelt es sich hier um die paradoxeste Aussage des ganzen Abschnittes, sie gab mehr Anlaß zu Moral-Predigten als jede andere ... Das Prinzip des Nicht-Widerstehens kann man kaum deutlicher ausdrücken. Rationalisierungen dieser Aussage zeigen nicht, daß seine Worte unrealistisch oder übertrieben wären, sondern nur, daß die Christen niemals bereit waren und auch heute noch nicht bereit sind, einer solchen Ethik entsprechend zu leben."[3]

Häufig empfindet der Kranke während des Heilungsgebetes Wärme, die wir gern mit Liebe verbinden, mit der Wärme der Freundschaft. Dagegen ist Kälte meist mit der Gegenwart des Bösen verbunden: „Ein bestimmtes Empfinden kommt häufig vor, sowohl bei dämonischer Besessenheit als auch bei paraphysischen Erfahrungen. Die Betroffenen und die Umstehenden empfinden plötzlich eisige Kälte, die oft von den Wänden zu kommen scheint. Am Sabbat ist die Ankunft des Teufels gekennzeichnet durch eisige Schauer und eine Art kalten körperlichen Kontakts; kalte Hände klammern sich um den Nacken des Besessenen, plötzlich weht ein eisiger Luftzug. Furcht, die den Körper erzittern läßt, und Schauer in den Extremitäten erklären dieses Kälte-Empfinden zumindest teilweise. Manchmal aber scheint es unerklärlich. Gewöhnlich ist es begleitet von sexueller Frigidität."[4]

Wärme und Kälte als Symbole von Liebe und Haß scheinen mir nicht zufällig Begleiterscheinungen von Gottes totaler

---

[3] John L. McKenzie, The Gospel According to Matthew. In: *The Jerome Bible Commentary*. Englewood Cliffs, 1968, 72f.

[4] Jean Vincon, Diabolic Possession. In: *Soundings in Satanism*. Ed. Frank Sheed. New York, 1972, 4.

Heilung oder deren Gegenteil; nämlich dem Todeswunsch des Teufels. Allzuoft blockieren wir die Möglichkeit körperlicher Heilung durch unsere Kälte, unsere Ressentiments und unseren mangelnden Willen, anderen zu vergeben. Ich verstehe heute besser, warum Jakobus in seinem Text über Krankensalbung zum Bekenntnis der Sünden ermahnt: „Bekennet denn einander eure Sünden und betet füreinander, damit ihr Heilung findet" (Jak 5,16).

Eine Frau bat mich einmal um Gebet für seelische Heilung. Beim Gespräch über ihre Kindheit kamen wir darauf, daß ihr unkontrollierbarer Männerhaß (ihr Ehemann war davon nicht ausgeschlossen) auf die harte Behandlung und die Hänseleien durch ihre Brüder in frühester Kindheit zurückging. Bevor ich für sie um Heilung betete, bat ich sie, ihren Brüdern zu vergeben. Sie weigerte sich. Ich sagte ihr, daß dadurch Heilung unmöglich würde. Sie weigerte sich immer noch. Auf die Frage, warum sie an ihren Ressentiments festhalten wolle, selbst wenn diese sie zu zerstören drohten, antwortete sie nach einigem Nachdenken, ihren Brüdern zu vergeben würde ihr die letzte Entschuldigung nehmen, so zu sein wie sie ist; denn eigentlich hätte sie nichts mehr gegen sie. Nachdem wir weiter gebetet hatten, verstand sie plötzlich, wie sehr diese Haltung ihrer Hingabe an Christus und ihrem Verlangen nach Heilung und Ganzheit widersprach. Mit Tränen in den Augen vergab sie ihren Brüdern, so gut sie konnte. Erst danach wurde ihr die tiefinnere Heilung zuteil, die sie gesucht hatte.

Je mehr ich mit anderen um Heilung bete, desto intensiver entdecke ich den engen Zusammenhang zwischen allen vier Heilungsarten. Die Kirchen haben die Kraft Christi, uns zu vergeben, immer gekannt; aber was ich erst heute immer deutlicher sehe, ist folgendes:

a) Körperliche Krankheit ist weder ein Segen noch ein Zeichen erlösender Gnade; allzuoft ist sie ein Zeichen, daß wir nicht erlöst sind, daß wir seelisch nicht heil sind.

b) Körperliche Heilung erfordert daher zunächst Vergebung der Sünden oder seelische Heilung.

c) Entscheidend ist die Reue über Bitterkeit oder Ressentiments; diese Sünden werden oft nicht als solche erkannt und anerkannt.

d) Liebe ist das entscheidende Heilmittel, das Eis zu brechen, jene inneren Verletzungen und Bitterkeiten zu überwinden, die Gottes heilende Kraft daran hindern, uns zu durchströmen.

Worauf wollte Jesus hinaus, als er auf jene junge Frau hinwies, die ihm während des Mahles die Füße salbte? „Dann wandte er sich zu der Frau und sprach zu Simon: Siehst Du diese Frau? Ich kam in Dein Haus; Du hast mir kein Wasser für die Füße gegeben, sie aber hat meine Füße mit ihren Tränen benetzt und mit ihren Haaren getrocknet. Einen Kuß hast Du mir nicht gegeben, sie aber hört seit ihrem Kommen nicht auf, meine Füße zu küssen. Mein Haupt hast Du nicht mit Öl gesalbt; dafür hat sie meine Füße mit Balsam gesalbt. Darum sage ich Dir, sind ihr ihre vielen Sünden vergeben, weil sie viel Liebe bekundet hat; wem wenig erlassen ist, der liebt auch wenig. Dann sprach er zu ihr: Deine Sünden sind Dir vergeben. Nun fingen die Tischgenossen an, sich zu fragen: Wer ist dieser, da er auch Sünden vergibt? Er aber sprach zu der Frau: Dein Glaube hat Dich gerettet, geh hin in Frieden" (Lk 7,44ff). Die Liebe dieser Frau ist möglich geworden durch Vergebung, durch Heilung. Für Jesus ist diese Liebe Ausdruck dafür, daß sie wirklich Vergebung erfahren hat, die heilende Liebe des Vaters.

13. Kapitel

HEILUNG SEELISCHER PROBLEME

Jeder von uns, der Woche für Woche zur Beichte ging, ertappte sich früher oder später dabei, immer wieder dieselben Dinge vorzubringen. Die Heilung einiger unserer ständigen Verfehlungen hing absolut nicht von unserer Willenskraft ab. Wir konnten uns bemühen, soviel wir wollten; immer wieder fehlten wir: „Ich war dreimal ungeduldig in der letzten Woche." – „War es Ihre Schuld?" – „Ich weiß einfach nicht."

Als ich Beichte zu hören begann, merkte ich bald, daß ich denen am wenigsten geben konnte, die mit den tiefsten psychischen Störungen kamen. Einem einigermaßen ausgeglichenen Menschen konnte ich vielleicht noch einige hilfreiche Ratschläge geben. Bei einer ernsthaften seelischen Störung aber konnte das Problem nicht einfach durch Intelligenz und Willenskraft gelöst werden. Ich hatte aber nichts anderes gelernt, als andere zu ermutigen, unter Mithilfe der Gnade Gottes ihre Willenskraft einzusetzen und möglichst oft zu den Sakramenten zu gehen. Die auf diese Weise von mir erteilten Ratschläge erwiesen sich meist als ungenügend. Die deprimierte Nonne, die, soweit sie überhaupt zurückdenken konnte, ihr Leben eher ertragen als geliebt hatte, blieb weiterhin deprimiert. Alles, was ich für sie tun konnte, war ihr zu raten, zum Psychiater zu gehen.

Natürlich wirkten meine Anteilnahme und meine Aufmerksamkeit an sich schon heilend. Aber ich hatte einfach nicht die Zeit, allen gestörten Menschen zuzuhören, die um einen Termin baten. Die Psychiater hatten ebensolche Wartelisten; hatte jemand nicht eine Verzweiflungstat begangen, mußte er erst einmal einen Monat warten, bis er überhaupt einen Termin bekam. Was konnte ich für jene Depressive tun, deren Lebenserfahrung darin bestand, daß niemand sie wirklich liebte, besonders nachdem auch ihr Ehemann sie verlassen hatte? Wie sollte sie glauben, daß *Gott* sie liebte? Der einzige, der ihr zuhören würde, wäre ein Psychiater – für 50 Dollar die Stunde. Was konnte ich dem Homosexuellen sagen, der sich einfach nicht für Frauen interessierte, und dessen Neigungen so weit zurückreichten wie seine Erinnerung? Wie konnte ich hoffen, daß er sich ändern würde? Welche echte Hilfe hatte die Kirche ihm zu bieten?

Als in den sechziger Jahren Priester begannen, Psychologie zu studieren, fanden sie nach und nach heraus, daß Reue allein nicht ausreiche, Probleme zu lösen. Nachdem in den vierziger oder fünfziger Jahren die Beschäftigung mit Psychologie als Tabu gegolten hatte, sahen die Priester jetzt die Weisheit darin, alle, die unter seelischen Problemen litten, zum Psychiater zu schicken. Wie andere Priester und Pastoren diente auch ich lange Zeit als eine Art Vermittlungsstelle für Fachleute, die mit der Not der Menschen besser umzugehen wußten als ich. Ihrerseits aber schickten mir die Psychiater Patienten zur seelsorglichen Betreuung. Dadurch erkannte ich die echte Hilfe, die einige Menschen durch die Psychiatrie erfuhren; gleichzeitig aber auch, wie wenig sie den Menschen helfen konnte. Vor kurzem sprach ich mit einem Ehepaar, das 70.000 Dollar für die psychiatrische Behandlung ihrer Tochter ausgegeben hatte. Sie war am Leben erhalten worden und hatte sich eine Fachsprache angeeignet, ihre Probleme zu benennen – aber gelöst oder gar geheilt wurde nichts. Inzwischen wurde sie durch Gebet geheilt.

Dies brachte mich zu der ernsthaften Überlegung: Wenn Christus gekommen ist, zu retten und zu befreien, warum gab es dann keine realistische Hoffnung für die psychisch Kranken? Das schien wirklich nicht fair Menschen gegenüber, die ihr Leben Christus hingegeben hatten, so gut sie konnten; Nonnen zum Beispiel. Sie sagten mir wieder und wieder: „Ich glaube nicht, daß Gott mich liebt.“ Daß körperliche Leiden möglicherweise erlösend sein konnten, verstand ich noch. Depressive aber sind durch ihre Depression von der Wahrnehmung grundlegender Aspekte christlichen Daseins ausgeschlossen:

a) Ein Christ soll inneren Frieden und Freude erleben; der Depressive kann das einfach nicht.

b) Wir sollen glauben, Gott liebt uns; der Depressive kann das nicht.

c) Wir sollen einander in Gemeinschaft annehmen; der Depressive ist oft so traurig, daß er sich von der Gemeinschaft zurückzieht; außerdem hat er oft nicht die Energie, wie andere zu arbeiten.

d) Jesus hat gesagt, wir sollten keine Angst haben; der Depressive leidet häufig unter Angstzuständen.

Nach der traditionellen Terminologie der Kirche lebt der Depressive objektiv im Zustand der Sünde durch Mangel an Hoffnung, subjektiv aber kann er nichts dafür. Was kann die Botschaft Jesu von der Rettung und Befreiung des Menschen für den Depressiven bedeuten? Medizin und Psychiatrie helfen nicht immer und überall – aber auch nicht die Buße, das traditionelle Heilmittel der Kirche. Irgend etwas fehlt also.

Es ist einfach nicht angängig, daß Menschen am Bösen scheitern, weil sie mit Willenskraft allein nicht gegen ihre Leiden anzugehen vermögen. Es ist wirklich schwer einzusehen, wie das seelische Leiden einem Menschen geistlich weiterhelfen soll. Dem Depressiven ist es so gut wie unmöglich, seinem Mitmenschen zu trauen. Der von Skrupeln Geplagte hält Gott für seinen Feind, nicht für seinen Freund. Ich habe nie akzeptieren können, psychische Störungen seien Gottes Willen für einen leidenden Menschen. Mir erschienen diese Störungen zerstörerisch und nicht erlösend.

Als ich durch Agnes Sanford zum ersten Mal von seelischer Heilung hörte, erfüllte mich diese Botschaft mit neuer Hoffnung. „Heilung von Erinnerungen", wie sie es nannte, schien mir sinnvoll nicht nur, weil Christus gekommen ist, uns vom Bösen zu befreien. Es stand auch im Einklang mit den Entdeckungen der Psychologen, daß wir nicht nur durch unser eigenes Tun, sondern auch durch die Sünden anderer und das Böse in der Welt (die Erbsünde) beeinflußt sind. Unser tiefstes Verlangen ist das nach Liebe. Wird uns als Säugling oder Kind oder Erwachsener diese Liebe nicht zuteil, so sind wir für den Rest unseres Lebens um den Frieden gebracht; um die Möglichkeit, andere zu lieben, anderen zu trauen – einschließlich Gott.

Die Grundidee seelischer Heilung ist einfach die: Jesus, derselbe gestern, heute und morgen, kann uns von den Erinnerungen an die Vergangenheit befreien:

a) Er kann verbliebene Wunden, die uns heute noch schmerzen, heilen;

b) er kann jene Leer-Räume in uns mit seiner Liebe erfüllen, die durch Befreiung vom Gift vergangener Wunden und Ressentiments entstehen.

Erfahrung lehrte mich, daß diese Art Gebet gewöhnlich auf wahrnehmbare Weise erhört wird. Zuweilen geschieht die Heilung erst nach mehreren Gebeten. Ich glaube aber fest, daß Gott solche psychischen Störungen in jedem Fall heilen möchte. Sie sind nicht erlösend und hindern uns, in der Freiheit der Kinder Gottes zu leben.[1] Wird ein solches Gebet nicht erhört, so vermute ich, daß wir der Sache noch nicht auf den Grund gekommen sind:

a) weil es zunächst der Reue bedarf, demjenigen zu vergeben, durch den die Verletzung entstand;

b) oder weil es eine tiefere Verletzung gibt, die wir noch nicht aufgedeckt haben;

c) oder weil es der Befreiung von Dämonen bedarf.

WANN SOLLEN WIR FÜR SEELISCHE HEILUNG BETEN?

Seelische Heilung ist immer dann am Platze, wenn wir durch psychische Verletzungen aus der Vergangenheit niedergehalten werden. Wir alle leiden an diesen Fesseln auf die eine oder andere Art. Jede Art unvernünftiger Furcht oder Angst, jede Form von Zwang, die aus der Vergangenheit resultiert, kann durch Gebet gelöst werden, soweit die Bereitschaft vorhanden ist, auf christliche Weise zu leben. Viele Christen leben am Leben vorbei durch ein Gefühl der Wertlosigkeit, durch vereinzelt auftauchende Zustände der Wut oder der Depression, durch Angst oder unerklärliche Furcht, durch zwanghafte sexuelle Triebe und noch andere Probleme, die sie allzugern

---

[1] Als Einführung in das Gebet um seelische Heilung empfehle ich: Agnes Sanford, *The Healing Gifts of the Spirit*. New York, 1966. Außerdem Michael Scanlan, *Inner Healing*. New York, 1974.

loswerden möchten, aber weder durch Reue noch durch Willenskraft zu überwinden vermögen. Immer mehr Bücher, wie etwa Thomas A. Harris' „Ich bin o. k. – Du bist o. k.",[2] beschreiben den Einfluß der Vergangenheit auf unseren gegenwärtigen Zustand und die Notwendigkeit, uns von unreifen Zwangshaltungen zu befreien. Einige dieser Zwänge können wir durch reife Entscheidungen auflösen. Oft aber erfüllen uns Erinnerungen mit Angst und Furcht, und wir können sie nicht einfach durch einen Willensakt hinwegwünschen.

WAS HEISST SEELISCHE HEILUNG?

Hinter seelischer Heilung steht die Überzeugung, daß wir Jesus bitten können, mit uns in unsere Vergangenheit zu kommen und uns von den Nachwirkungen seelischer Schmerzen und Wunden zu befreien. Dazu müssen wir aber zunächst diese Wunden aufdecken. Das geschieht am besten zu zweit. Schon das Problem auszusprechen ist ein heilender Vorgang. Danach müssen wir den Herrn bitten, uns von den zwangshaften Folgen der verletzenden Ereignisse zu befreien. Manchmal liegen diese psychischen Verletzungen sehr weit zurück, sie können aber auch jüngeren Datums sein. Unsere Erfahrung deckt sich mit den Forschungsergebnissen der Psychologen: Viele der tiefsten Verletzungen gehen in jene Zeit zurück, da wir am verwundbarsten sind und am wenigsten fähig, uns selbst zu verteidigen. Es scheint heute gesichert, daß Störungen bereits aus der Zeit der Schwangerschaft datieren können. Johannes der Täufer regte sich im Leib Elisabeths, als er den Gruß Marias vernahm. Ähnlich scheint jedes Kind im Mutterleib abhängig von der psychischen Situation der Mutter. Ist das Kind etwa unerwünscht, oder leidet die Mutter unter Angstzuständen, so scheint das Kind die Empfindungen der Mutter aufzunehmen und darauf zu reagieren. Während eines Gebetes um seelische Heilung habe ich eine erwachsene Frau Erfahrungen aus der Zeit vor ihrer Geburt ausdrücken hören: „Ich komme nicht heraus! Nein, ich will nicht geboren werden!" Die Erfahrungen der frühesten Kindheit bis zum

---

[2] Thomas A. Harris, *Ich bin o. k. — Du bist o. k.* Reinbek, 1973.

zweiten, dritten Lebensjahr scheinen entscheidend für unser späteres Verhalten; aus einer Zeit also, in der wir die Möglichkeit zu freier Entscheidung noch gar nicht haben. Hat sich jemand sein Leben lang unliebenswert oder ruhelos oder ängstlich gefühlt, so geht die psychische Störung, also die Notwendigkeit seelischer Heilung, sicher bis in die früheste Kindheit zurück.[3]

WAS GEHÖRT ZUM GEBET FÜR SEELISCHE HEILUNG?

Über die tiefsten und frühesten Erinnerungen zu sprechen, ist schmerzhaft. Oft ist es mit Gefühlen der Schuld oder der Scham verbunden. Für seelische Heilung sollte man also nur in Anwesenheit von ein oder zwei Personen beten. Die katholische Tradition, die Privat-Sphäre eines Menschen in der Einzelbeichte zu respektieren, erhält hier ihren eigentlichen Sinn. Tatsächlich kann das Buß-Sakrament zum Gebet um seelische Heilung ausgeweitet werden, um dem Beichtenden die ganze Heilkraft Christi zuteil werden zu lassen.[4] Innerhalb einer größeren Gruppe sollte daher jeder die Freiheit haben, um Gebet mit nur ein oder zwei Anwesenden zu bitten. Man sollte niemand zwingen, mit der ganzen Gruppe zu beten oder mit jemand, der ihm nicht sympathisch ist. Das Gebet um seelische Heilung ist derart delikat, daß jeder sich die Personen wählen können sollte, denen er sich anvertraut, und mit denen er beten möchte. Oft sind traumatische Kindheitserfahrungen auch mit Sexualität verbunden, über die zu sprechen besonders schwerfällt.

Im Idealfall sollten einige durch Gnadengaben und psychologische Kenntnisse oder aber durch besondere Feinfühligkeit bewährte Menschen für jene verfügbar sein, die Gebet um seelische Heilung wünschen. Die Betenden sollten sich dem

---

[3] Harris schreibt zum Beispiel: „Sicher gibt es Ausnahmen, in der Regel aber können wir nicht lieben lernen, wenn wir selbst niemals geliebt worden sind. Bestehen die ersten fünf Lebensjahre nur aus dem Kampf um körperliches und seelisches Überleben, wird dieser Kampf vermutlich ein Leben lang weitergehen." (A. a. O., 129.)

[4] Mit großer Sachkenntnis berichtet darüber P. Michael Scanlan, *Power for Penance*. Notre Dame, 1972.

Kranken oder Gestörten in keinem Falle aufzuzwingen suchen. Ein Zeichen dafür, daß man mit jemand um seelische Heilung beten sollte, kann darin bestehen, daß der andere sich spontan mit einem aussprechen wollte und dabei viel mehr gesagt hat, als er wollte. Das kann zum Beispiel beim Frühstück sein, wenn der Nachbar auf einen kleinen Schwatz herübergekommen ist – und dann plötzlich beginnt, auszupacken. Man kann dann einfach fragen, ob es ihm recht sei, daß man mit ihm um seelische Heilung betet. Hat er niemals davon gehört, so kann man es ihm kurz erklären.

Leidet jemand wirklich zutiefst, so kann er meinen, sein Glaube wäre nicht besonders stark. Das gilt besonders für Depressive. Man sollte von niemand mehr Glauben verlangen, als er hat. Eines der Symptome der Depression ist ja gerade das Empfinden, niemand kann helfen – selbst Gott nicht. Man muß mit Aussagen rechnen wie: „Jetzt habe ich schon so oft dafür gebetet – und nichts ist geschehen!" Beten wir um *körperliche* Heilung, so können wir den Kranken gut dazu anhalten, an seine Heilung zu glauben; beim Gebet um *seelische* Heilung aber bestärken wir zuweilen nur das Gefühl der Hoffnungslosigkeit des Kranken, wenn wir mehr Glauben von ihm verlangen, als er aufbringen kann. Wir setzen also besser voraus, der Glaube müsse von unserer Seite kommen. Unser Gebet sollte von tiefem innerem Frieden und von Freundlichkeit getragen sein. Der Kranke sollte Zeit haben, sich auszusprechen, sich keineswegs in Zeitnot fühlen. Habe ich nicht wenigstens zwanzig Minuten, so bete ich erst gar nicht um seelische Heilung. Am besten nimmt man sich eine volle Stunde: Etwa 45 Minuten zum Gespräch und 15 Minuten zum Gebet. Manchmal aber kann es noch länger dauern. Nötigenfalls sollte man für Nachbehandlung sorgen.

DIE WURZEL ALLEN ÜBELS

Als Vorbereitung zum Gebet können einige Fragen die Wunden aufdecken helfen, um deren Heilung man beten sollte:

1. *Wann* hat das alles angefangen? Agnes Sanford fragt zunächst, ob jemand eine glückliche Kindheit hatte. Ist die

Antwort „Nein", so folgt gewöhnlich von selbst ein Bericht, warum. Ist die Antwort „Ja, ich hatte eine wunderbare Kindheit", kann man weiterfragen, wann die Schwierigkeiten begannen. Meiner Erfahrung nach gehen die tiefsten Verletzungen in die früheste Kindheit zurück. Aber auch die Schulzeit oder sexuelle Erfahrung in der Pubertät können verletzend wirken. Später können Ehekonflikte oder langanhaltende Beziehungsstörungen innerhalb einer religiösen Gemeinschaft die Ursachen sein.

2. *Warum* ist es so gekommen? Was kann die Ursache sein? Oft deckt schon die Antwort auf die erste Frage die Gründe für alte Wunden auf. Meist handelt es sich um das Gefühl der Verworfenheit und um gestörte Beziehungen. Entscheidend wichtig sind dabei die Beziehungen zu den Eltern; ob wir uns von den Eltern geliebt fühlten oder nicht. Hat es dem Kind an Liebe von einem oder beiden Eltern gefehlt, so wird das Kind die Verletzung mittragen bis in sein Erwachsenen-Leben. Hielt die Mutter das Kind nicht genug im Arm, kam der Vater spät oder müde von der Arbeit, sprach er nur selten mit dem Kind und bestrafte es hart, gab es zu viele Kinder für eine kränkliche Mutter, hatte sie weder Zeit noch Energie, ihnen ihre Zuneigung zu zeigen, starb ein Elternteil, während das Kind noch klein war, so ist durch diese traumatischen Erlebnisse nicht nur das Selbstverständnis eines Menschen gestört, sondern auch seine Beziehungen zu den anderen und zur Umwelt. Manchmal weiß jemand gar nicht recht, was eigentlich geschehen ist. Dann bitten wir Gott, es uns zu zeigen. Oder aber wir warten, bis die innere Not sich Bahn bricht und an die Oberfläche kommt. Kann jemand sich erinnern, wie alles begann und warum, so bitten wir Jesus, uns mitzunehmen in die Vergangenheit. Wir versuchen, uns so deutlich wie möglich vorzustellen, wie er jede einzelne psychische Störung des Kranken heilt. Weil das *Kind* geheilt werden soll, sollten wir so kindlich und so bildhaft wie möglich um diese Heilung beten. Jesus als der Herr der Zeit kann wirken, was wir nicht können; er kann jene Wunden der Vergangenheit, die uns auch heute noch schmerzen, heilen. Als Seelsorger konnte ich jemandem bestenfalls helfen, sich verdrängte Erlebnisse wieder bewußtzumachen, um sie dadurch

unter Kontrolle zu bringen. Heute aber erfahre ich, daß der Herr diese Wunden *heilen* kann; zuweilen auf der Stelle. Er kann also die anfängliche seelsorgerliche Beratung durch tiefinnere Heilung vollenden.

UNSER HERZ RUHT NICHT

Nach dem Gebet um die Heilung der Wunden können wir Jesus bitten, den durch Ausmerzung des Bösen entstandenen Leer-Raum mit jenen guten Kräften zu erfüllen, die bis dahin im Leben eines Menschen gefehlt hatten. Weil uns Liebe am tiefsten nottut, sollte am Schluß eines jeden Gebetes um seelische Heilung die Bitte nicht fehlen, daß Gottes Liebe alle Leer-Räume unseres Herzens erfüllt.

Fühlt sich jemand nicht wirklich von Gott geliebt, so bitte ich Jesus, direkt zum Herzen dieses Menschen zu sprechen, ihn in einer Tiefe zu erreichen, in die keine menschliche Stimme dringen kann, ihn beim Namen zu nennen und ihm zu sagen, daß Er ihn liebt, trotz all seiner Schwächen und Fehler. Hat dieser Mensch niemals väterliche Liebe erfahren, bitte ich Jesus, ihn mit der Liebe Seines Vaters zu erfüllen als Verwirklichung Seines priesterlichen Gebetes zum Vater: „Daß die Liebe, mit der Du mich geliebt hast, auch in ihnen sei" (Joh 17,26b). Dann bitte ich den himmlischen Vater, diesem kranken Menschen einen Vater zu geben, der das Kind auf den Schoß nimmt, mit ihm spazierengeht und so auf die Schulter nimmt, in die Luft wirft und wieder auffängt. Hat der Kranke keine Mutterliebe gekannt, so bitte ich Jesus, soweit es sich um einen Katholiken handelt, ihm Seine Mutter Maria zu senden, das Kind zu halten und zu wärmen und alles zu tun, was Mütter tun, einem Kind Liebe und Sicherheit zuteil werden zu lassen. Diese Gebete mögen einfach, ja kindlich klingen, und tatsächlich sind sie es. Schriftlich können sie sentimental erscheinen. Als Gebet gesprochen sind sie dennoch bewegend. Vieles könnte noch hinzugefügt werden, was wir in diesem Dienst schon erfahren haben.

Seelische Heilung bringt soviel Frieden und Freude mit sich; es ist ein Jammer, daß so wenig Menschen diese Gebetsform kennen, verstehen und auch wirklich praktizieren. Nicht jeder hat die Gabe, um seelische Heilung zu beten. Außerdem braucht es wie gesagt Zeit. Und es ist erschöpfend. Aber es lohnt die Mühe, um nachher jene Wandlung von Sorgen und Problemen in Frieden und Freude zu erleben, die fast immer folgt. Bezeichnend für Gottes verwandelnde Liebe ist das folgende Zeugnis einer jungen Nonne, die um Befreiung von einem langwährenden psychischen Leiden betete:

„Friede und alles Gute Ihnen. Es ist 10.15 Uhr am Morgen danach. Ich meine, ich sollte Ihnen einiges von dem mitteilen, was sich ereignet hat, seitdem wir gestern zusammen beteten. Vielleicht erinnern Sie sich, daß ich während des Gebetes immer wieder fragte: ‚Wo ist das Feuer? Ich fühle mich wie auf Kohlen.' Dann beteten wir zusammen und ich empfand kein Brennen mehr, sondern eine sanfte Frische. Dann trennten wir uns. Sobald ich allein war, hatte ich ein seltsames Empfinden. Ich fühlte mich wie frisch gewaschen und gereinigt. Schloß ich die Augen, so sah ich Wasserfälle und Sturzbäche. Ich *war* dieser Sturzbach, dieses fließende Wasser. Während der ersten Stunden und auch noch während der Messe kam mir dieses Bild immer wieder. Als ich heimkehrte, saß ich eine Zeitlang in der Stille der Dämmerung und ruhte im Heiligen Geist – in dem ganzen Erlebnis. Ich meinte, nach ein paar Stunden würde es mich verlassen, aber es ist immer noch da! Heute schlug ich die Bibel auf: Johannes 4. Auf den ersten Zeilen der Seite stand: ‚Dieser Abschnitt ist eine Einführung in die Symbolik des lebendigen Wassers ... Wie Mose Wasser aus dem Felsen schlug, so vermittelt Jesus lebendiges Wasser, das zum ewigen Leben führt. Christus in seiner Herrlichkeit gibt uns den Heiligen Geist, Leben im Überfluß für alle, die glauben.'

Der Abschnitt selbst war über Jesus und die Samariterin. Der Vers, der mich zutiefst berührte, war der folgende: ‚Wer von dem Wasser trinkt, das ich ihm geben will, wird in Ewigkeit nicht mehr dürsten; vielmehr wird das Wasser, das ich ihm geben will, in ihm zu einem Wasserquell werden, der sprudelt zu ewigem Leben' (Joh 4,14). Gelobt sei Jesus Christus. Wenn das so weitergeht, werde ich schäumen wie ein Wildbach; oder ist es das, was der Heilige Geist in mir bereits angerichtet hat? Und noch etwas: Ich war heute morgen allein hier — außer einer Schwester, die vermutlich keine Zeugnisse hören mag. Also begann ich diesen Brief zu schreiben. Dann aber kam die Schwester herein, und ich sagte: ‚Du, ich muß das jemandem mitteilen.' Wir lasen denselben Abschnitt aus Johannes noch einmal zusammen. Als wir zu Vers 14 kamen: ‚Wer von dem Wasser trinkt, das ich ihm geben will, wird in Ewigkeit nicht mehr dürsten', klappte ich zusammen und begann zu weinen wie ein Kind. Das ist sicherlich ziemlich unwichtig, abgesehen davon, daß ich so gut wie *nie* weine. Vielleicht gehört es zu dem ganzen Heilungs-Vorgang dazu, daß auch die Gefühle wieder heil werden. Preis dem Herrn! Mein Herz ist übervoll!"

Manchmal werde ich gefragt, ob seelische Heilung eigentlich „schriftgemäß" sei. Sie ist nichts anderes als die Anwendung der heilenden Kräfte Jesu auf das, was wir heute von der Natur des Menschen wissen. Seelische Heilung ist keine Verleugnung des Evangeliums, sondern baut auf die Schrift auf. Sie wendet die Schrift auf das an, was die Psychologie heute über den Menschen weiß.

Die Übereinstimmung der Offenbarung mit den Ergebnissen der Forschung erlebte ich, als ich mit einem Ehemann für seine Frau betete, die an Minderwertigkeitskomplexen litt. Sie hatte das Gefühl, verworfen zu sein. Sie hatte andauernd Angst, falsche Entscheidungen zu treffen, weil sie unsicher war, was die anderen — und besonders Gott — dazu sagen würden. Ihre Mutter hatte sie unmittelbar nach ihrer Geburt verlassen. Nach einem bewegenden gemeinsamen Gebet ließen wir sie im Gebet allein, und ihr Mann fuhr mich nach Hause. Während des Gebetes kam ihr der Gedanke, das Hohelied aufzuschlagen: „Auf meinem Lager des Nachts suchte ich den Liebsten meiner Seele. Ich suchte ihn, doch fand ich ihn nicht. So will ich denn aufstehen und durchstreifen die Stadt, die Gassen und Plätze, will suchen den Liebsten meiner Seele. Ich suchte ihn, doch fand ich ihn nicht. Es trafen mich die Wächter bei ihrer Runde durch die Stadt. Habt ihr ihn gesehen, den Liebsten meiner Seele? Kaum war ich an ihnen vorüber, da fand ich den Liebsten meiner Seele. Ich hielt ihn fest und ließ nicht von ihm, bis ich ihn brachte ins Haus meiner Mutter, in die Kammer derer, die mich gebar."

Nichts hat der Mensch nötiger als das Gefühl, geliebt zu sein; nicht seiner Eigenschaften oder Errungenschaften wegen, einfach um seiner selbst willen. Hat jemand Gottes Vaterliebe nicht von Anfang an kennengelernt, so zeigt uns später Jesus allzugern, wie sehr ihm an uns liegt, indem er uns von jenen Wunden heilt, die unser Herz oder unseren Geist gebrochen haben: „Das geknickte Rohr wird er nicht brechen, den glimmenden Docht wird er nicht löschen, bis er das Recht zum Siege geführt. Auf seinen Namen werden die Heidenvölker hoffen“ (Mt 12,20–21).

14. Kapitel

GEBET UM KÖRPERLICHE HEILUNG

Es ist sicherlich am schwersten, an physische Heilungen zu glauben. Zum ersten Mal um körperliche Heilung zu beten, erfordert Mut. Ich kam mir ziemlich blöd vor; so als wollte ich plötzlich etwas Besseres sein. Dabei wußte ich genau, wie durchschnittlich ich war. Wer war ich, zu behaupten, ich wäre ein großer Heiler, Christus gleich? Aber all das war nichts als falsche Demut. Wir wissen, daß Christus die Jünger und alle, die ihm folgen wollten, anwies, für die Kranken zu beten. Barbara Shlemon meint, um Heilung zu beten erfordert mehr Mut als an Gott zu glauben. Welche Freude aber, wenn wir erleben, daß Gott tatsächlich unser Gebet erhört und Menschen heilt, die wir lieben! Die folgenden Auszüge aus drei Briefen von Frau Sophie Zientarski, New Buffalo, Michigan, zeigen jene Heilungen, die geschehen, wenn wir lernen, die heilende Liebe Gottes miteinander zu teilen:

„Lieber Pater Francis, ich bin die Diabetikerin, für die Sie während der Exerzitien am 2. März gebetet haben. Voller Freude möchte ich Ihnen mitteilen, daß der Herr mich geheilt hat. Preis dem Herrn! Seit dem 4. März habe ich keine Medikamente mehr genommen und es geht mir großartig. Niemals habe ich es für möglich gehalten, daß *mir* so etwas geschieht."

Am 22. Oktober 1973 schreibt sie: „... ich habe inzwischen auch die Bestätigung meines Arztes einholen können. Ich war vorige Woche bei ihm. Er sagte mir, ich wäre ohne jeden Befund. Ich teilte ihm nach den Exerzitien im April mit, was geschehen war. Er war zunächst ziemlich erstaunt. Vorige Woche aber äußerte er seine Überzeugung, daß merkwürdige Dinge geschehen; er ist katholisch; selbst Katholiken haben es nicht eilig, an Wunder zu glauben. Ich danke dem Herrn jeden Tag für meine Heilung. Ich kann jetzt meine Hausarbeit wieder verrichten, voriges Jahr konnte ich es nicht. Mein Herz ist gleich mitgeheilt worden. Ich leide nicht mehr unter Druck wegen der Herzerweiterung und dem unregelmäßigen Puls. Ich kam nicht mehr die Treppe herauf. Jetzt machen mir Treppen überhaupt nichts. Ich fühle mich zehn Jahre jünger. Preis dem Herrn!"

Als Antwort auf einen Brief von mir schrieb sie am 5. Februar 1974: „Wie Sie wissen, war ich zehn Jahre lang zuckerkrank. Meine Sicht ließ nach, mein Herz wurde schwächer. Ich konnte keine Treppen mehr steigen, ohne alle paar Stufen anzuhalten. Meine Füße waren andauernd geschwollen. Ich mußte Diät essen, nahm ständig ab und mußte sieben Pillen pro Tag einnehmen, nur um am Leben zu bleiben. Meine Heilung ist nun fast ein Jahr her und ich fühle mich so gut wie in meiner Jugend. Ich komme mühelos die Treppen herauf und kann sogar rennen, wenn ich will. Meine Sicht bessert sich und mein Herz schlägt friedlich und kräftig. Gepriesen sei der Herr! Ich danke Ihnen, daß Sie für mich gebetet haben. Am 4. März wird in meiner Pfarrei ein Dankopfer stattfinden, am Jahrestag meiner Heilung also. Wie Sie aus dem Attest des Arztes ersehen können, wurde ich zunächst von einem jüdischen Arzt behandelt, der inzwischen pensioniert ist ... Bei meiner Rückkehr aus Florida ging ich zu einem anderen Arzt, den ich zwei Monate später noch einmal aufsuchte. Er konnte absolut nichts an mir finden. Aber schriftlich wollte er mir das doch nicht geben. Er meinte, dazu kenne er meinen Fall nicht gut genug. Aber ich kenne ihn — und ich weiß, daß es mir gut geht! Vor einem Jahr mußte mein Mann die ganze Hausarbeit machen. Jetzt mache ich sie wieder allein. Ich bin zehn Stunden pro Tag auf den Beinen ohne jede Beschwerden!"[1]

Vertrauen wir, daß Jesus unsere Gebete erhört, so brauchen wir zu körperlicher Heilung nur wenige Dinge zu lernen. Sie sind noch dazu leicht zu behalten. Niemand braucht ein Universitäts-Examen, um für körperliche Heilung zu beten. Pater Ralph Rogawski und Schwester Helen Raycraft, Dominikaner wie ich, lehren die Armen in den Barrios von Santa Cruz

---

[1] Die beste Beschreibung des Gebets für körperliche Heilung fand ich in Agnes Sanford, *Heilendes Licht*. Marburg, 1974.

(Bolivien), für die Kranken in der Nachbarschaft zu beten und berichten, daß rund 80 Prozent dieser Analphabeten durch gegenseitiges Gebet entweder ganz geheilt oder doch wesentlich gebessert werden. Dabei gibt es kein Universal-Rezept, auch keine Allheil-Methode, die garantiert zum Erfolg führt. Gott möchte, daß wir von ihm abhängig sind und bleiben, und nicht von irgendeiner Technik. Dennoch gibt es einige ganz einfache Dinge zu beachten, die sich aus der Natur des Heilungsgebetes selbst ergeben.

1. ZUHÖREN

Der erste Schritt ist grundsätzlich *Zuhören*, um herauszufinden, worum man eigentlich beten soll. Wie ein Arzt zunächst einmal eine Diagnose braucht, um zu wissen, wie er etwas behandeln soll, so müssen wir zuerst ausfindig machen, welches Gebet von uns erwartet wird. Tatsächlich sollten wir auf zweierlei hören:

a) Auf den Kranken, der um Heilung bittet und uns erzählt, was ihm zu fehlen scheint;

b) auf *Gott*, der uns zuweilen die richtige Diagnose mitteilt (durch ein Wort der Erkenntnis), wenn der Kranke nicht sicher ist, wo es ihm fehlt.

Pastor Tommy Tyson, einer der begabtesten Zuhörer, die ich kenne, pflegt zu sagen, er höre dem Kranken nur mit *einem* Ohr zu, mit dem anderen höre er auf Gott. Der Heilige Geist kann uns auf diese Weise erleuchten, solange wir nicht klar sehen, worum wir eigentlich beten sollen.

Jenen, die besondere Gaben empfangen, wird dieses Wissen auf besondere Weise zuteil, etwa durch präzise Visionen oder Worte der Erkenntnis. Den meisten von uns aber wird die Erkenntnis, worum wir beten sollen, auf natürlichem Wege gegeben, durch eine Art Intuition. Vielleicht sind wir nicht immer sicher, ob wir von Gott inspiriert sind oder nicht. Erfahrung lehrt uns, Intuitionen gegenüber kritisch zu sein: „An ihren Früchten sollt ihr sie erkennen.“ Nachdem ich öfters im Gebet einfach dem gefolgt war, was ich für eine Intuition hielt, sagte mir der Kranke, daß ich an jene Dinge rührte, die er zwar nicht erwähnt habe, im stillen aber erhofft, ich würde dafür beten. Bestätigen sich diese Intuitionen auf die Dauer als richtig, so lernen wir daraus, daß wir Gott vertrauen können, er möchte durch sie wirken.

Hören lernen müssen wir auf folgendes:

a) *Ob wir beten sollen:* Die Zahl der Kranken ist Legion. Manche von ihnen wollen gar nicht geheilt werden, selbst wenn sie um Gebet bitten. Für andere, die geheilt werden wollen und können, bin ich vielleicht nicht der richtige Beter. Ich kann nicht voraussetzen, daß ich für jeden Kranken beten soll, dem ich begegne. Pastor Rudy Evenson, der heute eine Gebets-Stätte für Alkoholiker leitet, erzählt gern die Geschichte von seiner Riesenbegeisterung, als er zum ersten Mal von Gebetsheilung hörte. Als früherer Preisringer geht Rudy auch heute noch jedes Problem mit Schwung und Courage an. Mit seinem neuen Glauben gewappnet zog er also ins städtische Krankenhaus, die Probe aufs Exempel zu machen. Er ging in die erstbeste Abteilung, und dort von Bett zu Bett, jedem Kranken die Hände aufzulegen und um Heilung zu beten. Als die ärztliche Leitung des Krankenhauses herausfand, was da vorging, warf sie Rudy kurzerhand hinaus. Das machte auf Rudy wenig Eindruck. Verfolgung gehört nun mal zum Christsein. Was Rudy aber gar nicht gefiel, war die Tatsache, daß kein einziger der Patienten, für die er gebetet hatte, sich von seinem Krankenlager erhob; nicht ein einziger war geheilt. In seinem Kämmerlein betete Rudy beklommen: „Herr, schließlich habe ich an dich geglaubt. Warum hast du mich im Stich gelassen? Was habe ich falsch gemacht?“ Rudy schien es, als hörte er eine Stimme: „Wer hat dir eigentlich gesagt, gerade für die Leute im städtischen Krankenhaus zu beten? Hast du mich vorher gefragt?“ „Nein“, sagte Rudy leise. Und damit wurde ihm einiges klar.

Zuerst und zunächst müssen wir erkennen lernen, ob wir für einen bestimmten Menschen zu einem bestimmten Zeitpunkt beten sollen oder nicht. Manche Menschen wissen das genau, ihnen ist die „Gabe des Glaubens“ gegeben. Andere wissen, daß sie für jemand beten sollen durch ein Wärme-Empfinden oder wie durch eine Art elektrischen Stroms, der durch ihre Hände fließt; vermutlich ein Zeichen der Gegenwart göttlicher Heilskraft. Für andere wieder ist es ein fast natürliches Wissen; ein Gefühl des Friedens oder der Freude, wenn sie beten sollen, ein Gefühl der Dunkelheit und der Schwere, wenn sie nicht beten sollen; im Unterschied zum Gefühl der Schwere, das jemand überkommen kann, wenn Befreiung von Dämonen bevorsteht.

„Es ist nicht die Pflicht jedes Christen, für jedermann zu beten. Unser Gebet wird dem einen helfen, dem anderen nicht. Der Grund dafür übersteigt unsere Vernunft. Allein der Heilige Geist kann die uns anvertrauten Heilkräfte sicher leiten. Wenn wir auf die Stimme Gottes in uns achten, wird uns gezeigt, für wen wir beten sollen. Gott kann uns fröhlich und natürlich durch unsere eigenen Wünsche leiten. Der liebevolle Impuls, der unsere Schritte zur Türe eines Freundes lenkt, ihm diese Liebestat zu erweisen, wird auch unsere Worte leiten.“[2]

Als ich um Heilung zu beten begann, begegnete ich eines Tages einem Mann, der als „Wunderheiler“ eingeführt wurde. Er war deprimiert und erschöpft, weil die Menschen herausgefunden hatten, daß Gott ihn auf wunderbare Weise braucht und ihn zu jeder Tages- und Nachtzeit holten, um für die Kranken zu beten. Bei Auto-Unfällen wurde er mitten in der Nacht ins Krankenhaus gerufen. Weil er voller Mitleid war, stand er tatsächlich auf, fuhr ins Krankenhaus und betete die ganze Nacht mit dem Verunglückten. Nach einigen Jahren aber brach er selbst zusammen und brauchte Ruhe und Gebet.

Gott möchte offenbar, daß wir zunächst einmal um Weisung beten, ob wir überhaupt um Krankenheilung beten sollen oder nicht, selbst dann, wenn uns die Not eines Menschen zutiefst bewegt. Es ist mir wirklich nicht leicht geworden, Nein-Sagen zu lernen, wenn jemand in offensichtlicher Not mit der Bitte um Gebet kommt. Oft braucht Gott unsere natürlichen Intuitionen und Verlangen als Kanal, wenn wir ihn nur lassen. Mit einiger Erfahrung bekommen wir durch Zeichen zuweilen den deutlichen Eindruck, *nicht* um Heilung zu beten. Dennoch kann man für diesen Menschen beten und ihn segnen. Gespräche mit vielen Menschen, die um Heilung beten, zeigten mir, auf wie verschiedene Art Gott uns wissen läßt, wie und

---

[2] A. a. O., 108.

wann wir beten sollen.[3] Wir müssen lernen, Gottes Führungen von unseren eigenen Wünschen zu unterscheiden.

Selbst wenn wir keine klare Erkenntnis in der einen oder anderen Richtung erhalten, können wir um Heilung beten. Wir tun recht daran, für Menschen um Heilung zu beten. entweder weil sie selbst gekommen sind und uns darum gebeten haben, oder aber weil uns Mitleid treibt, Kranke zu besuchen und für sie zu beten.

b) *Worum wir beten sollen:* Gewöhnlich ist es der Kranke selbst, der uns berichtet, was wir wissen müssen, um dafür zu beten. Beim Zuhören sollten wir versuchen, die wesentlichen Fakten herauszuhören, den Wurzelgrund des Problems, den wir im Gebet dann hervorheben müssen. Außerdem müssen wir beim Zuhören entscheiden, welche der vier Gebetsformen anzuwenden ist. Selbst wenn es sich um ein körperliches Gebrechen handelt, sollten wir darauf eingestellt sein, daß vielleicht zunächst seelische Heilung notwendig ist. Geht es ausschließlich um körperliche Heilung, brauchen wir nicht lange die Diagnose zu diskutieren. Seelische Heilung dagegen setzt eine längere Beratung (mindestens zwanzig Minuten bis eine Stunde) und die Möglichkeit der Nachbehandlung voraus. Ist Buße notwendig, wünscht der Kranke vielleicht zunächst das Buß-Sakrament zu empfangen. Ist Befreiung von Dämonen indiziert, so brauchen wir die Hilfe mehrerer erfahrener Menschen, die genügend Zeit haben, mit dem Kranken zu sprechen, mit ihm zusammenzubleiben und sich auch nach der Befreiung um ihn zu kümmern. Weil die vier Gebetsformen verschieden voneinander sind, sollten wir wirklich gut zuhören und genau entscheiden, auf welche Art und worum wir beten sollen.

2. HANDAUFLEGUNG

Handauflegung beim Heilungsgebet hat eine lange Tradition: „Wenn sie Kranken die Hände auflegen, werden diese gesund werden“ (Mk 16,18). Sicher ist Handauflegung nicht

[3] Für einige Menschen ist das erste Anzeichen, daß sie für Heilung beten sollen, eine Art Energie-Strom in den Händen; oft während eines Gebetstreffens, mit dem Gott sie offenbar ermuntern möchte, für die Kranken zu beten.

wesentlich. Haben wir den Eindruck, jemand durch Handauflegung in Verlegenheit zu bringen, sollten wir es auf jeden Fall unterlassen. Scheint Handauflegung aber richtig, so wird das Zeugnis des Neuen Testaments durch mehrere praktische Erfahrungen bestätigt. Erstens scheint es einen Strom heilender Kraft zu geben, der durch die Person des Betenden den Kranken erreicht. Worum es sich dabei handelt, können wir nicht mit Sicherheit sagen. Es scheint eine Übertragung lebenspendender Kräfte zu sein. Jesus scheint diese Erfahrung so intensiv gemacht zu haben, daß er sie körperlich spürte: „Eine Frau, die seit zwölf Jahren an Blutfluß litt — sie hatte ihre ganze Habe für die Ärzte aufgebraucht, aber bei keinem Heilung finden können —, trat von hinten heran und berührte die Quaste seines Gewandes. Und auf der Stelle hörte der Blutfluß auf. Jesus aber sprach: Wer hat mich berührt? Weil niemand es gewesen sein wollte, sagte Petrus: Herr, die Leute drängen und stoßen dich ja von allen Seiten. Aber Jesus wiederholte: Es hat mich jemand berührt, denn ich spürte, wie eine Kraft von mir ausging" (Lk 8,43—46).

Manche Menschen spüren diese Kraftübertragung wie einen leichten elektrischen Strom, zuweilen auch wie Wärme. Was immer es sein mag, oft geschieht dadurch Heilung. Es scheint wie eine Transfusion von Leben. Für Menschen mit langwierigen Krankheiten kann meiner Theorie nach jeden Tag etwa 15 Minuten mit Handauflegung gebetet werden. Damit kommen wir zu einem zweiten Vorteil der Handauflegung, und zwar einem durchaus menschlichen: Anteilnahme und Liebe drücken sich intensiver durch körperliche Berührung als nur durch Worte aus. Hat sich eine Gruppe um jemanden zum Gebet versammelt, so ist er gewöhnlich traurig, wenn es beendet ist, denn es entstand ein tiefes Gefühl der Liebe und der Verbundenheit. Eines Tages beteten wir mit einer sechzigjährigen Nonne, die am nächsten Morgen operiert werden sollte. Die ganze Kommunität versammelte sich um sie und legte ihr die Hände auf. Am Ende war sie in Tränen und sagte: „Ich habe die Zuneigung meiner Kommunität niemals so tief empfunden wie heute abend."

3. DAS GEBET SELBST

Beim Gebet für den Kranken, mit oder ohne Handauflegung, können wir ganz spontan um Heilung beten. Manche nennen es das Gebet des Glaubens, weil es unseren ganzen Glauben fordert, daß Gott den Kranken tatsächlich heilt. Dabei ist die bequemste Körperhaltung die beste: Sitzen, knien, stehen. Wichtig ist, daß wir entspannt sind, uns selbst vergessen und uns ganz auf die Gegenwart Gottes konzentrieren. Denn zum Heilungsgebet gehören gewöhnlich:

a) *die Gegenwart Gottes.* Herz und Verstand sind ganz Jesus oder dem Vater zugewandt. Nur durch ihre Liebe kann wirklich etwas geschehen. Die liturgische Form sieht vor, zum Vater durch den Sohn im Heiligen Geist zu beten. Manchen aber ist es angenehmer, sich einfach an Jesus zu wenden. Haben wir ihn für seine Gegenwart gepriesen, kommen wir zur eigentlichen

b) *Fürbitte:* Die meisten im Heilungsgebet Erfahrenen empfehlen dabei Genauigkeit: Wir sollten uns so genau wie möglich vorstellen, worum wir bitten.[4] Beten wir etwa für die Heilung eines Knochens, so können wir den Vater (oder Jesus) bitten, diesen Knochen von jeder Infektion zu befreien, das zu seiner Wiederherstellung nötige Wachstum der Zellen zu fördern, jede Unregelmäßigkeit zu beseitigen. Eine derart spezifische Bitte belebt gleichzeitig unseren Glauben und den des Kranken. Dadurch ist der Kranke aktiv am Gebet beteiligt, selbst wenn er kein Wort sagt. Möchte der Kranke aber laut mitbeten, umso besser.

Dieses aus der bildhaften Vorstellung geborene Gebet sollte positiv sein, also nicht den gegenwärtigen Krankheitszustand betonen, sondern unsere Hoffnung auf Wiederherstellung. Den heilen Körper sollten wir im Gebet vor uns sehen. Agnes Sanford betete lange Zeit ohne Erfolg um Krankenheilung auf Distanz. Sie stellte sich den Kranken krank im Bett vor. Eine ihr bekannte Gebetsgruppe stellte sich die abwesenden Kran-

---

[4] Ich kenne allerdings auch ein Ehepaar, das sich beim Heilungsgebet einfach entspannt, alle Gedanken und Anstrengungen ausschaltet und sich einfach von der Liebe Gottes durchströmen läßt. Und auch dadurch werden Menschen geheilt. Also keine Methode verabsolutieren wollen!

ken bereits geheilt und wohlauf vor und hatte mit ihrem Gebet Erfolg. Agnes Sanford machte das gleiche – und hatte ebenfalls Erfolg. Natürlich kann *Suggestion* hier mitspielen, aber es geht doch um mehr: Wir machen hier keine psychologischen Experimente, sondern versuchen, Gottes Sicht des heilen Menschen zu teilen.[5]

Deswegen empfehlen Agnes Sanford und andere, wir sollten uns den gewünschten Erfolg im Gebet von Anfang an bildlich vorstellen: „Jedesmal, wenn wir anstatt über Kopfweh zu grübeln, über Gottes Leben und Licht nachdenken, bauen wir weiter an der neuen Gedankenwelt, die Gesundheit bedeutet. Eines Tages wird dann diese Welt stärker sein als die alte, und wir werden kein Kopfweh mehr haben. Auch die Furcht vor einer Grippe dürfen wir uns so aus dem Kopf schlagen. Meine Nase, mein Hals und meine Brust sind erfüllt von Gottes Licht; wenn Bazillen da sind, werden sie davon unfehlbar zerstört. Ich freue mich und danke Dir, o Herr, daß Dein Leben alles in mir gesund machen will."[6]

4. MIT VERTRAUEN

„Jesus antwortete und sprach zu ihnen: Habt Glauben an Gott! Wahrlich, ich sage euch: Wenn jemand zu diesem Berge sagt: Hebe dich fort und stürze dich ins Meer *und ist nicht geteilt in seinem Herzen*, sondern glaubt einfach, es werde geschehen, was er sagt, so wird es ihm zuteil werden" (Mk 11, 22–23).

Es ist wie gesagt eine besondere Glaubensgabe, zu wissen, dieser Kranke wird *hier und jetzt* geheilt. Alle aber dürfen glauben, daß Gott unser Gebet irgendwie und irgendwann erhört.

Allzulange lehrte man uns mit dem Zusatz beten: „Wenn es Dein Wille ist." Dahinter verbirgt sich die Vorstellung, weil wir Gottes Willen nicht kennen, können wir auch nicht vertrauen, daß *alles*, worum wir bitten, uns wirklich gegeben

---

[5] In Jo Kimmel, *Steps to Prayer Power*. Nashville, 1972, findet sich ein ausgezeichnetes Kapitel über „Visualization Power".

[6] Agnes Sanford, *Heilendes Licht*, 42.

wird. Jesus sagt uns aber: „Bei *allem*, was ihr im Gebete erfleht, sollt ihr glauben, daß ihr es bereits empfangen habt, und es wird euch zuteil werden“ (Mk 11,24). Vor jeder Heilung sollten wir darum im Gebet Gottes Willen zu erforschen suchen. Haben wir Gottes Willen erkannt, so können wir voll Vertrauen darum bitten, daß er geschehe. Schließlich beten wir nicht darum, daß Gott seinen Willen ändert, sondern wir fügen uns seinen Plänen.

Es gibt aber auch einen gesunden Zweifel. Ich kann zweifeln, ob ich den Wurzelgrund eines Leidens kenne, um für den Menschen zu beten und nicht nur für die Symptome; ob die Krankheit nicht vielleicht einen höheren Zweck hat, so daß ich überhaupt nicht um Heilung beten soll; ob *ich* für Heilung beten soll oder ein anderer. All das muß offenbleiben, solange Gott mir nicht deutlich offenbart, daß er diesen Menschen hier und jetzt durch mein Gebet heilen will. Tut er das aber, so kann ich mit absoluter Sicherheit beten.

Bete ich *ohne* diese Sicherheit, die vom Geist Gottes kommt, scheint es am geeignetsten, mit Agnes Sanford zu sagen: „Es geschehe *nach Deinem Willen.*“ Das scheint fast dasselbe wie: „*Wenn es Dein Wille ist.*“ Der Unterschied liegt aber darin, daß der Zweifel sich nicht auf Gottes Heilswillen bezieht, sondern auf unsere Diagnose.

5. MIT DANKBARKEIT

„Und es ist die Zuversicht, die wir vor ihm haben: Wenn wir um etwas im Einklang mit seinem Willen bitten, erhört er uns. Und wissen wir, daß er uns in allem, um was wir bitten, erhört, *so wissen wir damit, daß wir das von ihm Erbetene erhalten*“ (1 Joh 5,14–15). Glauben wir, daß Gott unsere Gebete immer erhört (wenn auch nicht immer auf die Art, wie wir meinen), so verlangt es uns zutiefst, ihm dafür zu danken. Wir können ihm sogar während des Gebets danken: „Danke, Herr, daß Du unserem Freund Deine heilende Liebe und Kraft sendest und unser Gebet erhörst.“ Unsere Haltung sollte der des heiligen Paulus entsprechen: „Macht euch keine Sorgen, sondern bringet allerwegen im Gebet und Flehen euer Anliegen mit Danksagung vor Gott“ (Phil 4,6).

6. IM HEILIGEN GEIST

Wer in „Zungen" betet, weil er nicht mehr weiß, worum er beten soll, überläßt sein Gebet gewöhnlich dem Heiligen Geist. „Ebenso nimmt sich auch der Geist unserer Schwachheit an. Denn um was wir in rechter Weise beten sollen, wissen wir nicht. Da tritt aber er selbst, der Geist, für uns ein, mit wortlosem Seufzen. Er jedoch, der die Herzen durchforscht, weiß, was unseres Herzens Anliegen ist, da er im Sinne Gottes für die Heiligen eintritt" (Röm 8,26—27).

Wenn die Menge der Wartenden mir keine Zeit läßt, mit jedem einzelnen zu sprechen, lege ich jedem die Hände auf, bete etwa 30 Sekunden und gehe zum Nächsten. Das gleiche mache ich in Ländern, deren Sprache ich nicht beherrsche. Viele sind auf diese Art geheilt worden. Erstaunliche Beweise göttlicher Gnade wurden offenbar, wenn ich das Gebet einfach dem Heiligen Geist überließ, ohne auch nur zu ahnen, was diesem oder jenem Peruaner, Kolumbianer oder Bolivianer fehlte.

15. Kapitel

BEFREIUNG VON DÄMONEN

Was hat ein Kapitel über das Gebet um Befreiung von bösen Geistern in einem Buch über Krankenheilung zu suchen? Eigentlich wollte ich es auch auslassen, besonders weil es ein so umstrittenes Thema ist. Es gehört aber zur Heilung, versteht man darunter die Befreiung des Menschen von *allem*, das ihn belastet und ihn daran hindert, wirklich frei zu sein und zu leben. Jeder, der sich aktiv mit Gebetsheilung beschäftigt, sollte zumindest einiges von allen vier Grundarten der Heilung wissen, also auch von Austreibung.

Ich möchte dabei unterscheiden:

a) Exorzismus: Darunter verstehe ich ein *formales* kirchliches Gebet zur Befreiung eines von bösen Geistern Besessenen;

b) Befreiung: Darunter verstehe ich den Vorgang der Befreiung eines von bösen Geistern *Bedrängten* durch spontanes Gebet.

Förmlicher Exorzismus bedarf in der katholischen Kirche der Zustimmung des Bischofs und wird selten ausgeübt. Befreiung geschieht dagegen relativ häufig, zumindest in bestimmten christlichen Gemeinschaften.

Ich versuchte so lange wie möglich, mich des Befreiungsgebetes zu drücken. Durch Gebet um körperliche und seelische Heilung waren meine Möglichkeiten mehr als ausgeschöpft. Warum sollte ich mich also zusätzlich auf das unangenehme Geschäft des Betens um Befreiung einlassen?[1]

---

[1] Als Einführung empfehle ich Don Basham, *Deliver us from Evil*. Washington D. C. 1973, wo er einen ähnlichen inneren Widerstand gegen Dämonen-Austreibung beschreibt; außerdem *Exorcism*, The Report of a Commission Convened by the Bishop of Exeter. Edited by Dom Robert Petitpierre O. S. B., London, 1972.

Heilen ist eine so schöne und positive Art des Betens, daß ich keinerlei Lust hatte, mich auch noch mit etwas abzugeben, das mir häßlich erschien. Das Wenige, das ich davon in Gebetsgruppen sah, schien mir unausgeglichen und exhibitionistisch. Ein Psychiater hatte mich einmal gefragt: „Und wer exorziert eigentlich den Exorzisten?" Im übrigen habe ich heute noch genügend intellektuellen Hochmut, nicht gern als Fundamentalist und Fanatiker abgestempelt zu werden. Mein Freund P. Richard Woods O. P. ist ein gutes Beispiel für die Verachtung, mit der Intellektuelle auf Exorzisten herabschauen: „Katholische Priester und protestantische Pastoren (bislang noch keine Rabbiner) berichteten mir mit Genugtuung von informellen Exorzismen, die sie regelmäßig durchführen, nicht ohne bedeutungsvoll mit der Zunge zu schnalzen, wenn sie mir die traurigen Zahlen all jener jungen Leute nannten, die sich noch immer in den Klauen des Satans befänden."[2]

Trotz aller Befürchtungen um mein immerhin irgendwie respektables Image habe ich in den vergangenen drei Jahren erfahren müssen, daß ich einigen Menschen nicht hätte weiterhelfen können, hätte ich mit ihnen ausschließlich um seelische Heilung gebetet. Das Gebet um Befreiung drängte sich mir einfach auf. Einige Kranke kannten ihren Zustand und blieben ruhig und vernünftig, selbst wenn sie außergewöhnliche Formen offensichtlich dämonischer Attacken beschreiben mußten. So erhielt ich kürzlich den Brief einer Nonne mit Fragen über ein Seelsorge-Problem, das jeder kennt, der aktiv mit Heilung zu tun hat:

„Wissen Sie, wo ich Informationen über Austreibung und Heilung erhalten kann? Was ist eigentlich der Unterschied zwischen dem Gebet um Befreiung und Exorzismus? Woher weiß man, ob jemand das eine oder das andere, oder beides nötig hat? Ein zwölfjähriger Junge in unserer Nachbarschaft weist merkwürdige Symptome auf. Ich besuchte neulich die Eltern, und ohne zu sagen, was ich über den Jungen und sein Leiden dachte (ich verstehe ja nichts davon), redete und betete ich einfach mit ihnen. Der Junge, so sagten sie, habe eine unidentifizierbare Krankheit. Er habe fast ständig Zuckungen,

---

[2] Richard Woods, *The Devil*. Chicago, 1973, 14.

würde nachts besonders unruhig, sagte unverständliche oder vulgäre Worte und habe keinerlei Beziehungen. Sein Blick sei wie abwesend, nachts wende er mit offenen Augen den Kopf hin und her. Eines Nachts bat ich ihn zu sagen: ‚Jesus, hilf mir!' Er konnte sagen: ‚Hilf mir!', aber er konnte oder wollte nicht sagen: ‚Jesus.' Wir beteten eine Zeitlang zusammen, dann schlief er ein. Plötzlich hörte er auf zu zucken, seine Hände lösten sich. Ich meine, man könnte noch viel mehr für ihn tun."

Die Begegnung mit so sonderbaren Fällen wie diesem und die vielen an mich gerichteten Fragen bewegten mich schließlich, mich auch mit Befreiung von Dämonen zu befassen. Anders, das wußte ich genau, konnte ich diesen bedrängten Menschen nicht helfen. Allzugern hätte ich sie an Spezialisten verwiesen, aber leider kannte ich nicht allzu viele. Und die wenigen, die ich kannte, schienen mir weder ausgeglichen noch mit viel gesundem Menschenverstand begabt.

DÄMONISCHE BESESSENHEIT UND BEDRÄNGNIS — GIBT ES DAS EIGENTLICH?

Lange Zeit machte ich einen möglichst großen Bogen um alles, was mit Austreibung zu tun hatte. Es roch mir nach Aberglauben und Magie. Einige meiner besten Freunde akzeptierten Gebetsheilung als eine Vermittlung göttlicher Liebe, aber der Umgang mit Dämonen schien ihnen denn doch ein Rückfall vom Rationalen ins Magische. Das Böse im Menschen, so sagten sie, reiche völlig als Erklärung all dessen, was in der Welt im argen liegt; die Berichte über die Exorzismen Jesu wären ein Zugeständnis an die Mentalität seiner Zeit, die jede Form von Geisteskrankheit bösen Geistern zuschrieb. Ernsthaft über Dämonen zu sprechen, erscheint vielen als ein Zurück ins finstere Mittelalter oder zu den Hexenjägern von Salem.

Einige Leser mögen sich also fragen, ob es Dämonen überhaupt gibt, ob die Wiederbelebung des Exorzismus nicht eher eine ungesunde Regression darstellt, als einen Fortschritt auf die Gesundung des Menschen hin. Eine angemessene Begründung der Notwendigkeit von Dämonen-Austreibung würde den Rahmen dieses Kapitels sprengen. Zusätzlich zu den klaren Aussagen des Neuen Testaments aber bin ich durch folgende Gründe von der Notwendigkeit überzeugt worden, bedrängte Menschen von Dämonen zu befreien:

a) In der katholischen Kirche hat es Befreiung von Dämonen in einer ununterbrochenen Tradition gegeben, wie Papst Paul VI. in der Generalaudienz vom 15. November 1972[8] betonte und deswegen übrigens scharf kritisiert wurde:

„Was braucht die Kirche heute am dringendsten?

Unsere Antwort soll euch nicht erstaunen, nicht einfältig oder geradezu abergläubisch und unrealistisch vorkommen: Eines der größten Bedürfnisse der Kirche ist die Abwehr jenes Bösen, den wir den Teufel nennen. Das Böse ist nicht mehr nur ein Mangel, sondern es ist eine wirkende Macht, ein lebendiges, geistliches Wesen, verderbt und verderbend, eine schreckliche Realität, geheimnisvoll und beängstigend. Wer die Existenz dieser Realität bestreitet, stellt sich außerhalb der biblischen und kirchlichen Lehre; desgleichen, wer daraus ein eigenständiges Prinzip macht, das nicht, wie alles Geschaffene, seinen Ursprung aus Gott nimmt; oder auch, wer es zu einer Pseudowirklichkeit erklärt, es für eine erfundene, phantastische Personifikation der unbekannten Ursachen unseres Unheils hält. Daß es sich nicht um nur einen Teufel handelt, sondern um viele, das berichten verschiedene Stellen des Evangeliums (Lk 11,21; Mk 5,9). Aber einer ist der Führer: Satan, was soviel heißt wie Widersacher, Feind. Mit ihm sind viele, alles Geschöpfe Gottes, aber gefallen, weil sie aufbegehrten und verdammt wurden. Eine ganze, von einem heillosen Drama verzerrte, geheimnisvolle Welt, über die wir nur wenig wissen. Dieses Kapitel über den Teufel und über den Einfluß, den er auf die einzelnen Menschen wie auf die Gemeinschaft, auf ganze Gesellschaften oder auf die Ereignisse auszuüben vermag, wäre als ein sehr wichtiger Abschnitt der katholischen Lehre neu zu durchdenken, was heute aber kaum der Fall ist. Manche glauben, in psychoanalytischen und psychiatrischen Studien oder in spiritistischen Erfahrungen, die heute leider in manchen Ländern stark verbreitet sind, einen hinreichenden Ersatz zu finden. Man fürchtet den Rückfall in alte manichä-

[8] Osservatore Romano, Deutsche Ausgabe, 24. Nov. 1972, 1f.

ische Theorien oder in furchterregende phantastische und abergläubische Auswüchse. Heute zeigt man sich lieber stark und frei von Vorurteilen. Unsere Lehre wird ungewiß, wenn sie von der den Teufel umgebenden Finsternis verdunkelt wird. Angeregt von der Gewißheit der vielfachen Existenz des Bösen, stellen wir mit Recht zwei Fragen: Gibt es Anzeichen, und welche, für das tatsächliche Wirken des Teufels? Und welche Mittel gibt es, um sich gegen diese hintergründige Gefahr zu wappnen?"

b) Zusätzlich zu dieser Tradition der Kirche, die sich auch im Exorzismus-Ritus widerspiegelt, hat meine persönliche Erfahrung mich mehr noch von folgenden Tatsachen überzeugt: Symptome wie die des im Brief erwähnten Jungen lassen sich vielleicht auch als dämonischen Ursprungs erklären. Natürlich muß diese Wertung mit Vorsicht gebraucht werden. Die Gabe der Unterscheidung der Geister hat ihren Sinn gerade in einer derartigen Urteils-Findung. Jemanden als schizophren zu bezeichnen, besagt noch nichts über die Ursachen der vorgefundenen Symptome. *Wenn* die Ursache Dämonen sind, dann ist Exorzismus angezeigt. Lange Zeit dachte ich, einem Psychotiker wäre nur zu helfen durch die Überweisung an den Psychiater oder die Einweisung in eine psychiatrische Klinik. Inzwischen habe ich erfahren, daß vielen dieser Patienten durch Gebet um Befreiung geholfen werden kann, *wenn* die Psychose auch dämonischen Ursprungs ist.

Nehmen wir das Beispiel einer Frau, die zwölf Jahre wegen Schizophrenie in einer psychiatrischen Klinik interniert war. Im Februar 1973 beteten ein anderer Priester und ich um Befreiung. Ihr Zustand änderte sich auf der Stelle. Am 9. Juni 1973 wurde sie aus der Klinik entlassen. Am 5. Oktober schrieb sie: „Ich war heute bei meinem Psychiater. Er sagte, ich wäre wohlauf. Ich sagte ihm, ich wolle in die Klinik zurück, weil ich den dortigen Tanzabend vermisse. Er war damit nicht einverstanden. Er meinte, eine Klinik wäre für Kranke, ich aber wäre gesund."

Seelische Erkrankungen als neurotisch oder psychotisch anzusprechen, deckt nicht notwendig ihre Wurzeln auf. Wir glauben allzugern, es wäre ebenso primitiv wie abergläubisch, einige dieser Erkrankungen für dämonisch zu halten. Aber jemand schizophren zu nennen, bedeutet nichts anderes als eine Klassifizierung von Symptomen. Geheilt wird der Kranke dadurch nicht im geringsten. Andererseits wäre es ebenso unklug, daraus schließen zu wollen, jede Psychose wäre dämonischen Ursprungs und bedürfe des Gebets um Austreibung zu ihrer Heilung. Jene aber, die nicht an die Möglichkeit glauben, eine Schizophrenie könne dämonischen Ursprungs sein, verhindern damit unter Umständen die Möglichkeit ihrer Heilung.

Während des Gebets um Befreiung habe ich ungewöhnliche Dinge erlebt, die sich wohl am besten als dämonische Aktivitäten erklären lassen. Dazu gehört, daß Stimmen durch den Besessenen sprechen: „Du wirst uns nie austreiben! Wir sind zu viele und zu stark für dich!" Oft zu des Kranken größter Überraschung. Natürlich kann man diese Phänomene auch auf andere Art erklären; aber mir scheint heute die direkte auch die richtigste; daß eben diese Stimmen dämonischen Ursprungs sein können. Ich kenne Menschen, die zur Befreiung von diesem oder jenem Problem um Befreiung von Dämonen gebetet haben, und die den Vorgang so vernünftig und gründlich wie möglich zu verstehen suchten. Dennoch waren sie erstaunt über das, was sie während des Exorzismus erleben mußten; zum Beispiel, daß der Kranke zu Boden geworfen wurde, oder Ähnliches.

Nach dem Gebet geschieht oft eine wesentliche Veränderung in den Menschen, denen auf andere Art nicht geholfen werden konnte. Diese Veränderung ist dem Betroffenen selbst meist sofort bewußt: „Ich fühlte, daß etwas mich verließ; ich fühle mich von einer fürchterlichen Last befreit." Die Umstehenden erkennen sie an der neuen Freiheit und Freude des Betroffenen. Nach einer Austreibung schrieb mir jemand: „Ich fühle mich von Gott bevorzugt, daß er mich zu diesem Wochenende führte, um mich zu heilen und in einen neuen Menschen zu verwandeln.

Sie mögen verstehen, *wie* wichtig mir das ist, eine Sache von Leben und Tod. Meine Dankbarkeit ist totale Hingabe an Gott. Ich habe jetzt die Möglichkeit, mich ihm total zu öffnen, nachdem die alten Hindernisse, die mich von ihm fernhielten, von mir genommen sind."

TERMINOLOGISCHE PROBLEME

Der Ausdruck „Besessenheit" ist sicher problematisch. Echte Besessenheit, die Beherrschung eines Menschen durch von außen kommende böse Mächte, ist selten. Nun bedeutet aber das griechische Wort des Neuen Testaments, das oft mit „besessen" übersetzt wird, eigentlich „dämonisiert". Es hat also eine allgemeinere Bedeutung. Meiner Erfahrung nach ist „Besessenheit" selten, aber „dämonisierte" Menschen, nämlich solche, die von dämonischen Kräften *bedrängt* werden, begegnen uns ziemlich häufig.

Ist aber jemand von bösen Geistern *bedrängt*, so ist ein informeller Exorzismus, nämlich ein spontanes Gebet um Befreiung, am Platz. Derek Prince hat diese Art Bedrängnis mit der Eroberung einer Stadt verglichen, die zum größten Teil noch in der Hand des Besitzers ist, von der aber gewisse *Teile* vom Feind kontrolliert werden. Zeigt ein Mensch zwanghafte Reaktionen in gewissen Bereichen, ist er etwa drogenabhängig, so *kann* damit angezeigt sein, daß Gebet um Befreiung ihn davon befreien würde.

ANZEICHEN FÜR EIN GEBET UM BEFREIUNG

Die folgenden Anzeichen können für die Notwendigkeit des Gebets um Befreiung sprechen:

a) Die bereits erwähnten Zwänge. Hat jemand über längere Zeit mit allen Mitteln, aber erfolglos, versucht, von solchen Zwängen freizukommen, so kann Gebet um seelische Heilung oder Befreiung (oder beides) Abhilfe schaffen. Zu solchen Zwängen gehören Drogen-Abhängigkeit, Alkoholismus, Selbst-Zerstörung, zwanghafte Masturbation.

b) Derjenige, der um Gebet bittet, weiß oft selbst, daß es sich um etwas Dämonisches handelt und gibt das auch an. Natürlich kann er eine allzu lebhafte Phantasie haben und nach der Lektüre von gar erschrecklichen Berichten über dämonische Umtriebe beschlossen haben, sein Problem müsse dämonischer Natur sein. Leicht beeinflußbare Menschen lesen sich aus medizinischen Büchern gern alle möglichen Krankheiten an. Kommt also jemand von sich aus und bittet um Exorzismus, tun wir gut daran, ihn genau nach den Gründen zu fragen. Dabei sollten wir aber unsererseits nicht vergessen, daß wir dazu erzogen worden sind, Dämonen-Geschichten gegenüber skeptisch zu sein und sie eher für Halluzinationen oder andere psychische Störungen zu halten. Unter denen, die solch wilde Geschichten vorbringen, können natürlich Psychotiker sein, was die Diagnose nicht gerade vereinfacht. Ich habe nur den Eindruck, daß Priester und Pastoren von einigem intellektuellem Niveau Dämonen-Geschichten grundsätzlich nicht glauben, während inoffizielle Exorzisten ohne jede Bildung grundsätzlich alles glauben, was man ihnen erzählt und die schlimmsten Komplikationen dadurch schaffen, daß sie überall dort Dämonen sehen, wo gar keine sind. Auf diese Weise überlassen jene, die von Amts wegen um Exorzismus oder Befreiung beten sollten, wo immer eine echte Notwendigkeit dazu besteht, gerade denen das Feld, die dazu am wenigsten qualifiziert sind — um hinterher deren Arbeitsweise und Ergebnisse zu kritisieren. Aus Erfahrung weiß ich, daß viele Menschen dem Bösen begegnet sind, daß sie gern darüber sprechen und davon befreit würden, von ihren Priestern und Pastoren aber derartige Abfuhren erhalten, daß sie schließlich den Verdacht über die tiefste Wurzel ihrer Übel gar nicht mehr auszusprechen wagen.

Nutzt das Gebet um seelische Heilung nichts, so kann das ein Hinweis auf Gebet um Befreiung sein. Ich erwarte heute beim Gebet um seelische Heilung eine sofort wahrnehmbare Wirkung. Sagt jemand nach dem Gebet: „Ich fühle mich innerlich weiterhin gebunden", so kann das ein Hinweis sein entweder auf weitere klärende Gespräche oder auf notwendige Unterstützung durch eine Gemeinschaft, auf weiteres Gebet um seelische Heilung — oder eben auf Gebet um Befreiung. Nach meinen Beobachtungen versuchen Dämonen gewöhnlich die Menschen, die sie bedrängen, davon zu überzeugen, daß sie nichts wert sind, unliebenswürdig, zum Scheitern verurteilt, zum Sterben prädestiniert, von Gott gehaßt und mit unwiderruflicher Schuld beladen. Diese Problematik des „geborenen Verlierers" kann natürlich auch aus psychischen Verletzungen und einer unglücklichen Vergangenheit resultieren. Jedes tiefsitzende persönliche Problem kann nämlich eine ganze Reihe von verschiedenen Gründen haben: Depression kann Buße wegen einer geheimen Sünde erfordern; ein unausgeglichener Hormon-Haushalt bedarf der ärztlichen Behandlung oder des Gebets um körperliche Heilung (etwa bei einer Wochenbett-Depression); Mangel an Liebe von Vater und Mutter macht psychiatrische Hilfe und Gebet um seelische Heilung notwendig; Bedrängung durch Dämonen und Depression oder Verzweiflung kann Gebet und Befreiung bedeuten.

Die Gabe der Unterscheidung der Geister ist hier unerläßlich zur Bestimmung von Diagnose und Therapie. Das gilt für das Gebet um Befreiung mehr als für alle anderen. Betet man um körperliche Heilung und sie ereignet sich nicht, so gereicht das dem Kranken dennoch zum Segen, wenn es in Liebe geschieht. Betet man um Befreiung ohne Erfolg, so kann der Bedrängte sich verdammt fühlen, weil er meint, man hätte in ihm Dämonen am Werk gesehen, die nicht ausgetrieben wurden und also immer noch am Werk sind.

Darum sollte um Befreiung nur mit äußerster Vorsicht gebetet werden und wirklich nur dann, wenn man in einem vorangehenden Gebet zu der klaren Überzeugung gekommen ist, daß tatsächlich Dämonen am Werk sind und daß der Herr von uns will, daß *wir hier und jetzt für diesen Menschen* beten sollen.

Gebet um Austreibung unterscheidet sich im übrigen wesentlich vom Gebet um Heilung, und zwar auf zweifache Art:

a) Gebet um Heilung wendet sich direkt an Gott, Gebet um Befreiung aber direkt an die bedrängenden Dämonen.

b) Gebet um Heilung ist gewöhnlich eine *Bitte*, Gebet um Befreiung aber ein *Befehl*. Für jemand, der die „Gabe des Glaubens" hat, *kann* auch Gebet um Heilung ein Befehl sein: „Im Namen Jesu, des Nazareners, geh!" (Apg 3,6b)

Gebet um Austreibung aber *muß* ein Befehl im Namen Jesu sein, den Besessenen zu verlassen, so wie Paulus dem bösen Geist befahl, der das wahrsagende Sklavenmädchen besessen hatte: „Im Namen Jesu Christi befehle ich dir, diese Frau zu verlassen!" (Apg 16,18b) Der Exorzist ist also jemand, der mit der Vollmacht Jesu Christi den Mächten des Bösen gebietet. Dabei braucht man diesen Befehl nicht laut zu schreien, wie ich das in einigen Gebetsgruppen erlebte. Dennoch sollte es mit Festigkeit und Autorität geschehen.

Aus einer Reihe von Gründen sollte diese Tätigkeit jenen vorbehalten bleiben, die wirklich dazu berufen sind:

a) Weil es sich um ein Gebet mit Vollmacht handelt, sind diejenigen, die von Natur aus scheu oder unsicher sind, dafür ungeeignet. Entweder würden sie derartige Angst haben, daß auf ihr Gebet hin nichts geschieht; oder aber sie würden ihre Unsicherheit unter großmännischen Gesten zu verbergen suchen, was Austreibung als solche lächerlich erscheinen ließe.

b) Weil es ein Gebet in Befehlsform ist, bei dem es also um Auseinandersetzung geht, fühlen sich Aggressive davon angesprochen, um daran ihre Aggressionen abzureagieren. Weil aber ihre Motivation nicht eindeutig ist, werden vermutlich auch die Ergebnisse nicht eindeutig sein. Die Empfindungen des Kranken, für den man betet, können erheblich verletzt werden durch solche Art „geistlicher Vergewaltigung".

c) Weil es wirklich darum geht, in sehr komplexen Situationen zwischen Gut und Böse zu unterscheiden, und weil der Exorzist wissen sollte, ob, wann, wie und worum er betet, darum sollte er erfahren, klug und kritisch sein. Allzu stark vereinfachende Menschen, die alles nur schwarz-weiß sehen, fühlen sich oft gerade von Austreibung angezogen, wo sie vielleicht einigen helfen, sicher aber vielen schaden. Dadurch aber gerät das Befreiungsgebet als solches in Verruf, und gerade jene werden davon abgehalten, die die notwendigen Gaben zu einer kritischen Ausübung hätten. Aus all diesen Gründen ist innerhalb der katholischen Kirche formeller Exorzismus einem Priester vorbehalten, der vom Bischof jeweils die Erlaubnis einholen muß, einen bestimmten Menschen zu exorzisieren.

VOR DEM GEBET UM BEFREIUNG

Jene, die im Gebet um Befreiung durch Erfahrung vorsichtig geworden sind, stimmen in folgenden Punkten überein:

a) Um Austreibung sollte man nicht beten, ohne das zuvor im Gebet erforscht zu haben, also nur aufgrund einer klaren Erkenntnis. Wie eine größere Operation sollte Gebet um Befreiung nicht leichthin vorgeschlagen werden. Sicher bedürfen viele des Gebets um Befreiung. Man sollte es damit aber niemals eilig haben und im voraus bedenken, daß meist auch nachher noch Gesprächshilfe erforderlich ist. Kann eine solche Hilfe nicht garantiert werden, weil keine christliche Gemeinschaft da ist, die dem Betroffenen in seinem geistlichen Wachstum beistehen kann, sollten wir uns nicht zu rasch zum Gebet um Befreiung entschließen, weil der Heilprozeß zwar angefangen, aber nicht beendet werden kann und es dem Betroffenen dadurch nachher schlechter gehen kann als vorher.

Bob Cavnar aus Dallas betete eines Tages für mehrere Menschen gleichzeitig um Befreiung. Alle hatten es wirklich nötig und riefen ihn Tag und Nacht an. Als er aber innehielt, um zu beten, was er tun sollte, erhielt er vom Herrn den Auftrag, nur für einen einzigen Mann zu beten, nämlich für den, der es am nötigsten hatte. Tatsächlich war der Mann danach mehrere Monate lang von jener Bedrängnis befreit, die ihn gelähmt im Bett gehalten hatte. Während all der Monate des Gebets für diesen einen Mann aber lernte Bob eine Menge über Austreibung, fast als absolviere er einen Kurs darüber.

b) Gebet um Befreiung sollte im engsten Kreis geschehen, um die Neugierigen fernzuhalten. Der Kassen-Erfolg des Films „Der Exorzist“ zeigt deutlich, wie tief diese Neugier sitzt und wie verbreitet sie ist. Nur wirklich reife Menschen sollten die Möglichkeit haben, daran teilzunehmen.

Dennoch sollte Gebet um Befreiung im Team geschehen, und nicht allein. Manchmal *mußte* ich allein um Befreiung beten, aber ein Team ist wirklich vorzuziehen; vor allem weil die Mannigfaltigkeit der Gaben innerhalb der christlichen Gemeinschaft hier zum Tragen kommt. So kann der eine besser dazu geeignet sein, das Gebet um Austreibung zu sprechen, im Idealfall ein Priester oder ein Pastor wegen seiner geistlichen Autorität. Ein anderer hat vielleicht die Gabe der Unterscheidung, zu wissen, worum in welchem Augenblick gebetet werden muß. Noch andere können den Besessenen, aber auch den Betenden im Gebet unterstützen. Manchmal ist das Gebet kurz, in anderen Fällen aber kann es mehrere Stunden dauern. Gerade in diesem Fall lassen die natürliche Ermüdung der Beteiligten und die dennoch notwendige Konzentration ein *Gebetsteam* am geeignetsten erscheinen, in dem man sich notfalls auch ablösen kann.

a) Bei Beginn des Gebets sollte man unbedingt um *Schutz für alle Beteiligten* beten. Ich bete, daß die Kraft des Blutes Christi alle Anwesenden umgibt und beschützt. Dann bete ich, daß Maria, die Mutter Gottes, und der heilige Erzengel Michael, alle Engel und Heiligen und auch die himmlischen Heerscharen mit uns für den Betreffenden einstehen. Jeder wird dieses Gebet anders formulieren. Aber es ist tatsächlich angebracht, darum zu beten, daß als Ergebnis des Gebets um Befreiung niemand zu Schaden kommt. Oft geschieht es nämlich, daß Dämonisches seinen Angriff auf den Betroffenen oder auch auf andere Anwesende verstärkt: „Aber der böse Geist gab ihnen zur Antwort: Jesus kenne ich und von Paulus weiß ich — aber ihr, wer seid ihr? Und damit stürzte sich der dämonisch Besessene auf sie, überwältigte sie alle zusammen und ließ dermaßen seine Kraft an ihnen aus, daß sie ohne Kleider und übel zugerichtet aus jenem Hause flohen" (Apg 19,15—16).

Bei dieser Begebenheit hatten die Exorzisten, die Söhne der Sceva, offenbar nicht die nötige geistliche Autorität, den Exorzismus durchzuführen. Ähnliche Probleme können sich auch für uns ergeben, wenn wir Gott nicht um Hilfe bitten oder nicht zur Befreiungsbitte berufen sind.

b) Dann bete ich im Namen Jesu in Befehlsform, daß die Macht *aller dämonischen Kräfte gebunden* und ihre Widerstandskraft gebrochen wird. Offenbar trägt dieses Gebet dazu bei, daß die eigentliche Befreiung schneller und müheloser geschehen kann. Während des Gebets um Befreiung fühlen sich manche Beteiligten wie von einer unsichtbaren Hand geschüttelt, oder aber sie werden zu Boden geworfen oder werden plötzlich kreideweiß. Ich bete also, daß die Mächte des Bösen gebunden werden, damit unangenehme Nebenwirkungen soweit wie möglich vermieden werden.

c) Gewöhnlich müssen wir die Identität des Dämons ausfindig machen, den wir austreiben wollen. Meist sind sie durch ihre Namen[4] oder Haupttätigkeiten kenntlich, zum Beispiel der Geist der Selbstzerstörung oder der Furcht.

---

[4] Im Juli 1972 betete ich für eine Frau in Brasilien, die mit elf Jahren dem Teufel geweiht worden war. Der Dämon, in dessen Dienst sie gestellt

Das kann auf verschiedene Weise geschehen: Der Bedrängte kann den Dämon oder seine Hauptaktivität kennen. Ist Homosexualität dämonischen Ursprungs, kann man um Austreibung des Geistes der Homosexualität beten. Das heißt natürlich nicht, alle Probleme der Homosexualität wären dämonischen Ursprungs! Durch die Gabe der Unterscheidung kann der Betende erkennen, worum gebetet werden soll. Das ist sicher der direkteste und der schnellste Weg zur richtigen Diagnose. Aber diese Gabe, im Unterschied zu allerlei Vermutungen, ist meiner Erfahrung nach relativ selten. Ich kenne nicht mehr als drei Menschen, denen ich vertraue, daß Gott sie in der beschriebenen Situation mit Erkenntnis inspiriert. Man kann den Dämonen befehlen, sich zu identifizieren. Sie antworten darauf entweder durch Stimmen oder durch besonders intensive Bilder oder Ideen im Bedrängten, oft zu dessen größter Überraschung. Diese Stimmen und Zeichen können aber insofern noch zweideutig sein, als sie einfach aus dem Unbewußten des Betroffenen kommen können und also nichts Dämonisches an sich zu haben brauchen. Deswegen ist wirklich Vorsicht und Unterscheidung von seiten der Betenden geboten.

d) Ist ein Bereich dämonischen Einflusses klar erkannt, so sollte der Bedrängte jeder damit verbundenen Sünde entsagen. Identifiziert sich etwa ein Geist des Hasses, so sollte der Bedrängte all jenen vergeben, die ihm je Unrecht zugefügt haben, um damit die Sünde oder die Wunde zu tilgen, die den Dämonen Macht über ihn gaben. Zusätzlich kann er dem Geist des Hasses entsagen. Haben die Dämonen keine tiefgreifende Macht über ihn, so ist Selbstbefreiung möglich.[5] Hat der Bedrängte an spiritistischen Sitzungen oder anderen Formen von Okkultismus teilgenommen, so sollte er jeder dieser Aktivitäten namentlich entsagen.

---

worden war, ist Hiob 14,18 erwähnt, wie sie selbst anzugeben wußte. Die *Jerusalem Bibel* gibt diesem Dämon einen Eigennamen: „Man reißt ihn aus dem Schutz seines Zeltes und schleppt ihn vor den König des Schreckens." In einer Fußnote erklärt die *Jerusalem Bibel*, daß der „König des Schreckens" aus der orientalischen und griechischen Mythologie bekannt ist. Es scheint wesentlich, daß diese Kräfte nicht unpersönliche Mächte des Bösen sind, sondern daß wir es mit realen Wesen zu tun haben, die Namen haben.

[5] Vgl. Don Basham, *Deliver us from Evil*, Kap. 5.

e) Als Nächstes bitte ich den Bedrängten, durch ein eigenes Gebet in Befehlsform den Dämon auszutreiben. Manchmal genügt das: Die dämonischen Kräfte weichen von mir!

f) Ist der Dämon nicht gewichen, bete ich selbst um Befreiung. Dieses Gebet hat verschiedene Elemente: „Im Namen Jesu Christi und seiner Kirche."

Dämonen werden nicht durch *unsere* Autorität ausgetrieben, sondern wir rufen jene Kraft an, der sie sich beugen müssen: „Herr, auch die bösen Geister sind uns in deinem Namen untertan" (Lk 10,17).

„Ich befehle euch": Es geht wirklich um einen Befehl, nicht nur um ernstgemeinte Aufforderung. Es ist, wie wenn der Vater dem Kind etwas sagt: Zweifel oder Hemmungen spürt das Kind sofort und gehorcht nicht. Der Betende kann ruhig sprechen, aber er muß wirklich *glauben*, daß die Autorität Christi die Mächte des Bösen vertreibt. Dem Bedrängten direkt in die Augen zu schauen, kann dabei helfen. Wenn immer möglich, sollte man den bösen Geist namentlich identifizieren: „Geist des Hasses", „Geist der Verzweiflung" usw.

Es kann geschehen, daß die Betenden von den weichenden Dämonen bedrängt werden, oder daß der Bedrängte unnötig gequält wird. Das kann man vermeiden, indem man Gottes Schutz anruft. Befreiung läuft immer die Gefahr des Spektakulären oder Häßlichen, wenn die Dämonen nicht gebunden sind. Deswegen ist es ratsam, ihnen zu gebieten, sich ruhig zu verhalten und keinerlei Schaden anzurichten. Dieses Phänomen läßt sich auch psychologisch erklären.

„Ich verweise euch an Jesus Christus, daß er euch gebiete nach seinem Willen." Manche Exorzisten ziehen es vor, den Dämonen zu gebieten. Ich überlasse das lieber der Weisheit Christi. David du Plessis sagte mir einmal, es kann geschehen, daß Exorzisten von jenen infiziert werden, die sie bekämpfen, daß sie im Laufe der Jahre grob und aburteilend werden. Im Judas-Brief aber lesen wir: „Als der Erzengel Michael mit dem Teufel wegen des Leibes des Moses in heftigem Streite lag, erdreistete er sich nicht, ein entehrendes Urteil vorzubringen, sondern sagte nur: Der Herr soll dich strafen!" (Jud 1,9)

Der Befreite spürt offenbar, wenn ein Dämon ihn verläßt. Zuweilen kann der Außenstehende keine Veränderung feststellen. Der Befreite schaut nur auf und sagt: „Sie sind weg. Ich fühle mich besser!“ Handelt es sich um mehrere Dämonen, scheint der Befreite auch zu wissen, wenn mehrere weichen. Er hat ein Empfinden der Freiheit, der Freude. Manchmal ist es, als wäre ein Zentnergewicht von ihm genommen oder ein stechender Schmerz. Oft ist die Austreibung auch mit einem Kampf verbunden: Die Dämonen schreien laut auf oder werfen den Bedrängten zu Boden; darüber hören wir in den Evangelien; oder aber ihr Ausfahren ist mit Husten- oder Würgeanfällen verbunden. All diese Symptome sind nicht gerade angenehm und machen Befreiung zu keiner verlockenden Aufgabe. Wird die Sache zu exhibitionistisch, so gebiete ich den Dämonen, ruhig zu sein, den Bedrängten nicht weiter zu quälen und in Ruhe zu lassen. All das entbehrt nicht des Bizarren und des Bedrückenden. So unangenehm es im einzelnen auch sein mag, wir müssen bereit sein, uns damit auseinanderzusetzen, wollen wir jenen helfen, die der Befreiung von Dämonen bedürfen. Unser Gebet hat auf den Kranken eine starke psychische Wirkung. Das sollten wir stets bedenken.

WEITERE ERWÄGUNGEN

Gewöhnlich hat man es mit einem Haupt-Dämon (oder mit einer zentralen Psychose) zu tun, der wie eine Pfahlwurzel in die Tiefe reicht und um den sich die übrigen Dämonen wie ein Wurzelsystem verflechten. Dämonen auszutreiben ist wie einen Baumstumpf auszugraben. Wie man zunächst die Seitenwurzeln kappt, um besser an die Pfahlwurzel heranzukommen, ist es manchmal besser, zunächst diejenigen Dämonen auszutreiben, die dem Bedrängten weniger zusetzen. Ein anderes Mal aber werden die kleineren Dämonen sich nicht rühren, bis man den Hauptgeist identifiziert und ausgetrieben hat. Ich sage die „kleineren“, weil einige stärker scheinen als die anderen. Die traditionelle Einteilung der katholischen Kirche in „Todsünden“ und „läßliche Sünden“ kann dabei sehr hilfreich sein. Dämonen scheinen wie Untugenden ineinander verstrickt. Wo „Zorn“ ist, da sind meist „Ressentiment“, „Eifersucht“, „Depression“, „Sadismus“ oder spezifische Arten des Zorns wie „Frauenhaß“ nicht weit. All das sind psychische Erkrankungen.

Dämonen pflegen sich wie gesagt durch den Namen einer bestimmten Untugend zu identifizieren. „Im Namen Jesu Christi gebiete ich Dir, böser Geist, Dich zu identifizieren! Wer bist Du?“ Der Kranke antwortet vielleicht: „Begierde“. „Im Namen Jesu Christi gebiete ich Dir, Geist der Begierde, auszufahren!“

Einige jener Geister, die sich meist ziemlich bald melden und das Gebet um Befreiung zu behindern suchen, sind *Ironie:* Der Bedrängte kann unangemessen anfangen zu lachen und dabei sagen: „Du bringst uns ja doch nicht heraus. Du weißt ja gar nicht, wie man das macht!“ *Stummheit:* Der Bedrängte kann plötzlich die Lippen nicht mehr bewegen oder nicht mehr sprechen. *Verwirrung:* Der Bedrängte kann plötzlich nicht mehr zusammenhängend denken. Aber auch hierbei sollten die Betenden über genügend Erfahrung und Unterscheidungsgabe verfügen, z. B. natürliche Niedergeschlagenheit nicht gleich als dämonische Machenschaften zu identifizieren.

NACH DER BEFREIUNG

Nach dem eigentlichen Gebet um Austreibung ist es für den Leiter und die anderen hilfreich, Gott zu preisen oder zu singen. Dieses Gebet sollte weitergeführt werden, bis der Dämon jede Belästigung des Bedrängten aufgibt und wirklich weicht. Wird bei dem Bedrängten keine Wandlung sichtbar, sollte der Leiter entscheiden können, was weiter geschieht. Hatte der Befreite irgendeinen Umgang mit Spiritismus oder Okkultismus, sollte er Gott dafür um Vergebung bitten. Sollten die Dämonen, wie etwa der Dämon der Wahrsagerei, durch solche Einflüsse von dem Bedrängten Besitz genommen haben, sollten sie als erste ausgetrieben werden; anderenfalls könnten sie jede weitere Befreiung zu verhindern suchen.

Drei entscheidende Fakten sollten *nach* jeder Austreibung beachtet werden, denn ohne Nachbehandlung kann der Zustand der Bedrängung wiederkehren und sich noch verschlimmern:

a) Sofort nach der Austreibung sollte darum gebetet werden, daß alle durch die ausgetriebenen Dämonen entstandenen Leerräume mit der Gegenwart Jesu erfüllt werden.

b) Der Befreite sollte lernen, mit jenen Gewohnheiten zu brechen, die zur Infiltration der Dämonen Anlaß gaben. Neigte er etwa zu Verzweiflung, sollte eine gewisse geistliche Disziplin vereinbart werden, um dadurch jene Schwächen zu bekämpfen, die man als Wurzel des Problems erkannte. Zusätzlich sollte der Befreite lernen, allen Mächten des Bösen zu gebieten und sie von sich fernzuhalten: „Darum unterwerft Euch Gott und widersteht dem Teufel, so wird er vor Euch fliehen" (Jak 4,7). Einmal betete ich zwei Stunden mit jemand um Befreiung von einer Reihe böser Geister, deren wichtigster Ressentiment war. Der Betreffende wurde befreit, aber innerhalb einer Stunde geschah etwas, das neue Ressentiments aufkommen ließ. Der vorhergehende Zustand der Bedrängung stellte sich wieder ein.

c) Der Befreite sollte einen festen Tagesplan des Gebets und der Schriftlesung haben. Gehört er zu einer sakramentalen Kirche, sollte er regelmäßig die Sakramente der Eucharistie und der Buße empfangen.

d) Im Idealfall sollte der Befreite Mitglied einer christlichen Gemeinschaft werden. Wie die Alkoholiker aus Erfahrung lernen, daß sie nicht nüchtern bleiben können ohne die Hilfe und Sorge verständnisvoller Mitmenschen, wie etwa der anonymen Alkoholiker, brauchen Befreite zumeist das Gebet und den menschlichen *Halt einer Gemeinschaft.* Der Mangel an solchen Lebensgemeinschaften in allen Kirchen ist eine echte Tragödie. Oft weiß ich einfach nicht wohin mit Menschen, die ohne eine solche Gemeinschaft nicht auskommen. Die wenigen Kommunitäten, die Leute auf der Suche nach Halt in ihre „Haushalte" aufnehmen, haben davon schon mehr als sie in geeigneter Weise betreuen können.

ABSCHLIESSENDE ERWÄGUNGEN

Von allen Bereichen der Heilung wird mit der Befreiung vom Bösen am leichtesten Mißbrauch getrieben und es entstehen dabei auch die meisten Probleme. Ich erachte es als unbedingt notwendig, daß mehr geeignete Menschen sich intensiver damit beschäftigen. Nirgends ist Unterscheidung der Geister und Vorsicht so am Platze wie beim Gebet um Befreiung. Nirgendwo aber trifft man mehr Mangel an Wissen und Erfahrung, besonders unter den Geistlichen, die doch die gegebenen Kandidaten für diesen kirchlichen Dienst sind.

Hier kann auch das Gebet um Reue und seelische Heilung am Platz sein. So können z. B. Depressionen natürlich begründet sein, etwa in Kindheitserlebnissen. Auch hier kann das Gebet ein wichtiger Dienst der Heilung sein.

Jenen, die niemals mit Austreibung in Berührung kamen, mag einiges in diesem Kapitel problematisch, wenn nicht mittelalterlich erscheinen. Aber noch einmal: Erst selbst erleben, dann mitreden und urteilen. Bücher und Artikel über dieses Thema sind meist hundert Prozent dafür oder hundert Prozent dagegen. Abschließend möchte ich deswegen einfach die Wirkung vom Gebet um Befreiung bei einem Priester mitteilen. Er schreibt über seine Erfahrung: „So viele wunderbare Dinge sind geschehen, seit der Herr mich befreit hat. Ich muß Ihnen das einfach mitteilen. Zunächst und zuerst ist mein Glaube an die kraftvolle Liebe des Herrn ganz enorm gewachsen. Die Sicherheit, mit der ich seine Gegenwart im Gebet allein, mit anderen und während der Eucharistie erfahre, erstaunt mich selbst. Bete ich mit anderen um Heilung oder Befreiung, bin ich seiner Gegenwart und seiner Hilfsbereitschaft ebenfalls absolut sicher. Ich bete übrigens immer häufiger um Befreiung und erlebe, wie auch mir das hilft. Mit dem Gebet für jeden einzelnen Kranken (es waren acht in den vergangenen 14 Tagen) wuchsen mein Glauben und meine Liebe zum Herrn. Daß ich heute um Befreiung bete, hat mich zunächst selbst verblüfft. Und dennoch sagt mir irgend etwas, ich hätte immer gewußt, daß ich dafür zum Priester geweiht worden bin ... Ich habe noch niemanden befreit, dessen Reaktionen so gewalttätig waren wie meine. Einem jungen Mann konnte ich in einer zweistündigen Sitzung helfen, die alle vier Gebetsformen zusammen erforderte. Am meisten verwundert mich die anhaltende Wirkung meiner eigenen Befreiung. Überschaue ich die Liste der ausgetriebenen Dämonen, kann ich mit Dankbarkeit feststellen, daß kein einziger mehr Gewalt über mich hat. Ich sehe mein Leben heute anders: Ich fühle mich nicht mehr ausgestoßen wegen meiner Probleme. Ich bin auch nicht mehr von Zweifeln, Ängsten, Unzulänglichkeitsgefühlen und sinnlicher Begierde geplagt. Natürlich bin ich auch heute noch in all den Bereichen, in denen ich befreit wurde, versucht. Aber wie wunderbar, menschliche Versuchungen zu haben und keine dämonischen mehr! Den menschlichen ist so unendlich viel leichter zu widerstehen ... Ich konnte mir nie vorstellen, daß ein Christ, der wirklich frei ist, sein Leben Christus derart vollständig übergeben kann ... Mein Leben ist von einer nie gekannten Freude erfüllt. Sie gibt mir gleichzeitig Frieden und den Schwung, anderen in Liebe zu dienen."

16. Kapitel

EINE FALL-STUDIE

Im November 1972 und im Februar 1973 gab unser Team Exerzitien in Bogota und Cali (Kolumbien). Während dieser Exerzitien wurde Frau Flor de Maria Ospina de Malina mehrfach geheilt. Ihre Heilung erscheint aufschlußreich für die in den vorigen Kapiteln beschriebenen vier Grundarten der Heilung sowie deren Komplexität und innere Verwobenheit.

So wurde zum Beispiel Flors Tochter nicht körperlich geheilt, bevor ihre Mutter nicht seelisch geheilt war. Das wiederum geschah erst einige Monate, nachdem wir zum ersten Mal um Heilung der Tochter gebetet hatten. Weiter wurde Flor zum Zeitpunkt ihrer seelischen Heilung zusätzlich auch von Dämonen befreit. Jede Bedrängnis durch böse Geister (Ressentiments) wich von ihr, als sie bereute, vergeben konnte und seelisch geheilt war. Flors Geschichte zeigt, daß Heilung Zeit brauchen kann und sich in verschiedenen Etappen vollzieht. Am 18. Februar 1973 gab sie in der katholischen Kirche San Juan Battista in Cali (Kolumbien) das folgende Zeugnis:

„Im Oktober 1972 wurde ich von Padre Guillermo zu einer Studientagung über die Charismatische Erneuerung eingeladen. Ich nahm an allen Vorträgen teil. Sie gaben mir viel. Später fuhren wir zu Exerzitien von P. Francis MacNutt, S. Jeanne Hill und Frau Ruth Stapleton nach Bogota. Dort erlebten wir als Einführung in die Erneuerung etwas wirklich Großartiges: ein vertieftes Leben im Heiligen Geist. Nach der Einführung in das Gebet um seelische Heilung durch Frau Stapleton am zweiten Tag sprach ich P. MacNutt in der Halle an und bat ihn, für meine Kinder und mich zu beten. Er legte mir die Hände auf den Kopf und forderte mich auf, mitzubeten. An diesem Tag redete ich zum ersten Mal in Zungen. Nicht dafür hatte ich gebetet, sondern ihrem Wunsch entsprechend für ihre Kinder. Auch hier erhörte Gott unser Gebet auf besonders schöne, geheimnisvolle Weise. Ich weinte vor Freude. Ein junger Mann erlebte das mit, umarmte und küßte mich und sagte: ‚Der Herr war mit Ihnen.'

Vier Monate später hörte ich, daß Pater Francis nach Cali (Kolumbien) kommen würde. Ich dachte an Bogota und alles, was ich von ihm gelernt hatte. Ich bat Gott, daß er mich keinen der Vorträge in meiner Pfarrkirche und bei den Presbyterianern versäumen ließe. Von Montag bis Freitag war ich jeden Morgen dort. Am ersten Tag nahm ich meine kranke Tochter Maria Fernanda mit und bat Pater Francis, für sie zu beten. Auch meine beiden Halbschwestern waren dabei. Am vorletzten Tag, also Donnerstag, betete Pater Francis um seelische Heilung. In sein Gebet schloß er alle unerwünschten Kinder ein und all jene, denen es im Leben an Liebe gefehlt hatte. Er forderte uns auf, zurückzudenken bis in unsere früheste Kindheit und für unsere Eltern zu beten, falls sie uns nicht in Liebe zur Welt gebracht hätten. In diesem Augenblick spürte ich einen fürchterlichen inneren Krampf und ein Verlangen zu weinen: Ich war ein unerwünschtes Kind. Ich bat Gott, mir die notwendige Ruhe zu geben; schließlich war ich mit meinen Halbschwestern zusammen, Kindern aus der zweiten Ehe meiner Mutter. Vermutlich konnten sie nicht verstehen, wie mir geschah. Ich hatte nur das eine Verlangen, herauszuschreien, daß ich ein unerwünschtes Kind bin. Seit meiner frühesten Kindheit war ich voller Rachegeist. Es schien mir, als hörte ich die Worte meiner Mutter, als ich zu denken und verstehen begann. Sie sagte: Du und dein Bruder seid Kinder aus erster Ehe. Ich weiß nicht, warum das Schicksal mich mit dieser Ehe schlug. Ihr seid die Schatten dieses Kreuzes, ihr seid die lebende Hinterlassenschaft dieses fürchterlichen Teils meines Lebens.

Ich war noch klein, ich verstand also nicht, worum es ging. Mein Bruder lebte niemals mit uns, er war immer bei der Mutter meines Vaters. Ich schämte mich plötzlich für meinen Bruder, seit seinem zweiten Lebensjahr litt er unter Asthma. Ich weiß noch, wie meine Mutter meinen Vater heiratete. Sie war noch sehr jung. Meine Mutter sprach von meinem Vater voller Zorn. Sie sagte, mein Vater hätte viele schlechte Gewohnheiten und kein Verantwortungsbewußtsein. Sie heirateten sehr früh, vielleicht ohne sich zu lieben. Meine Mutter war ein Waisenkind, vielleicht sah sie in dieser Ehe eine Chance fürs Leben. Das erste Kind, mein ältester Bruder, starb nach 40 Tagen. Dann kam mein anderer Bruder zur Welt, aber wir wuchsen nicht zusammen auf. Bei meiner Geburt lebten meine Eltern schon getrennt, sie hatten sich nie verstanden. Ich fragte meine Mutter später, ob nach meiner Geburt mein Vater zu Besuch kam. Sie sagte ja. Er wäre gekommen, weil sie ihn eingeladen hätte. Er hätte mich sehr lieb gehabt. Später verbot ihm Mutter das Haus, sie wollte nicht mehr mit ihm leben.

Als ich ein Jahr alt war, starb mein Vater mit 28 Jahren durch Gewehrschüsse in den Unterleib. Das war während der Gewalttätigkeiten in La Cumbre, Valle, dem kolumbianischen Bürgerkrieg. Seine Gedärme quollen über den Bürgersteig der kleinen Stadt. Meine Mutter berichtete mir, der Tod meines Vaters hätte sie äußerst glücklich gemacht. Sie sagte, für einen solchen Ehemann wäre es sicher richtig, tot zu sein. Von da an gab es ein juristisches Tauziehen um die Kinder. Mein Bruder mußte schließlich bei meiner Großmutter väterlicherseits bleiben, meine Mutter forderte und erhielt mich.

Donnerstag morgen erlebte ich meine Kindheit noch einmal: Ich wurde ohne Vater groß. Alles, was ich von ihm wußte, war schlimm. Ich hatte ein verzerrtes und erschreckendes Bild von ihm. Ich erinnerte mich auch an das, was meine Mutter mir sagte, als ich dreizehn war. In einem Streit rief ich, sie solle ihn wenigstens nach seinem Tod respektieren, ich hätte ihr ja nicht befohlen, ihn zu heiraten, *sie* hätte ihn ja wohl selbst gewählt. Mutter antwortete, ihre Ehe sei ein einziges Mißgeschick gewesen, ein absolut unbegreifliches Schicksal, sie hätte diese Ehe nie gewünscht. Immer, wenn ich Mutter um etwas bat, antwortete sie: ‚Dein Vater hat dir nichts hinterlassen! Also was willst du von mir?‘

Zu dieser Zeit begannen auch die Schwierigkeiten mit meinem Stiefvater. Ich war noch ein Kind, als er mir plötzlich sagte, er begehre mich; Mutter war nicht zu Hause. Wenn ich ihm nicht gefügig sei, müsse ich aus dem Haus — oder aber er würde gehen. Zum Glück bin ich Gott sehr nahe gewesen und

Gott war mit mir. Als Mutter am Abend heimkam, erzählte ich ihr, was mein Stiefvater von mir gewollt habe. Von diesem Tag an überschütteten mich Mutter und Stiefvater beide mit Haß. Ich war ständig mit der schlimmsten Demütigung konfrontiert, denn mein Stiefvater bestand weiterhin darauf, daß er mich liebe und begehre.

Mit 16 Jahren lief ich fort, ich fühlte mich zu Hause nicht mehr sicher. Meine Mutter konnte mir nicht helfen, sie hatte fünf kleine Kinder aus zweiter Ehe. Ich sagte ihr, daß ich in diesem Hause voller Haß und Bosheit nicht länger leben könne. Ich ging als Dienstmädchen in eine andere Familie. Innerhalb von zwei Monaten begegnete ich meinem künftigen Mann und nach vier Monaten waren wir verheiratet – ebenfalls eine Muß-Ehe! Ich hatte diese Ehe mit einem zehn Jahre älteren Mann niemals gewünscht, ich kam mir ihm gegenüber vor wie ein Kind. Dennoch versprach ich mir selbst, eine gute Ehefrau und Hausfrau zu sein. Ich habe dieses Versprechen immer gehalten. Inzwischen bin ich zehn Jahre verheiratet und habe drei Kinder. Donnerstag morgen erlebte ich wie gesagt all das noch einmal: Die ganze grauenhafte Kindheit und das frühe Erwachsensein. Glücklich war ich nie. Ich hätte weinen mögen. Ich fühlte mich wie auf die Folter gespannt und fürchterlich verkrampft. Ich bat Gott, mir zu helfen. Schließlich saß ich zwischen beiden Halbschwestern, die von meinen Schwierigkeiten mit ihrem Vater vermutlich nie etwas mitbekommen hatten.

Als meine Halbschwestern Kaffee trinken gingen, blieb ich in der Kirche sitzen. Ich mußte einfach mit jemand sprechen. Padre Guillermo von meiner Pfarrei war gerade in der Kirche und betete. Ich erzählte ihm alles. Ich litt nicht nur für mich, sondern auch für meinen Bruder. Alles, was in mir vorging, mußte auch meinen Bruder bewegen. Erst vor kurzem kam mein Bruder und fragte nach ‚dieser Frau‘, die er so gründlich haßte. Auch das erzählte ich Padre Guillermo, daß mein Bruder unsere Mutter haßte. Meine schwerste Verletzung, so wurde mir plötzlich klar, war meines Bruders Haß auf meine Mutter.

Mein Bruder kennt Gott nicht, wie mir geschenkt wurde, Gott zu kennen. Ich bat Padre Guillermo, für meinen Bruder zu beten. Aber auch ich bedurfte der seelischen Heilung. Ich ersehnte sie heftig, ich fühlte mich gequält und verwirrt. Vor allem aber hatte ich Gewissensbisse, daß ich niemals für meinen Vater gebetet hatte, den ich gar nicht kannte. Für meine Mutter hatte ich auch nicht gebetet. Zum ersten Mal in meinem Leben kniete ich nieder und betete für meinen Vater und meine Mutter. Ich bat Gott, das grauenhafte Bild auszulöschen, das ich mit mir herumtrug. Ich war innerlich nicht rein. Es wurde mir auch bewußt, daß ich nicht frei war. Irgend etwas hinderte mich daran, ganz frei zu sein für Gott. Aus den Vorträgen von Pater Francis wurde mir klar, daß das noch nicht alles war. Ich forschte also weiter in meinem Leben.

Freitag morgen teilte Pater Francis die Gruppe auf. Ich ging in die Krypta zum Gebet um seelische Heilung. Dort bildeten wir einen Kreis, die anderen beteten außerhalb des Kreises mit. Ich spürte die Gegenwart Gottes, als Pater Francis mir die Hände auf den Kopf legte und um meine seelische Heilung betete. Vielleicht können andere besser bezeugen als ich, was in diesem Augenblick mit mir geschah. Es wurde später gesagt, *irgend etwas verließ mich.* Von diesem Augenblick an fühlte ich mich wie elektrisiert. Ich begann zu zittern. Marlene Bundy, die neben mir saß, begann auch zu zittern. Es schien, als durchflute mich ein elektrischer Strom, als wäre es die Gnade Gottes, als wäre es eine innere Läuterung. Wir hatten das Gefühl, Gott selbst wäre auf uns herabgekommen. Gott handelte mit Macht. Ich blieb ganz in mich versenkt. Zum ersten Mal fühlte ich mich in *Frieden.* Ich hatte total vergeben und mir war vergeben worden: Für alles, was ich getan hatte, für alles, was ich verborgen gehalten hatte und so lange mit mir herumgetragen. Als ich wieder zu mir kam, so kann ich es ruhig nennen, fühlte ich mich wunderbar. Vor mir standen Pastor Jose Fajardo von der Presbyterianer-Kirche und Pater Francis. Pastor Fajardo weinte heftig. Er sagte: ‚Flor, vielleicht sind Sie für etwas Großes erwählt. Wollen wir Gott danken für Sie. Mit Ihrem Zeugnis werden Sie noch vielen helfen.‘

Danach setzten wir uns, um uns ein bißchen auszuruhen. Ich dachte an meine drei Kinder, vor allem an Maria Fernanda, fünf von ihren sechs Lebensjahren litt sie an offenen Ekzemen.

Alles hatte ich versucht: Ärzte, Fachärzte, Wallfahrten. Zum Glück war ich nie zu Spiritisten oder Medizinmännern gegangen. Ich fragte Pater Francis, wie ich für mein krankes Kind beten sollte: Ich brachte Ihnen meine Tochter Montag, erinnerte ich ihn. Sie haben für sie gebetet. Jetzt lehren Sie mich, wie ich selbst für sie beten kann. Es geht ihr noch nicht viel besser. Pater Francis antwortete mir: Oft sind Krankheiten von Kindern nicht Schuld der Kinder, sondern hängen von den Eltern ab. Sie litten unter etwas, das Gott jetzt geheilt hat. Ich glaube, weil Sie vergeben konnten und von Gott geheilt wurden, wird Ihr Kind auch geheilt werden. — Dies war wie gesagt am Freitag. Samstag ging es meiner Tochter etwas besser. Heute, an jenem Sonntag, an dem ich hier in der Kirche San Juan Battista von all dem Zeugnis ablege, sind die Hände meiner Tochter Fernanda trocken. Sie eitern nicht mehr und weisen keinerlei Infektion mehr auf. Preis dem Herrn!"

Vierter Teil

17. Kapitel

ERKENNTNIS DES GRUNDÜBELS

Wir haben gesehen, wie notwendig die Gabe der Unterscheidung für jede Heilungsart ist. Seelische und körperliche Erkrankungen hängen oft derart eng miteinander zusammen, daß wir Gottes Erleuchtung brauchen, in komplexen menschlichen Existenzen klarzusehen. Gott ist ein Geheimnis. Der Mensch aber ist ebenfalls ein Geheimnis.

In dem folgenden Bericht[1] von Pastor Tommy Tyson ergänzen sich einige zur Erkenntnis des Grundübels bereits früher erwähnte Elemente: Unterscheidung der Geister durch Hören auf Gott; Notwendigkeit der Buße, wo es um Vergebung geht; seelische Heilung als Voraussetzung körperlicher Heilung.

Die Gabe der Unterscheidung der Geister ermöglicht uns die innere Erkenntnis, mit welchen geistigen Wirklichkeiten ein Mensch am meisten zu schaffen hat. Zuweilen geschieht das durch eine Vision, ein anderes Mal durch ein Wort der Erkenntnis. Mir geschah das zum ersten Mal an einem Abend während einer Predigt-Mission im Süden. Der Pastor war mit mir über Land gefahren, bis wir auf einen kleinen Hügel kamen, von dem man auf einen Bauernhof sah. Der Pastor sagte: „Tommy, ich glaube, jetzt weiß ich, warum wir gerade hierher gekommen sind; nicht nur der schönen Aussicht wegen! Da unten wohnen Leute, die ich ganz vergessen hatte. Wir sollten sie besuchen gehn!"

Wir gingen also hinunter zu dem schönen Bauernhaus. Auf der Terrasse saßen ein Mann und eine Frau, beide etwa Mitte sechzig. Sie hießen Mae und Nelson. Mae saß in einem Rollstuhl, ihr rechter Arm war gegen die gelähmte Seite gelehnt.

[1] In einer Ansprache von Methodisten-Prediger Tommy Tyson vor der Jahrestagung der Christlichen Prediger-Konferenz, Toronto, 1968.

Nelson saß bei der Tür, der Pastor und ich setzten uns ihnen gegenüber. Ich begann zu beten und wurde ganz erfüllt von der Liebe Gottes. Ich höre nie mit beiden Ohren zu, immer nur mit einem, und nicht mit dem besten. Während ich mit einem Ohr zuhöre, lasse ich mir in das andere vom Himmel sagen, was mein Gegenüber eigentlich meint.

Der Herr erfüllte mich also mit seiner Liebe. So eine Kraft spürt man, nicht wahr? Ich sagte zu Mae: „Mae, irgend etwas geht hier vor. Der Herr erfüllt mich mit Liebe zu Ihnen. Ich weiß, ich soll etwas für Sie tun." Sie murmelte etwas zwischen den Zähnen. Sie war wie gesagt gelähmt. Plötzlich hatte ich mehrere Bilder vor mir. Ich sagte: „Mae, wenn das vom Herrn kommt, dann werden Sie es merken – und wenn es nicht vom Herrn kommt, werde ich es merken."

Ich habe herausgefunden, daß man bei dieser Art innerer Erkenntnis es sich leisten kann, außerordentlich behutsam vorzugehen: Man braucht den Leuten nicht sofort zu sagen, daß der Herr einem etwas für sie zeigt. Das würde sie nur erschrecken. Viele Leute bekommen es mit der Angst zu tun, wenn man ihnen sagt, Gott hätte einem etwas gezeigt. Man sagt besser: „Ich habe da so eine Idee" oder: „Das scheint mir vom Herrn zu kommen" oder einfach: „Darf ich Ihnen mal etwas sagen?" Das ist für den anderen hilfreicher, als ihm auf den Kopf zuzusagen, was man weiß. Das innere Wissen berechtigt uns noch nicht, es sofort weiterzugeben, nicht wahr?

Ich sah also das folgende Bild: Ein schönes Haus in einem kleinen Dorf mit einer Trauerweide im Hof. Ich beschrieb es Mae. „In diesem Hause bin ich aufgewachsen", sagte sie. Ich sah sie als junges Mädchen mit einem Pferdewagen mit einem jungen Mann auf und davon gehen – es war so ein flüchtiges Bild. Ich sagte: „Mae, ich nehme an, Nelson kam ins Dorf. Ihre Familie aber wollte nichts von ihm wissen. So sind Sie fort von zu Hause und auf und davon mit ihm." – „Stimmt", sagte sie. Nun sah ich sie ins Orgelspiel vertieft. Ich interpretierte das so: „Sie waren von Ihrer Ehe enttäuscht. Sie merkten langsam, aber sicher, daß Ihre Familie recht gehabt hatte. Anstatt die Familie aufzugeben, gaben Sie sich selbst in der Musik auf. Die enttäuschende Ehe suchten Sie durch die Liebe zur Musik zu kompensieren."

Sie weinte: „Ja, das stimmt.“ Danach sah ich nur noch ein gewaltiges Hindernis. „Vielleicht will der Herr, daß *Sie* mir sagen, was das bedeuten soll? Oder vielleicht sollen wir einfach abwarten.“ Mae nickte ihrem Mann zu: „Sag du es.“ Nelson sagte: „Ich vermute, was Sie in diesem Hindernis sehen, ist das, was unten in der Kirche geschah . . . Was Sie bis jetzt gesagt haben, stimmt genau. Damals in der Kirche hatte eine Frau mit einer sehr großen Familie einen heftigen Streit mit Mae. Die Frau sagte schließlich zu Mae: ‚Entweder Sie verlassen auf der Stelle die Kirche, oder ich gehe mit meiner ganzen Familie!‘ Weil wir nur zu zweit waren, sind Mae und ich einfach gegangen.“ Ich fragte Mae: „Wann wurden Sie gelähmt?“ „Etwa drei Monate später“, sagte sie. Und ich antwortete: „Wo ist Ihre Freundeshand? Wo ist Ihre Vergebung, Mae?“

Da hatten wir es. Das war ihr Problem! Ich meine damit nicht, jede Lähmung käme von mangelnder Bereitschaft zur Vergebung. Es scheint mir sogar gefährlich, bestimmte Krankheiten auf bestimmte seelische Ursachen zurückzuführen, solange man sich seiner Sache nicht absolut sicher ist. Geht man nicht sehr behutsam vor, kann man Menschen in eine Art Bann und in erhebliche Schuldgefühle versetzen. In Maes Fall aber war ihr Körper eindeutig das Sakrament ihrer Seele; was ihrer Seele geschehen war, drückte sich durch ihren Körper aus. Drei oder vier Jahre dauerte das nun schon. Ich sagte ihr, was ich dachte.

Nelson sah mich an und sagte: „Eines hat Gott Ihnen nicht gezeigt, was Sie vielleicht wissen sollten. In den drei, vier Jahren, während derer Mae gelähmt ist, habe ich versucht, ihr wieder näher zu kommen, heute sind wir verliebt wie am Anfang. Gott kann unsere Leiden brauchen, wie er will, nicht wahr?“ Ich sagte zu Mae: „Sind Sie bereit, zu vergeben und sich von all dem befreien zu lassen?“ — „Natürlich will ich das.“ Sie bekannte ihre Sünden, ich hörte ihre Beichte, dann legte ich ihr die Hände auf: „Mae, im Licht von Gottes Wort sind Sie von aller Sünde frei. Sie sind reingewaschen im Blute Jesu Christi.“

Mae strahlte. Alle waren voller Freude. Als ich die Terrasse schon verlassen wollte, drehte ich mich noch einmal um und sagte: „Mae, lassen Sie mich der erste sein, der Ihnen die Freundeshand reicht." Ich streckte ihr die Hand hin – und sie streckte mir die ihre, die gelähmt gewesen war, entgegen. Dann halfen wir ihr, Schritt für Schritt von neuem gehen zu lernen.

18. Kapitel

GRÜNDE, AUS DENEN MENSCHEN NICHT GEHEILT WERDEN

Wir müssen nicht nur zu verstehen suchen, warum Menschen geheilt werden, sondern auch, warum sie nicht geheilt werden. Erst dann werden wir erfahren, welcher Art Glauben es bedarf, um Heilung zu beten. Die richtigste Grundhaltung scheint mir, es sei *Gottes normativer Wille, alle Menschen zu heilen, soweit dem nichts entgegensteht.* Einigen wenigen Menschen gibt Gott die besondere „Gabe des Glaubens"; sie wissen, daß bestimmte Menschen, für die sie beten, tatsächlich geheilt werden. Wir anderen müssen an die heilende Kraft Gottes glauben und im Vertrauen darauf um Heilung beten. Gleichzeitig aber müssen wir zu der Einsicht bereit sein, daß Gebetsheilung ein Geheimnis ist, daß der Kranke also geheilt werden kann oder nicht. Dabei sollten wir es uns nicht zu einfach machen. Wir sollten uns auch der Gründe bewußt werden, aus denen Menschen *nicht* geheilt werden. Während meiner Tätigkeit habe ich mindestens elf solcher Gründe gefunden. Ich kann mir aber vorstellen, daß wir noch weitere kennenlernen werden.

1. MANGEL AN GLAUBEN

Als die Jünger den besessenen Knaben nicht heilen konnten, zürnte ihnen Jesus wegen ihres mangelnden Glaubens (Mt 17, 14—20). Ich meine, das ist auch heute noch ein Grund dafür, daß in unseren Kirchen nicht mehr Heilungen geschehen. Jeder Heilung, die mehr ist als ein naturwissenschaftlich oder psychologisch erklärbarer Vorgang, begegnet man allgemein mit Skepsis.

Und selbst jene, die schon an Heilung glauben, bedürfen noch immer des Wachstums im Glauben. Ich glaube heute mehr als noch vor einigen Jahren. Das gilt sogar für eine Berühmtheit wie Kathryn Kuhlman. In ihren Heilungsgottesdiensten werden heute bedeutend mehr Menschen geheilt als zu Beginn ihrer Tätigkeit. Wir müssen ständig im Glauben wachsen, damit Gott uns in immer stärkerem Maße brauchen kann.

2. ERLÖSENDES LEIDEN

Körperliche Heilung stellt in sich selbst nicht den höchsten Wert dar. Zuweilen gebraucht Gott Krankheit für einen noch höheren Zweck. Durch die ganze Geschichte hindurch hat Gott Heilige zu erlösendem Leiden in Gemeinschaft mit dem Kreuz Christi berufen. Ist aber jemand berufen, um Gottes willen zu leiden, oder um einen Lernprozeß durchzumachen, oder aber gezüchtigt zu werden, so sollte er nicht um Heilung beten.

1969 hielt Agnes Sanford im Trappistenkloster Dubuque, Iowa, Vorträge über Heilung. Eine Epidemie asiatischer Grippe hatte die Mönche heimgesucht. Am zweiten Tage ihres Seminars erkrankte auch Agnes Sanford, die bekannte Heilungs-Spezialistin. Sie mußte ins Franziskanerinnen-Krankenhaus. Ihre Krankheit schien jedoch einem höheren Zweck zu dienen. Sie gab ihr Gelegenheit, mit vielen Nonnen und Krankenschwestern zu sprechen und schließlich bei den Franziskanerinnen ein Seminar abzuhalten, das diese für vorzügliche Krankenpflege bekannte Kongregation nachhaltig beeinflußte.

Im übrigen kennt auch der heilige Paulus diesen möglichen höheren Zweck der Krankheit: „Ihr wißt, daß ich euch *bei leiblicher Schwachheit die Heilsbotschaft erstmals verkündete*, und welche Versuchung ich in meinem armseligen Zustand für euch darstellte, aber ihr habt mich deshalb nicht verachtet noch verschmäht“ (Gal 4,13–14).

3. DEM LEIDEN FALSCHEN WERT BEIMESSEN

Leiden kann erlösend sein und einem höheren Zweck dienen. In den meisten Fällen aber scheint es wenig erlösenden Wert zu haben, soweit wir dies sagen können. Schon manchmal sollte ich für Menschen beten, die nicht wirklich von ihrem

Leiden loskommen wollten. Ihre Krankheit schien mir zerstörerisch und durchaus kein Segen von Gott. Sie aber schienen durch ihre Erziehung derart geprägt, daß sie sich schuldig fühlten, Gott um Befreiung zu bitten. Ist jemand deprimiert oder bedrückt von zuviel Leiden, so kann man ziemlich sicher sein, seine Krankheit ist kein Segen Gottes. Dennoch sollten wir mit niemand gegen seinen Willen beten. Denn selbst wenn ihn jemand zum Beten überredet, bleibt oft ein starker, unbewußter Widerstand zurück, der die Heilung verunmöglicht.

4. SÜNDE

Ist Sünde mit körperlichen Gebrechen verbunden (vgl. Kap. 12), so ist Heilung unwahrscheinlich, bevor die Sünde bereut und vergeben ist. Während Exerzitien beteten wir für eine Schwester, die unter einer wahrhaft verheerenden Krankheit litt. Nichts geschah. Die ganze Gemeinschaft betete weiter, voller Erwartung, daß etwas geschehe. Plötzlich hatte jemand den Eindruck, die Krankheit hänge mit einem Autoritäts-Komplex und einer Anzahl haßerfüllter Beziehungen zusammen. Die Schwester bestätigte das, bat um Vergebung für ihren Ingrimm und wurde auf der Stelle geheilt.

5. NICHT PRÄZIS GENUG BETEN

Besonders beim Gebet um seelische Heilung scheint es wesentlich, zum Wurzelgrund psychischer Leiden vorzustoßen, zur ursprünglichen Verletzung. Mehrmals schon habe ich um seelische Heilung gebetet, wußte, daß ich für das richtige Problem bete und dennoch geschah nichts. Erst als wir weiter nachforschten, an die Wurzel des Übels gelangten und Jesus baten, in diesen Moment des Lebens einzutreten und ihn zu heilen, konnte die Heilung geschehen. Warum kann Gott nicht unser allgemeines Gebet erhören? Ich weiß, er kann es und er tut es. Warum müssen wir manchmal trotzdem alle Wurzeln einzeln ausgraben? Aus meiner und anderer Erfahrung weiß ich einfach, daß einige Menschen nicht geheilt werden, solange man nicht das ursprüngliche Trauma anspricht.

In Peru betete ich einmal für eine Frau mit einem ziemlich gewöhnlichen Problem: Ihr Leben erschien ihr im ganzen grau und trüb. Diese Langeweile hatte nichts mit ihrer Arbeit zu tun. Sie war Missionarin und liebte ihre Aufgabe. Sie wußte, daß sie seelischer Heilung bedurfte, weil Christen nun einmal mit überströmender Freude und Lebenslust erfüllt sein sollten. Freude aber kann man nicht spielen. Sie sprach ausführlich über alles im Leben, was sie traurig gemacht hatte. Nichts schien dramatisch, alles schien normal. Irgendwo zeigte sich eine echte Krise. Gewöhnlich macht beim Zuhören etwas „Klick", wenn man an das Schlüsselproblem rührt. Man spürt eine Art „Aha! Da haben wir's!", aber nichts dergleichen geschah. Wir beteten nach Kräften um die Heilung sämtlicher verletzender Ereignisse, die ihr in den Sinn kamen. Auch nach diesem Gebet trat keine Wandlung ein. Nichts war da von jenem inneren Frieden, jener Freude und geistigen Beschwingtheit, die für uns zu sicheren Anzeichen seelischer Heilung geworden sind.

Am nächsten Tag kam sie wieder und gestand, es habe sich noch immer nicht geändert. Barbara Shlemon und ich fragten sie, ob ihr noch etwas eingefallen wäre, wofür wir beten sollten; oft wird aus falscher Scham das Wichtigste verschwiegen. Sie konnte sich auf nichts Wesentliches besinnen. Also baten wir den Herrn, *er* möge uns erleuchten. Im Gebet sah Barbara Shlemon das Bild eines zehnjährigen Mädchens mit einem Hund auf dem Arm. Barbara sagte: „Das schaut nicht gerade sinnvoll aus, aber ich will Ihnen sagen, was ich sehe ..." Durch das Bild kam ihr etwas in den Sinn, das sie total vergessen hatte: Als zehnjähriges Mädchen war ihr bester Freund ihr Hund. Der Hund war schon alt und die Eltern nahmen ihn ihr fort, um ihn „von seinem Elend zu befreien". Als Erwachsene war ihr das entfallen, schließlich pflegt das Schicksal von alten Hunden so zu sein. Als Kind aber erlebte sie es, als hätten ihr die Eltern, also die Menschen, denen sie am meisten vertraute, den besten Freund genommen und getötet. Wird man derart verletzt, wenn man einen Freund hat und anderen vertraut, so liebt oder vertraut man später niemand mehr. Schon als junges Mädchen also hatte sie dem Leben den Rücken gekehrt, um nie wieder verletzt zu werden.

Dadurch aber konnte sie sich nie wieder am Leben freuen. Ihr Verteidigungsreflex hinderte sie, die Freuden und Leiden des Lebens in sich aufzunehmen. So beteten wir also für das, was dem zehnjährigen Mädchen geschehen war. Am nächsten Tag erhielt ich den folgenden Zettel: „Das Leben strömt! Freude! Ich möchte weinen vor Freude! Zum erstenmal möchte ich weinen vor Freude! Mein Leben findet sich wieder zusammen."

Warum Gott von uns Gebete fordert, durch die zunächst das Grundübel bewußt werden muß, bevor er es heilen kann, bleibt ein Geheimnis. Vielleicht respektiert Gott den *natürlichen* Vorgang psychischer Heilung, bei dem im Unbewußten verborgene oder verdrängte Geschehnisse zunächst ans Licht des Bewußtseins gebracht werden müssen, um dann geheilt zu werden. Es ist sein übernatürliches Licht, das in die Finsternis leuchtet, um das Unbewußte bewußt werden zu lassen: Das Übernatürliche bestärkt und beschleunigt den natürlichen Vorgang psychischer Heilung.

Sicher wäre es falsch gewesen, hätten wir jener Frau nach dem ersten Gebet gesagt, wir hätten im Glauben für sie gebetet und nun wäre sie geheilt! Nach unserem ersten Gebet war sie durchaus nicht geheilt. Erst nachdem der Heilige Geist uns die spezifische Wunde gezeigt hatte, die des Gebets bedurfte, geschah die Heilung.

Der Krankheit nicht auf den Grund zu kommen, kann auch dazu beitragen, daß Menschen ihre Heilung nicht durchhalten. Die meisten Evangelisten lehren, daß Menschen, die schon geheilt waren, aber später wieder erkranken, zu wenig glauben, um ihre Heilung durchzuhalten. Das ist sicher ein möglicher Grund. Aber ein weiterer Grund für solches Versagen liegt nicht beim Kranken, sondern beim Betenden, der nur um die Heilung von Symptomen gebetet hat. Infolge von Gebet können Symptome vorübergehend abklingen, weil aber die Ursache nicht erkannt wurde, wurden die Symptome später wieder kräftiger. Wir sollten also andere nicht voreilig mangelnden Glaubens bezichtigen. „Der Fehler, lieber Brutus, liegt nicht in den Sternen, sondern in unserer schwachen Brust." (Shakespeare, Julius Caesar)

6. FEHLERHAFTE DIAGNOSE

Wie in der Medizin falsche Diagnosen gestellt und falsche Medikamente und Behandlungen verordnet werden, so können auch dem Betenden, der die Gabe der Unterscheidung nicht hat, Fehler unterlaufen. Die häufigsten Fehlerquellen sind meiner Erfahrung nach:

a) Um *körperliche* Heilung zu beten, wenn es in erster Linie um *seelische* Heilung geht.

b) Um *Befreiung* zu beten, wenn *seelische* Heilung ansteht.

c) Um *seelische* Heilung zu beten, wenn es sich um Dämonisches handelt.

Unser Team betete einmal in Peru für eine junge Frau um seelische Heilung wegen einer Depression. Sie hatte ihren Vater nicht gekannt und in ihrer Kindheit eine Reihe traumatischer sexueller Erlebnisse gehabt. Seelische Heilung schien also indiziert. Nach dem Gebet blieb sie jedoch ebenso deprimiert wie vorher. Weiteres Nachforschen ergab, daß ihre Mutter einen Medizinmann gerufen hatte, sie von einer Bauch-Infektion zu heilen. Dieser Medizinmann hatte über sie gebetet und ihr einen Trunk gereicht, sie war in einer Art Trance zu Boden gefallen und danach geheilt. Daraus erkannten wir, daß Gebet um Befreiung angezeigt war. Das aber hatten wir versäumt. Durch das Gebet von drei Priestern wurde sie von den bösen Geistern befreit. Erst jetzt konnte die seelische Heilung geschehen, und die Depression wich.

Ein anderes Mal wollte ein Gebetsgruppenleiter das Rauchen aufgeben. Es gelang ihm nicht, trotz Aufbietung aller Willenskraft; die erste Heilungsart: Buße. Freunde beteten also für ihn, daß er die Gewohnheit aufgibt. Andere beteten um Befreiung, da sie es offenbar für einen Zwang hielten. All diese Bemühungen blieben ohne sichtbares Resultat. Er rauchte einfach weiter. Die anderen Gebetsgruppenleiter sagten ihm daraufhin, er habe versäumt, von Gott seine Heilung zu erbitten. Er holte es nach, aber auch das änderte nichts. Einige Monate später hörte er einen Vortrag über seelische Heilung. Plötzlich wurde ihm klar, daß er gewohnheitsmäßig zu rauchen begann, als es ihm Freiheit und Erwachsensein bedeutete. Insbesondere war es für ihn die Freiheit von seinem stark autoritären Vater. Es bedurfte also zuerst und zunächst des Gebets um seelische Heilung – und nicht all jener Arten, um die seine Freunde sich bemüht hatten. Als sie ihm sagten, er wäre geheilt, hatten sie sich schlicht und einfach geirrt. Geheilt werden mußte seine Vater-Beziehung. Gott schien nicht bereit, das Problem an der Oberfläche zu heilen, ihn nur vom Rauchen zu befreien, solange das Grundproblem nicht erkannt war. Gottes Zurückhalten der endgültigen Heilung war also nicht als Strafe anzusehen, sondern eher als Erbarmen. Die schmerzliche Verlegenheit, in Anwesenheit jener Freunde weiter rauchen zu müssen, die für ihn um Befreiung gebetet hatten, hielt ihn dazu an, so lange weiterzuforschen, bis er jene grundlegende Heilung erfuhr, die Gott ihm vorbehalten hatte.

Wie ein guter Arzt müssen wir stets die Ursache zu erkennen suchen, von der bestimmte Symptome nur die Auswirkung sind. Sonst wissen wir einfach nicht, wie wir am besten beten sollen. Oft raten wir an der Diagnose herum. Kein Wunder also, wenn die Menschen nicht immer gleich geheilt werden.

7. DIE WEIGERUNG, MEDIZIN ALS MÖGLICHKEIT GÖTTLICHER HEILUNG ANZUERKENNEN

Wie schon im Vorwort gesagt, bin ich fest überzeugt, daß Ärzte und Medikamente jene Instrumente sind, mit denen Gott gewöhnlich heilt. Die meisten Menschen teilen diese Überzeugung. Es sollte sich also erübrigen, etwas zur Verteidigung der Medizin vorzubringen.

Das Buch Jesus Sirach sagt uns ausdrücklich, nachdem wir gebetet haben, sollen wir uns dem Arzt anvertrauen: „Doch auch dem Arzt gewähre Zutritt, er soll nicht weichen, denn auch er ist nötig. Denn zur gegebenen Zeit liegt der Erfolg bei ihm. Auch er fleht im Gebete ja zu Gott, daß er die Untersuchung gelingen lasse, und auch die Heilung zur Erhaltung eines Lebens“ (38,12–14).

Trotz dieser biblischen Offenbarung, die der gesunde Menschenverstand auch heute noch bestätigen kann, hören wir immer wieder von Heilern, die das Gebet als etwas Übernatürliches gegen die Medizin als etwas Natürliches ausspielen wollen. Im vergangenen Jahr starben mehrere Menschen an Zukkerkrankheit, weil Verwandte oder Heiler sie dazu überredeten, als Zeichen ihres Glaubens auf die Einnahme von Insulin zu verzichten. Solange jemand nicht authentisch von Gott inspiriert wird, sich ausschließlich auf das Gebet zu verlassen und den Arzt nicht weiter zu konsultieren, handelt es sich bei solchen Machenschaften schlicht um die Auswirkungen einer Irrlehre: „An ihren Früchten sollt ihr sie erkennen." Die Wiederentdeckung der Gnadengaben des Heiligen Geistes in unserer Zeit verleitet einige Enthusiasten zu Mißverständnissen und allzu starken Vereinfachungen in bezug auf die Wirkung dieser Gaben. Das gilt leider auch für die Heilungsgabe, wie die Geschichte der *Pfingstbewegung* bezeugt:

„In den ersten Jahren der Bewegung galt es unter den Pfingstlern als Sünde, Medikamente einzunehmen oder zum Arzt zu gehen ... Ein Pfingstprediger, F. M. Britton, verweigerte seinem Sohn ärztliche Hilfe und berichtete später, er sei ohne Drogen gestorben. Einige Jahre später starb auch seine Frau nach der Weigerung, Medizin zu nehmen. Trotz Androhung von Gefängnisstrafen wegen Verweigerung medizinischer Versorgung seiner Familie wich Britton nie von seiner Überzeugung ab ... Für viele Pfingstler der frühen Jahre war dieses Verhalten eher die Regel als die Ausnahme ..."[1]

„Eines der ersten Schismen wegen persönlicher Meinungsverschiedenheiten ereignete sich während der Georgia Conference der Pentecostal Holiness Church im Jahre 1920. Das Ergebnis war die Neugründung der Congregation Holiness Church. Das Schisma wurde ausgelöst durch eine Kontroverse über die Lehre göttlicher Heilung. Zwei Prediger, Watson Sorrow und High Bowling, vertraten eine Meinung, die von der allgemeinen Auffassung der Pfingstkirchen jener Zeit abwich. Sorrow und Bowling lehrten, es wäre keine Sünde, den Heilungsvorgang durch Medikamente zu unterstützen. Eine andere Fraktion unter Führung von F. M. Britton und G. F. Taylor predigte, Buße und Versöhnung wären für körperliche Heilung vollauf genug, Gottes Heilungstätigkeit durch irgendwelche menschlichen Mittel zu ergänzen, wäre daher

[1] Vinson Synon, *The Holiness-Pentecostal Movement in the United States*, 189.

unnötig ... All diese Vorkommnisse gipfelten 1920 in einem Prozeß mit der nachfolgenden Exkommunikation von Sorrow und Bowling."[2]

Immer wieder haben Enthusiasten versucht, Gottes Schöpfung und das Übernatürliche gegeneinander auszuspielen. Diese falsche Alternative fügt leidenden Menschen nur zusätzlichen Schaden zu und begünstigt eine völlig unnötige Kontroverse mit den Naturwissenschaftlern. Letztlich führt sie zur gegenseitigen Verdächtigung von Glauben und Wissenschaft.

8. DIE WEIGERUNG, MIT DER GESUNDHEIT AUF NATÜRLICHE WEISE HAUSZUHALTEN

Die meisten Menschen wissen zwar ihren Arzt zu schätzen, unterlassen es aber, auf natürliche Weise mit der Gesundheit hauszuhalten. Versäumen wir das aber, so brauchen wir uns nicht zu wundern, wenn wir krank werden und alles Beten nichts hilft. Aus eigener Erfahrung weiß ich, daß eine anziehende Erkältung zu Beginn von Exerzitien durch Gebet zu beseitigen ist. Habe ich mich aber überanstrengt und verfüge über etwas freie Zeit, so kann die Erkältung sich normal entwickeln, anstatt durch Gebet geheilt zu werden. Es scheint, als wolle sich der Körper dadurch die nötige Ruhe verschaffen — und als wolle Gott uns sagen: „Lerne haushalten mit Deiner Gesundheit! Nimmst Du Dich nicht auf natürliche Art in acht, so mußt Du nicht erwarten, auf übernatürliche Weise geheilt zu werden. Ich will nur, daß Du lernst, mit Deiner Gesundheit hauszuhalten."

Bei schweren Erkrankungen gilt ähnliches: Liegt einer Krankheit ein natürlicher Faktor zugrunde, den wir in unserer Lebensführung unberücksichtigt gelassen haben, dürfen wir keine Heilung durch Gebet erwarten. Wir sollten zunächst etwas unternehmen, gesünder zu leben. Habe ich Kopfweh, weil ich mir zuviel Sorgen mache, oder aber habe ich zu hohen Blutdruck, weil ich bis an den Rand meiner Kräfte angespannt bin, muß ich zunächst mein Leben grundsätzlich ändern, erst dann kann ich geheilt werden.

---

[2] Vinson Synon, a. a. O., 192f.

9. JETZT IST NICHT DER RICHTIGE ZEITPUNKT

Wie die drängende Witwe, so drängt Jesus selbst uns, im Gebet zu verharren, wenn nicht sofort Heilung eintritt. Es scheint jedoch vier verschiedene Möglichkeiten zu geben, *wann* ein Gebet um Heilung erhört wird:

a) Einige Heilungen treten *augenblicklich* ein.

b) Zuweilen gibt es *Verzögerungen*, jemand, für den ich am Samstag betete, wurde am folgenden Montag geheilt.

c) Andere Heilungen geschehen nach und nach in einem *Prozeß*. Wieder andere Heilungen *scheinen nicht stattzufinden*, zumindest nicht sichtbar oder spürbar.

Wir brauchen also nicht gleich enttäuscht zu sein, wenn nicht sofort Heilung eintritt. Vielleicht ist jetzt einfach nicht der richtige Zeitpunkt.

10. JEMAND ANDERS SOLL DAS WERKZEUG DER HEILUNG SEIN

Vielleicht fehlt mir die Gabe der Unterscheidung, für einen bestimmten Menschen zu beten. Vielleicht komme ich menschlich nicht mit ihm zurecht. Vielleicht mangelt es mir an Glauben. Vielleicht habe ich in einem bestimmten Bereich keinen Heilungs-Auftrag. Aus diesen und aus anderen Gründen kann ich nicht der richtige Beter für alle Kranken sein. Zuweilen muß ich einfach bereit sein, jemand anderen beten zu lassen. Diese notwendige Bereitschaft, Gott das richtige Instrument für die richtige Heilung wählen zu lassen, wurde mir mit aller Deutlichkeit gezeigt, als ich vor einigen Jahren während Exerzitien mehrere Stunden mit einer Frau um Befreiung von Dämonen betete. Trotz des erheblichen Aufwandes an Zeit und Energie brachte ich es nicht sehr weit. Ich rief meinen Freund Bob Cavnar an, denn ich hatte das Empfinden, *er* hätte einen Auftrag an der Frau, für die *ich* gebetet hatte. Gleichzeitig aber beteten er und seine Gruppe für einen Mann, und jemand hatte eine Vision, der Mann wäre mit Nägeln gespickt und ein Dorn gehe ihm mitten durchs Herz. Das Gebet der Gruppe lockerte zwar die Nägel und den Dorn, aber sie kamen nicht heraus. Im Gebet erhielten sie die Erkenntnis, daß innerhalb von vier Tagen die Nägel und der

Dorn herauskommen würden, und zwar aufgrund eines Gebets um seelische Heilung. Zu dieser Zeit konnten sie nicht wissen, daß ich in vier Tagen in diese Stadt kommen würde. Die Prophezeiung realisierte sich tatsächlich am vierten Tag dadurch, daß ich um die seelische Heilung dieses Mannes betete. In dem einen Fall also war *ich* nicht der Richtige, sondern Bob Cavnar war gemeint, im anderen Fall hatte ich das von *ihm* begonnene Gebet zu beenden. Unser Gebet wird offenbar nur dann erhört, wenn wir wirklich von Gott berufen sind, für diesen Menschen zu beten. Heilung geschieht durch Jesus, nicht durch uns. Zu verschiedenen Zeiten beruft er verschiedene Menschen. Ich muß einfach demütig genug sein können und einsehen, daß ich manchmal nicht der Richtige bin. Dann muß ich um Erkenntnis beten, wohin ich den Kranken richtigerweise schicken soll. Ich brauche mich nicht schuldig zu fühlen, daß ich nicht immer und überall helfen kann.

11. DAS MILIEU DES KRANKEN VERHINDERT SEINE HEILUNG

Weil es unsere Bestimmung ist, in unserer Gemeinschaft zu leben, die von Liebe getragen ist, kann individuelle Heilung nicht eintreten, solange unsere mitmenschlichen Beziehungen nicht geheilt sind. Flors Zeugnis (Kap. 16) erwähnt, daß die Heilung ihrer Tochter Maria erst nach mehreren Jahren geschah, nachdem nämlich Flor selbst geheilt war. Haß und schlechte menschliche Beziehungen können zu Ursachen verschiedenster Krankheiten werden. Gewöhnlich weichen diese Krankheiten nicht, solange nicht die Ursache beseitigt ist. Leidet ein Verheirateter unter Angstzuständen und Depressionen, und das Problem rührt zumindest teilweise von den familiären Verhältnissen her, so kann Gebet nur teilweise helfen. Bringt eine Mutter ihr gestörtes Kind, so weiß man ebenfalls, daß man nur zur Lösung eines Teilproblems beitragen kann, solange die ganze Familie nicht in Frieden miteinander lebt. Allzu viele Krankheiten beruhen auf gestörten Beziehungen. Sie werden erst durch die Heilung der Gesellschaft als Ganzes geheilt werden, solange wir nicht mehr christliche Lebensgemeinschaften haben, in denen kranke Menschen heilgeliebt werden.

19. Kapitel

MEDIZIN UND HEILUNG

Gott wirkt nicht nur direkt und auf wunderbare Weise durch Gebet, sondern auch durch die Natur und die menschliche Intelligenz, soweit sie bereit ist – und sei es auch nur unbewußt –, sich Gott zu unterstellen. Meiner Erfahrung nach trifft es zu, daß Menschen inspiriert werden, keine Medikamente mehr zu nehmen und ihre Symptome nicht länger zu beachten. Aber daraus gleich zu schließen, so wirke Gott immer und überall, führt bei einigen zu ernsthaften Glaubensfragen. Sie sind hin und her gerissen zwischen dem Glauben an den Arzt, und an denjenigen, der den Anspruch erhebt, Gottes Willen zu kennen und zu vertreten. Sie lassen sich in eine falsche Alternative zwingen: Zwischen Glauben einerseits, keine Medikamente mehr zu nehmen, die Symptome nicht mehr beachten, und der Wissenschaft andererseits, die Diagnose des Arztes nach den feststellbaren Symptomen zu respektieren. Solche Heilungstheorien, die tatsächlich Glauben und Medizin gegeneinander ausspielen, bringen Gebetsheilung als solche bei Ärzten und Psychiatern in Verruf. Besonders dann, wenn es ihren Patienten schlechter geht, nachdem man ihnen bei Heilungsgottesdiensten eingeredet hat, sich nicht mehr an die Verordnungen des Arztes zu halten. Kommt ein Arzt erstmalig mit Gebetsheilung durch Patienten in Kontakt, die sich weigern, seine Ratschläge ernst zu nehmen, so besteht die Gefahr, daß der Arzt Gebetsheilung als Gesundbeterei und Kurpfuscherei abtut.

Wir finden unter Christen heute also zwei nahezu widersprüchliche Haltungen: Die einen glauben kaum oder gar nicht an Gebetsheilung, haben dafür aber eine gesunde Hochachtung vor der Medizin; die anderen leben allein aus dem Glauben an Gottes Fähigkeit, zu heilen. Dadurch aber, daß sie die

Medizin außerhalb des göttlichen Heilsplans ansiedeln, stoßen sie gerade jene ab, die ihr Leben dem Heilberuf gewidmet haben: Ärzte, Schwestern, Psychiater und Psychologen, die aus der Wiederentdeckung des Gebets für die Kranken den größten Nutzen ziehen könnten.

Da sich der Anspruch, allein der Glaube heile, gern auf die Bibel beruft, scheint es nicht unwichtig, einmal zu betrachten, mit welchem Respekt der Autor des Buches Jesus Sirach vom Heilberuf spricht, und das zu einer Zeit (2. Jh. v. Chr.), als die Medizin noch in den Kinderschuhen steckte und praktisch noch mit Quacksalberei identisch war:

„Schätze hoch den Arzt, so wie er nötig ist, denn Gott hat ja auch ihn geschaffen. Von Gott erhält der Arzt die Weisheit, vom König erntet er Geschenke. Des Arztes Kunst erhöht sein Haupt, auch vor Fürsten darf er stehen. Gott bringt aus Erde Heilgewächs hervor, und wer vernünftig ist, verschmäht es nicht. Ist nicht durch Holz das Wasser süß geworden, um seine Kraft zu offenbaren? Dem Menschen hat er den Verstand gegeben, um sich durch seine Machterweise Ehre zu verschaffen. Hierdurch behebt der Arzt den Schmerz, und auch der Salbenmischer fertigt Salben, damit sein Schöpfungswerk kein Ende nehme, noch Heilerfahrung von der Erde schwinde. Mein Sohn, in Krankheit säume nicht und bete zu Gott, denn er nur macht gesund! Laß ab vom Frevel, ordne deine Hände und reinige das Herz von allen Sünden! Weihe des Erinnerungsopfers angenehmen Duft, mach fett die Gabe, so die Mittel reichen. Doch auch dem Arzt gewähre Zutritt; er soll nicht weichen, ja auch er ist nötig! Denn zur gegebenen Zeit liegt der Erfolg bei ihm. Auch er fleht im Gebete ja zu Gott, daß er die Untersuchung ihm gelingen lasse, und auch die Heilung zur Erhaltung eines Lebens. Nur wer vor seinem Schöpfer sündigt, wird in des Arztes Hände überliefert" (Jesus Sirach 38,1—15).[1]

In diesem Text finden wir beide Haltungen miteinander vereint: Sowohl den Glauben an Gebetsheilung als auch die Erkenntnis, daß Gott durch ärztliche Kunst und durch Medika-

---

[1] Das Buch Jesus Sirach (Ekklesiastikus) ist in den meisten protestantischen Bibeln nicht enthalten. Es gehört zu den sogenannten Apokryphen.

mente wirken kann. Medizin und Gebetsheilung sind nach der Bibel keine Gegensätze! Der Arzt, die Krankenschwester und jener, dem die Heilungsgabe zuteil wird, bilden gemeinsam Gottes Heilungs-Team.

In unserer Gebetsgruppe in Saint Louis haben wir erfreulicherweise einige Ärzte, die vor, während und nach chirurgischen Eingriffen für ihre Patienten beten. Auch sie durften Heilungen durch Gebet erleben, wenn sie an die Grenzen ärztlicher Kunst gestoßen waren.

Ärzte, Verwandte und Freunde haben uns manchmal gebeten, am Spitalbett für Kranke zu beten. Einige wurden daraufhin mit Erfolg operiert, bei anderen wurde die Operation überflüssig, da die Geschwulst verschwand oder sich das Allgemeinbefinden normalisierte. Der erste Patient, für den unsere Gruppe in Saint Louis betete, war, soweit ich mich erinnere, eine junge Schwester, deren Stimmbänderoperation bereits angesetzt war. Eine letzte Untersuchung des Kehlkopfs ergab jedoch, daß die Knoten an den Stimmbändern verschwunden waren.

„Am 13. März 1972 wurde ich operiert. Eine Woche später, am 20. März, erfuhr ich, daß an der Nahtstelle des Mastdarms Barium-Sulfat in die Bauchhöhle ausgetreten war. Würde Mutter Natur nicht innerhalb von zwei, drei Tagen für Abhilfe sorgen, so würde ein zeitweiliger künstlicher Darmausgang notwendig, was praktisch zwei zusätzliche Operationen bedeutete. Am nächsten Abend kamen Pater F. M. und M. D. R. vorbei. Nach 20 Minuten ruhiger Unterhaltung beteten wir etwa zehn Minuten zusammen. Kurz nach ein Uhr morgens spürte ich, daß Pater F. M.s Bitte, ‚alle Kanäle zu öffnen‘, erhört worden war. Ich war sicher, geheilt zu sein. Gegen sieben Uhr morgens teilte mir der Chirurg mit, es ginge mir prächtig, er könne mich von flüssiger Nahrung auf normale Diät umstellen; einige Zwischenstufen der Diät übersprang er einfach. Von Operation war keine Rede mehr. Vor meiner Entlassung fragte ich einen der Chirurgen, woher sie eigentlich wüßten, daß es mir gut gehe. Er antwortete: ‚Ihre Temperatur war plötzlich wieder normal. Die Zahl der weißen Blutkörperchen war auch wieder normal. Sie erinnern sich an die zusätzliche Röntgen-Aufnahme: Sie ergab, daß in der

Bauchhöhle kein Barium mehr nachweisbar war.' Ich danke dem Herrn und ich lobe und preise ihn für diese Heilung."

Paul Tournier schreibt zum gleichen Thema: „In einem anderen Falle mag es sich um einen Kranken handeln, den seine sehr fromme Familie nicht der technischen Behandlung der Medizin überantworten will, die ihm vielmehr klarzumachen versucht, er werde auch ohne diese Behandlung genesen, wenn er sich zu ihren religiösen Auffassungen bekehren wolle. Ein Kranker wird in seinem Wesen aber noch tiefer verletzt und geschädigt, wenn er mitansehen muß, wie man aus seinem Leiden, statt es zu heilen, ein Zwangsmittel macht, um ihn zu den Lehren hinzuführen, von denen man wünscht, daß er sich zu ihnen bekenne. Nichts kann ihn weiter vom Glauben entfernen! So gibt es also sowohl für die Anhänger der Religion wie für die Wissenschaft wichtigere Dinge zu tun, als sich zu streiten und diesen unerquicklichen Gegensatz von Glaube und Technik zu verewigen. Die Zahl der Menschen, die leiden, ist groß und die Medizin durchaus keine einfache Sache, weswegen die nicht eben zahlreichen Ärzte, die guten Willens sind, ihre Bemühungen zum Wohle der Kranken verbinden sollten."[2]

Auch die folgende Begebenheit scheint mir aufschlußreich für das Zusammenwirken von Gebet und medizinischer Versorgung: Eines Tages war ich in Houston bei meinen Freunden Harry und Ruth zu Gast. Bei Tisch sprachen wir über Heilung. Als ich schon gehen wollte, baten sie mich, für ihren Sohn Randy zu beten, der stark an Asthma litt. Wir riefen die ganze Familie zusammen und beteten für Randy, daß er vom Asthma befreit würde. Ein Jahr später kam ich wieder zu Ruth und Harry nach Houston. Randy hatte ich total vergessen. Beim Abendessen fragte mich Harry, ob er mir eigentlich geschrieben hätte, was mit Randy geschehen sei. Die ganze Familie fing an zu lachen, nur ich verstand nicht, warum. Als ich vor einem Jahr weggegangen war, bekam Randy den schlimmsten Asthmaanfall seines Lebens. Sie mußten schleunigst den Arzt aus der Nachbarschaft holen. Der Arzt – es war nicht Randys Hausarzt – eilte herbei und gab ihm ein Beruhi-

[2] Paul Tournier, *Technik und Glaube*, 28.

gungsmittel für die Nacht. Am nächsten Morgen brachten sie ihn in die Praxis eines anderen Nachbarn, wo er einige Tests durchlief, die eine neue Diagnose und eine Umstellung der Behandlung ergaben, durch die das Asthma tatsächlich beseitigt wurde. Mein Gebet war also in einer Weise erhört worden, die meiner Demut zugute kam. Randy ging es schlechter als vorher. Aber erhört worden war ich dennoch. Randy kam zu einem anderen Arzt, den sie nicht konsultiert hätten, wenn es Randy nicht schlechter gegangen wäre, der aber die Diagnose stellte, die zur Heilung führte. Offenbar hatte unser Gebet bewirkt, den richtigen Arzt zu finden, durch den Gott Randy heilen wollte.

GEBET UND PSYCHIATRIE

Ähnliche Beziehungen wie zwischen Medizin und körperlicher Gebetsheilung sollten auch zwischen seelischer Gebetsheilung, psychologischer Beratung und Psychiatrie bestehen. Sicher braucht die klassische Psychiatrie heute mehr Zeit, ein Problem zu analysieren, als es zu heilen. Dennoch kann das, was wir durch das Studium der Psychologie lernen können, sich als besonders hilfreich zur Erkenntnis dessen erweisen, worum wir beten sollen. Natürlich kann Gott jenseits jeder menschlicher Erkenntnismöglichkeit die genaue Gebets-Intention durch die Gabe der Unterscheidung offenbaren. Dennoch kann psychologisches Wissen aus Studium und Erfahrung dem Gebet helfen, zum Beispiel wo man zu suchen hat, wenn jemand deprimiert ist, oder wie man bestimmte Gefahrenzeichen erkennt. Wie wir in anderen Lebensbereichen nicht auf das Studium verzichten können, dürfen wir auch hier nicht erwarten, daß Gott uns als Instrumente seelischer Heilung braucht, wenn wir nicht zur Zusammenarbeit mit ihm bereit sind, indem wir die Beziehungen zwischen dem menschlichen Verstand und dem Unbewußten zu erforschen suchen. Aber auch in diesem Bereich ist mir ausgerechnet bei jenen, die um seelische Heilung beten, eine echte Furcht vor der Psychologie begegnet: Sie halten Psychologie für überflüssig, wenn nicht sogar für gefährlich. Vielleicht hat die Furcht vor Freud und anderen Neuerern der Psychologie, die gelegentlich die traditionellen christlichen Moral-Vorstellungen kritisierten, die Angst vieler Christen vor den authentischen Entdeckungen moderner Psychologie zur Folge.

Jene Haltung, die Psychologie als nutzlos wenn nicht schädlich abtun möchte, zeichnet sich durch Bemerkungen wie die folgenden aus: „Um es einfach zu machen: Die Schrift spricht deutlich sowohl von organischen Leiden als auch von solchen, die aus sündigen Einstellungen und Gewohnheiten stammen. Wo aber in der Schrift findet sich auch nur die Spur einer dritten Problemquelle, die dem modernen Konzept der ‚Geisteskrankheit' nahekommt? Die Beweislast liegt bei jenen, die lauthals die Existenz von Geisteskrankheiten verkünden, aber dies nicht biblisch zu belegen vermögen.[3]

Die Methode von Rogers ist daher als Ganzes zu verwerfen. Jeder Überrest dieses humanistischen Systems, das den Menschen als autonomes Wesen preist, muß ausgelöscht werden.[4] — Bei Depressiven, deren Symptome auf keine Anzeichen biochemischer Ursachen schließen lassen, sollte man vermuten, ihre Depression beruhe auf Schuld."[5]

Eine derart totale Verdammung des durch die Psychologie entdeckten Wissens vom Menschen beruht auf einem *Fundamentalismus*, der behauptet, es gäbe nichts zu entdecken, was nicht schon in der Bibel stände. Wir müssen einfach mit Männern wie Karl Stern („Die Dritte Revolution") und Paul Tournier („Technik und Glauben") zwischen wahren Entdekkungen der Psychologie und jenen, die dem Christentum nicht entsprechen, unterscheiden lernen. Die grundlegenden Entdekkungen der Psychologie aber helfen uns, menschliche Probleme besser zu verstehen und mit ihnen umzugehen. Und das Evangelium lehrt uns, wie wir Gottes heilende Kraft auf diese Probleme anwenden können. Wer für seelische Heilung betet, sollte darum tatsächlich etwas von den Problemen der menschlichen Psyche verstehen. Wissen wir zum Beispiel nicht, wie entscheidend wichtig die früheste Kindheit ist, besonders die Zeit zwischen acht und achtzehn Monaten, so können wir die-

---

[3] Jay Adams, *Competent to Counsel.* Grand Rapids, 1970, 29.
[4] Jay Adams, a. a. O., 103.
[5] Jay Adams, a. a. O., 126.

ser Entwicklungsphase kaum gerecht werden, wenn wir jemand beraten, der um Gebet wegen eines chronischen psychischen Leidens bittet.

Paul Tournier ist das hervorragende Beispiel eines Psychiaters, der an den Primat der Gnade und des Gebets glaubt. Jedem, der sich für Beziehung zwischen Psychologie und Gebetsheilung interessiert, kann ich Tourniers Buch „Technik und Glauben" wärmstens empfehlen. Die Notwendigkeit des Zusammenwirkens von Glaube und Wissenschaft demonstriert er an Beispielen wie den folgenden:

Eines Tages sucht mich ein junger Student auf, der mitten in einer psychologischen Krisis steckt. An nichts findet er mehr Gefallen, wird ungesellig und kann sich nicht mehr auf seine Arbeit konzentrieren. Wir beschreiten zur Abklärung seiner Situation den technischen Weg: Bei dem jungen Manne, der in moralischer Abhängigkeit zu seinen Eltern steckengeblieben ist, hat sich durch die damit verbundene Verzögerung in seiner Reifeentwicklung eine Krisis eingestellt. Aber er gesteht mir auch ohne Zögern, daß er wohl weiß, daß in Wirklichkeit eine religiöse Krisis sich hinter der psychologischen verbirgt. Wenn er sich nicht von seinen Eltern zu lösen vermochte, so darum, weil seiner Persönlichkeit die dazu nötigen Kräfte fehlen; und dann empfindet er auch die Leere einer so unpersönlichen religiösen Haltung, wie sie in seiner Familie üblich ist und sich auch auf ihn ausgewirkt hat. Ein solcher Fall scheint mir sehr lehrreich zu sein für die wichtigen Beziehungen zwischen der psychologischen Technik und der Seelsorge. Jedermann hat Komplexe und findet sich wohl oder übel damit ab. Als schmerzhaft empfindet man sie erst dann, wenn sie sich der Verwirklichung unserer innersten persönlichen Aspirationen hemmend in den Weg stellen. Diese Aspirationen aber erwachsen immer aus dem religiösen Bereich, sofern man dies Wort in einem nichtformalistischen Sinne nimmt. Es ist nun die Aufgabe der Technik, die Komplexe zu lösen, und zwar in dem Sinne, daß dadurch der Persönlichkeit geholfen wird, ungehemmt ihren Aspirationen nachzukommen. Ich glaube, daß mir die Analytiker nicht widersprechen werden, wenn ich behaupte, daß man — in des Wortes eigentlichster Bedeutung — kein Problem löst. Wenn wir sie ins Tageslicht rücken, so um ehrlich zu werden ... Eine verdrängte Neigung vergiftet unsere Seele und stört deren Reaktionen, während die große Demütigung, als welche das Bekenntnis stets zu gelten hat, die Türe zum wirklichen Erlebnis der Gnade öffnet, selbst wenn weder Arzt noch Patient sich der Sprache der Frömmigkeit bedienen.

Die Leute kommen zu mir, damit ich ihnen helfe, ihre Probleme zu lösen. Und dabei ist doch niemand überzeugter als ich, daß alles menschliche Bemühen nicht ein einziges Problem zu lösen vermag. Im Gegenteil! Wenn ich ihnen in ihren Nöten zu helfen versuche, so stoße ich auf einen unlösbaren Circulus vitiosus nach dem anderen: Man sollte den Glauben haben, um zu einem religiös-geistigen Erlebnis zu kommen — und man sollte ein religiös-geistiges Erlebnis haben, um den Glauben zu finden.

Oft sagen uns die Kranken, wie sehr sie es als verletzendes Unrecht empfinden, daß wir ihnen — und wir sind damit gar nicht geizig — Ermahnungen und Ratschläge geben: „Man muß nur glauben — man muß nur den Willen haben — man muß nur die anderen lieben und nicht immer an sich selber denken — man muß nur Zutrauen und Zuversicht haben." Die Psychologie heilt uns von dieser gar zu einfältigen Art, mit der wir den Problemen begegnen. Sie zeigt uns, wie sie vielmehr hartnäckig und unentwirrbar sind. Und die gleichen Leute, die mit Bezug auf den Glauben und die Gesundheit so freigebig ihr: „Man muß nur" austeilen, was immer bedeutet: „es so machen wie ich", könnten ihrerseits entdecken, daß dies in der Stunde des Zweifels oder der Niedergeschlagenheit gar nicht so einfach ist, dieses „Man muß nur ...".

Ich glaube dagegen, daß in der Gnade die Probleme sich verflüchtigen, sich auflösen können wie der Nebel in der Sonne. Im Bereich des Glaubens gewinnt das Leben, das eben noch ein unentwirrbares Netz von Problemen zu sein schien, ein ganz neues Gesicht. Die Probleme sind verschwunden, man hat sie nicht lösen müssen. Und umso gewisser stellt sich dieses Auflösen, dieses Sichverflüchtigen ein, je weniger man sich bemüht, mit den uns Menschen gegebenen Mitteln die Lösung zu finden, und je mehr man sich auf die Gnade verläßt ... So fügen sich denn nach meinen Erfahrungen die Technik und der Glaube in dieser Weise ineinander: Die Analyse erforscht die Probleme, um sie ans Tageslicht zu bringen, die Gnade aber löst sie auf, läßt sie sich verflüchtigen, ohne daß wir genau wüßten, wie.[6]

[6] Paul Tournier, a. a. O., 63ff.

20. Kapitel

SAKRAMENT UND HEILUNG

Sakramente sind Quellen erlösender Kraft. Kein Wunder, daß sie auch Quellen heilender Kraft sind. Denn Heilung ist die erlösende Kraft Christi angewandt auf alle Bereiche menschlichen Lebens. Drei Sakramente, die Krankensalbung, die Beichte und die Eucharistie sind spezifisch auf Heilung ausgerichtet, während ein viertes, nämlich die Priesterweihe, den Priester besonders bevollmächtigt, um Heilung zu beten. Außerdem habe ich Heilung in Verbindung mit der Taufe und auch mit dem Gebet um Erneuerung der Ehe erlebt. Heilung kann also in Verbindung mit mehreren der sieben Sakramente geschehen. In einem weiteren Sinn, sagen wir im Sinne der Heilung des ganzen Menschen, würde es mich auch nicht erstaunen, wenn Heilung und Firmung in einer Wechselbeziehung ständen. Bei einem kurzen Überblick über die Erneuerung der Kraft der Sakramente wollen wir uns zunächst jenen zuwenden, die sich am eindeutigsten auf Heilung beziehen.

1. KRANKENSALBUNG

Wie schon im Vorwort erwähnt, ist für dieses Sakrament eine aufsehenerregende Änderung eingetreten: Durch die Erneuerung der gesamten Liturgie ist der Sinn dieses Sakraments jetzt endlich wieder *Heilung*. Die offizielle Lehre der katholischen Kirche und die grundlegenden Ideen des vorliegenden Buches treten damit in enge Beziehung zueinander. Die neue sakramentale Form der Krankensalbung betont die Heilung des ganzen Menschen und nicht nur die Vergebung der Sünden, wie das früher der Fall war: „Durch diese heilige Salbung helfe Dir der Herr in seinem reichen Erbarmen, er stehe Dir bei mit der Kraft des Heiligen Geistes.

A. Amen.

P. Der Herr, der Dich von Sünden befreit, leite Dich, in seiner Gnade richte er Dich auf.

A. Amen."

Das neue Gebet um Ölweihe ist noch deutlicher:

„Gott, Du bist der Vater allen Trostes. Durch Deinen Sohn wolltest Du die Gebrechen der Kranken heilen; erhöre das Gebet, das der Glaube uns eingibt, und sende Deinen Heiligen Geist auf dieses Salböl herab. Als Gabe Deiner Schöpfung stärkt und belebt es den Leib. Durch Deinen Segen werde es für alle, die damit gesalbt werden, ein geweihtes Öl, ein heiliges Zeichen Deines Erbarmens, *das Krankheit, Kummer und Schmerz vertreibt, ein Schutz für Leib, Seele und Geist.* Im Namen unseres Herrn Jesus Christus, der mit Dir lebt und herrscht in alle Ewigkeit. Amen."

Die neue Wertung des am meisten vernachlässigten aller Sakramente bedeutet, daß jener Ritus, der in vergangenen Jahrhunderten wesentlich dazu diente, Menschen auf den Tod vorzubereiten und nur in zweiter Linie und unter gewissen Bedingungen zur Heilung, jetzt wieder zunächst und zuerst der Heilung des ganzen Menschen zugute kommt. Papst Paul VI. schreibt:

„Wir haben beschlossen, die sakramentale Formel so zu ändern, daß unter Verwendung der Worte des heiligen Jakobus die sakramentalen Wirkungen deutlicher zum Ausdruck gebracht werden." (Apostolische Konstitution über das Sakrament der Krankensalbung vom 20. November 1972.)

Die wesentlichen Änderungen im Ritus der Krankensalbung, die seine Zweckbestimmung der Heilung aussagen, sind die folgenden:

a) Die offizielle Bezeichnung ist nicht mehr *Letzte Ölung*, sondern *Krankensalbung*. Diese Änderung geschah bereits während des Zweiten Vatikanums durch die Liturgie-Konstitution.

b) Das Sakrament wurde in seinem formalen Inhalt dahingehend abgeändert, daß jetzt *Heilung* im Vordergrund steht, während die alte Form die *Vergebung der Sünden* hervorhob: „Durch diese heilige Salbung möge der Herr Dir alle Deine Sünden vergeben." Der alte Text betonte ausschließlich die Buße.

c) In seiner neuen Form ist das Sakrament von jetzt an allen zu spenden, die *ernstlich erkrankt* sind, also nicht mehr nur jenen, die sich in *Todesgefahr* befinden. Todesgefahr als Bedingung für den Empfang der Krankensalbung wird im neuen Text nicht mehr erwähnt. Diese Änderung bedarf besonderer Erwähnung, denn nach kanonischem Recht, also der offiziellen Gesetzgebung der katholischen Kirche, konnte die Letzte Ölung bisher nur jenen Kranken gespendet werden, die sich tatsächlich in akuter Todesgefahr befanden. Dies war bindend. Verstöße dagegen galten als schwere Sünde (Cod iur. can. 940,1).

d) Im Idealfall ist Krankensalbung *Gemeinschaftsgebet* im Familienkreis, mit Ärzten, Krankenschwestern oder anderen Gliedern des Volkes Gottes. Das steht im Gegensatz zu der Art, wie die Letzte Ölung bisher gespendet wurde; nämlich privatim, weil mit dem Sündenbekenntnis verbunden. Neuerdings aber ist Krankensalbung wieder ein Gebet der ganzen Gemeinde, nämlich jener örtlichen Gemeinde, von der der Kranke getragen wird.

Zusätzlich gibt es noch weitere Änderungen: Im Notfall kann das Öl vom Priester gesegnet werden und nicht nur vom Bischof; wo Olivenöl schwer erhältlich ist, kann auch anderes Pflanzenöl verwandt werden; gesalbt werden Stirn und Hände anstatt der fünf Sinne; weil die Sünden angeblich von den Sinnen kamen. Die wesentliche Änderung aber ist jene von einem Sakrament für die Sterbenden zur Vorbereitung ihres Eintritts in die Herrlichkeit zu einem Sakrament für die Lebenden zur Heilung und Stärkung des ganzen Menschen in jeder ihm notwendigen Weise; durch die Anwendung der erlösenden Gnade Christi auf jene besondere menschliche Schwäche und Prüfung, die Krankheit nun einmal bedeutet. Ein Blick in die Geschichte dieser Entwicklung kann uns nicht nur helfen, das Sakrament selbst besser zu verstehen, sondern auch die grundlegende Wandlung der katholischen Kirche, ihrer Einstellung zur Heilung und ihre damit verbundene Erneuerung in unserer Zeit.

Wesentliche Schrifttexte zur Krankensalbung sind Mk 6,13, und Jak 5,14—15: „So zogen sie denn hin und riefen zur Umkehr auf. Zahlreiche böse Geister trieben sie aus, auch salbten sie viele Kranke mit Öl und heilten sie" (Mk 6,12—13).[1]

„Ist jemand unter euch krank, so lasse er die Ältesten der Gemeinde kommen, daß sie über ihn beten und ihn mit Öl salben, im Namen des Herrn: Das Gebet des Glaubens wird den Kranken retten und der Herr wird ihn aufrichten; und wenn er Sünden begangen hat, so werden sie ihm vergeben werden" (Jak 5,14—15).

„Retten", „aufrichten", „vergeben" sind die drei Schlüsselworte für die Wirkung der Krankensalbung. Das erste, „retten", bedeutet ursprünglich im Griechischen entweder die Heilung des Geistes, wie unser heutiges „retten"; oder aber Heilung im Sinn körperlicher Wiederherstellung. Im Kontext von Krankheit, Tod oder Gefahr bezieht es sich im Sprachgebrauch des Neuen Testaments stets auf körperliche Heilung.

Das zweite Schlüsselwort, „aufrichten", bezieht sich eindeutig auf Heilung. Bei Markus wird dieses Verb häufig gebraucht, die Heilungen Jesu zu bezeichnen. „Vergeben" ist die dritte Wirkung; sie bezieht sich auf Sünde. Diese Wirkung aber ist bedingt, „wenn er Sünden begangen hat". Das griechische Wort für Sünde meint hier schwere Sünde.

Von Krankensalbung erwartet man also Krankenheilung, die Heilung des ganzen Menschen, falls nötig auch die Heilung von Sünde. Direkt angestrebt wird aber die Heilung von Krankheit, Vergebung der Sünden ist eine mögliche Nebenwirkung. Wie konnte die ursprüngliche Intention derart verdreht werden, daß Heilung zu einem bedingten Sekundär-Effekt wurde?

Der erste Schritt in dieser Richtung war das Schwinden von Heilung aus dem allgemeinen Erfahrungs-Schatz der Kirche während des dritten oder vierten Jahrhunderts. Das wurde noch betont durch die offizielle lateinische Bibelübersetzung, die sogenannte Vulgata, die die ursprüngliche Bedeutung des

---

[1] In diesem kurzen Text sind drei der vier von uns beschriebenen Heilungs-Arten erwähnt.

Jakobus-Briefes verdunkelte. Der heilige Hieronymus gebrauchte in dieser berühmten Übersetzung (entstanden um das Jahr 400) den lateinischen Begriff *salvo* („retten“) als Übersetzung, sowohl für „retten“ als auch für „aufrichten“ (Jak 5,14). Dadurch wurde das Interesse der Kirche von der Tatsache der Heilung auf deren symbolische Bedeutung gelenkt. Da aber die Vulgata fünfzehnhundert Jahre lang die einzige offizielle Bibel-Übersetzung der katholischen Kirche bleibt, übte sie einen nachhaltigen Einfluß auf das Verständnis der Krankensalbung und damit auch der Krankenheilung aus.

In der Urkirche gibt es nicht viel eindeutige Belege für Krankensalbung. Wo sie aber vorhanden sind, bezeugen sie die entscheidende Wichtigkeit des *Öls*. Ein Brief Papst Innozenz' I. vom Anfang des 5. Jahrhunderts gibt an, daß das Öl vom Bischof geweiht sein muß. Danach wurde es vom Volk mit nach Hause genommen, wo man es brauchte, wenn jemand in der Familie erkrankte. Es gab zwei Arten der Salbung: Die eine konnte vom Kranken selbst oder von Verwandten und Freunden ausgeführt werden, die andere in Verbindung mit der Beichte blieb dem Bischof oder dem Priester vorbehalten. Das Gebet der Ölweihe bittet Gott, dem Öl heilende Wirkung zuteil werden zu lassen, auf daß es ein Mittel zur Tilgung von Krankheit und zur Gesundung von Seele, Leib und Geist werde und zu vollkommenem Wohlbefinden führe (Eulogion des Serapion, gest. nach 362). Zu dieser Zeit diente die Krankensalbung also deutlich der Kranken*heilung* und konnte auch von Laien gespendet werden. Auch später noch pflegte die heilige Genoveva ihre Schutzbefohlenen zu salben. Eines Tages ging ihr das Öl aus und sie war betrübt, weil sie keinen Bischof finden konnte, neues Öl zu weihen. Die Ölung war also offenbar ein häufig gespendetes Sakrament, ähnlich wie heute die Eucharistie. Daher konnte wohl auch die *Ölweihe* durch den Bischof getrennt werden von der *Salbung* durch die Laien.

Während der karolingischen Liturgiereform (um 815) wurde innerhalb des Frankenreiches im Rahmen einer allgemeinen Aufwertung des Priesteramtes die Krankensalbung durch Laien abgeschafft. Eine weitere Änderung des Ritus, mit dem löblichen Vorsatz, Mißbräuchen vorzubeugen, bestand in der Spendung der Salbung im unmittelbaren Anschluß an die Lebensbeichte auf dem Totenbett. Das aber führte zur Verbindung von Krankensalbung und „Letzten Riten“. Daraus wiederum ergab sich im 12. Jahrhundert die Abänderung der ursprünglichen Reihenfolge in der Sakramentspendung von Beichte, Krankensalbung, Viaticum (heilige Kommunion) in: Beichte, Viaticum, Krankensalbung. Die Bezeichnung „Letzte Ölung“ war bis dahin unbekannt. Sie wurde erstmals von Petrus Lombardus Mitte des 12. Jahrhunderts gebraucht. Ebenfalls im 12. Jahrhundert, nämlich mit der aufkommenden Scholastik, setzte sich auch der eigentliche Bedeutungswandel der Krankensalbung durch. Die Scholastiker waren besonders interessiert an der Definition der Sakramente und der Festsetzung ihrer Zahl. Sie kamen zum Schluß, es gäbe sieben Sakramente, sie hätten erstens eine *geistliche* Wirkung, die zweitens *immer und überall* wirke (ex opere operato).

Daraus aber ergab sich als nächste Frage, wie körperliche Heilung der Primäreffekt von Krankensalbung sein könne, denn körperliche Heilung sei schließlich keine primär *geistliche* Wirkung, außerdem geschähe Krankenheilung durchaus nicht bei *jeder* Krankensalbung. Zwei Schulen lieferten sich einen erbitterten Disput:

a) Die eine Schule behielt die frühere Sicht bei: Krankensalbung ist das Sakrament der Krankenheilung. Es dient *zunächst* körperlicher Heilung, seine höhere Auswirkung jedoch ist die Vergebung der Sünden (Hugo von St Victor, Papst Alexander II. und Wilhelm von Auxerre teilten diese traditionelle Meinung).

b) Die andere Schule betonte die notwendige Definition der Sakramente und sah den geistlichen Primär-Effekt der Krankensalbung in der Sündenvergebung. Für sie war es das Sterbe-Sakrament schlechthin. Diese Ansicht vertraten Petrus Lombardus († 1160) und in seiner Folge Albert der Große († 1280), Thomas von Aquin († 1274), Bonaventura († 1274) und Duns Scotus († 1308). Die einflußreichen theologischen Schulen der Dominikaner und Franziskaner lehrten von nun an, dem Kranken dürfe die Ölung nur dann gespendet werden, wenn der Tod unmittelbar bevorstehe und keine Hoffnung mehr auf Genesung bestünde.

Damit waren freilich längst nicht alle Probleme gelöst. Die wesentlichste Frage blieb bestehen: Welchem Zweck dient das Sakrament der Krankensalbung nun wirklich? Diente es nur der Sündenvergebung auf dem Totenbett, wäre die Beichte dann nicht geeigneter und ausreichend? Diente die Krankensalbung aber der unmittelbaren Vereinigung mit Gott, wäre die heilige Kommunion (Viaticum) doch wohl geeigneter und ausreichend? Sobald also der Krankensalbung der Primär-Effekt der Krankenheilung genommen war, mußte eine neue Sinngebung gefunden werden, auf die sich alle Theologen einigen konnten. Aus den verschiedensten Meinungen bildete sich schließlich die vorherrschende Auffassung, Krankensalbung diene der Vorbereitung himmlischer Freuden, nämlich Gott zu schauen durch die Hinwegnahme der letzten Auswirkungen der Sünde. Dadurch aber wurde nochmals die Praxis bestärkt, die Spendung bis zum Eintreten des Todes hinauszuzögern. Menschlich gesehen gab es noch einen anderen Grund für den Kranken, mit dem Empfang der Letzten Ölung bis zum letzten Augenblick zu warten: Als Buße gab der Priester oft den Verzicht auf alle Ehefreuden im Falle der Genesung.

Zur Zeit des Konzils von Trient, also im 16. Jahrhundert, hatte sich die „geistliche" Sicht der Letzten Ölung vollends durchgesetzt. Die Erstfassung des Dokuments über die Letzte Ölung besagt, daß sie nur jenen gespendet werden solle, „die sich in der letzten Auseinandersetzung befinden und mit dem Tod bereits versöhnt sind" (Denzinger 1698). Das war sicher ein Fortschritt gegenüber der vorherrschenden mittelalterlichen Sicht, aber der ursprünglichen Sinngebung entsprach sie durchaus nicht. Das Tridentinum machte schließlich die akute Todesgefahr nicht zur Bedingung der Validität.[2]

In der post-tridentischen Periode beruhigte sich die Debatte um die Bedeutung des Wortes „Todesgefahr" nach und nach. Aber erst das Zweite Vatikanum führte die ursprüngliche Bezeichnung „Krankensalbung" wieder ein und beschloß, das Sakrament und seine Zweckbestimmung neu zu erforschen

[2] In der griechisch-orthodoxen Kirche dient die Krankensalbung weder den Sterbenden noch den Schwerkranken, sondern den *Gesunden,* als Vorbeugung gegen Krankheit.

und als Ganzes zu erneuern. Diese Erneuerung fand ihren offiziellen Niederschlag in dem neuen Ritus der Krankensalbung, der mit dem 1. Januar 1974 in Kraft trat.

Diese begrüßenswerte Rückkehr zu den Ursprüngen der Krankensalbung kam erstaunlich plötzlich. Noch in dem erst vor kurzem abgeschlossenen dogmatischen Werk „Sacramentum mundi" heißt es: „Die sakramentale Krankensalbung ist heute pastoral wenig gefragt. Die Kranken rufen den Arzt, nicht den Priester. Erst nach Versagen der ärztlichen Kunst verlangt man nach dem Kranken-Sakrament. Dieses Sakrament gilt als der Vorbote des Todes. Man weicht ihm aus, solange man kann. Selbst wenn es nicht als Sakrament des Sterbenden, sondern des Kranken oder sogar des Genesenden gereicht wird, fällt es den Leuten schwer, seinen Stellenwert im christlichen Leben richtig einzuschätzen."[3]

Vermutlich fällt es uns so schwer, das Sakrament der Krankensalbung richtig zu verstehen, weil wir als Christen heute fast keinerlei Beziehung zum Gebet um Krankenheilung mehr haben. Durch die Erneuerung der Krankensalbung hat die katholische Kirche uns erneut auf diese älteste christliche Tradition aufmerksam gemacht, die in der Krankensalbung die Heilung des ganzen Menschen sieht: „Die innere Salbung durch den Heiligen Geist wird entweder die äußere Ursache der Bedrohung unserer Rettung, nämlich Krankheit, abwenden, oder aber, wie man überall dort erwarten darf, wo das Sakrament im Glauben empfangen wird, die leibseelische Konstitution des kranken Christen wird durch die Gnade Christi geheilt, und zwar durch eine besondere Stärkung seiner ganzen Existenz".[4]

Zur Erneuerung des Sakraments der Krankensalbung bedarf es aber nach wie vor eines neuen Verständnisses der *Krankenheilung*, wie ich es in dem vorliegenden Buch darzustellen versuchte. Sollen uns die Sakramente in ihrer ganzen

---

[3] Prudent de Letter, Artikel „*Krankensalbung*", In: Sacramentum Mundi. New York, 1968, vol. I, 37; Freiburg, 1969, Bd. IV, 75ff (in der deutschen Ausgabe fehlt dieser Abschnitt).

[4] Study Text II; *Anointing and Pastoral Care of the Sick*. Published by the Bishop's Committee on the Liturgy. U. S. Catholic Conference, Washington D. C. 1973, 25f.

Gnadenfülle zuteil werden, so müssen wir uns von ihrer Wirkung etwas erhoffen; im Fall der Krankensalbung eben die Krankenheilung. Wie wir daran glauben, daß der Herr in der heiligen Eucharistie leibhaftig gegenwärtig ist, müssen wir auch glauben, daß durch die Krankensalbung der Kranke leibhaftig geheilt wird, sei es nun durch geistliche oder seelische oder körperliche Genesung und dem stets damit verbundenen Wachstum im Glauben. Der Glaube, geheilt zu werden, ist in diesem Zusammenhang von besonderer Wichtigkeit.

Zur Liturgie-Konstitution des Zweiten Vatikanums heißt es ausdrücklich: „Die Feier des Krankensakraments besteht hauptsächlich darin, daß die Priester der Kirche den Kranken die Hände auflegen und dann das Gebet aus der Kraft des Glaubens gesprochen wird und die Kranken mit Öl, auf das der Segen Gottes herabgerufen worden ist, gesalbt werden.“

In dieser deutlichen Anspielung auf den Jakobusbrief ist „das Gebet des Glaubens ein wichtiger Bestandteil sowohl für den Spender als auch für den Empfänger des Sakraments sowie auch für die ganze zum Gotteslob versammelte Gemeinde“.[5] Glaube ist ganz sicher ein entscheidendes Element für die Wirksamkeit der Krankensalbung. Glauben der Priester und mit ihm der Kranke und die anwesenden Freunde und Verwandten wahrhaftig, daß Heilung geschieht, so werden wir alle durch dieses erneuerte Sakrament Wunder erleben. Es wird sich unser Glaube an die Heilungskraft Christi erneuern.

2. DAS SAKRAMENT DER BUSSE (VERSÖHNUNG)

Wie die Krankensalbung ist auch das Sakrament der Buße erst vor kurzem, nämlich im Februar 1974, erneuert worden. Es ist der erste neue Buß-Ritus seit über 400 Jahren. Diese Neuerung weist ebenfalls in die Richtung vieler in diesem Buch vorgebrachter Ideen. Die wesentlichsten davon sind die folgenden:

a) Der neue Schlüsselbegriff ist „Versöhnung“ und nicht mehr wie bisher „Sündenbekenntnis“. Versöhnung aber bedeutet: Gottes Wiederannahme seiner Menschen-Söhne, die

---

[5] A. a. O. 13.

Wiederherstellung der ursprünglichen Harmonie – und das heißt in Wirklichkeit Heilung – werden stärker betont als Sündenbekenntnis, Reue und Buße. Menschliches Bekennen und Bereuen öffnen Tür und Tor zu göttlichem Vergeben und Versöhnen.

Weiterhin weist das Wort Versöhnung auf die soziale Natur der Sünde und die Notwendigkeit der Aussöhnung mit dem Bruder. Stärker als früher wollen die im Beichtspiegel des neuen Ritus aufgezählten Sünden das Gefühl für Verstöße gegen die Gerechtigkeit wecken. Das entspricht genau dem, was wir beim Heilungsgebet immer wieder erfahren: Die verletzendsten Sünden sind jene, die Ressentiments und Bitterkeit hinterlassen; Sünden also, die unserer Versöhnung mit dem Bruder entgegenwirken: „Verständige dich mit deinem Gegner, und dies bald, solange du noch mit ihm unterwegs bist, daß dich nicht der Gegner dem Richter und dieser dem Gerichtsdiener übergibt und du in den Kerker geworfen wirst. Wahrlich, ich sage dir, du würdest dort nicht herauskommen, bis du den letzten Heller bezahlt hast" (Mt 5,25f).

b) Der neue Ritus empfiehlt eine Aussprache von *Angesicht zu Angesicht*, und nicht mehr die Trennung von Priester und Beichtendem durch ein Gitter oder eine Scheibe. Dadurch wird es leichter, in die Beichte jene persönliche Begegnung miteinzubeziehen, die für jede Art der Heilung so hilfreich ist.

c) Entweder der Priester oder der Beichtende eröffnen die Versöhnungs-Liturgie mit der Lektüre eines *Schrifttextes*, der Gottes Erbarmen zum Inhalt hat.

d) *Spontanes Gebet* wird sowohl dem Priester als dem Beichtenden empfohlen. Selbst das Reue-Bekenntnis braucht nicht mehr als Formel abgelesen zu werden, sondern kann vom Beichtenden frei formuliert werden.

All das erleichtert die Einfügung eines Heilungsgebets zusätzlich zur Lossprechung, wenn Priester und Beichtender es wünschen. Ein großartiger Beitrag zur Erneuerung dieses Sakraments wäre die Einfügung eines Heilungsgebetes in den neuen Ritus. „Kraft der Buße" von P. Michael Scanlan (Notre Dame 1972) ist eine besonders empfehlenswerte und ausgewogene Darstellung, wie man Heilungsgebet und Befreiungsgebet in das Sakrament der Buße einfügen kann.

Heilung selbst ist zur Erneuerung des Bußgeheimnisses deswegen so entscheidend wichtig, *weil Reue gewöhnlich nicht genügt, das Böse auszurotten, das uns seelisch und geistig bedrückt.* Je mehr Beichten ich höre, desto stärker komme ich zur Einsicht, daß den meisten Moral-Problemen, mit denen wir uns herumzuschlagen haben, etwas weitgehend Zwanghaftes zugrunde liegt. Mangelnde Willenskraft ist für den Alkoholiker selten das einzige Problem; zumeist bedarf er zutiefst seelischer Heilung, möglicherweise auch der Austreibung von Dämonen. Kommt jemand zur Beichte, so können wir nicht einfach erwarten, daß mit der Lossprechung von der genannten Sünde das Problem gelöst ist.

Allzuoft bedarf es der Heilung des ganzen Menschen. Erst wenn wir den Menschen die Möglichkeit *ganzheitlicher Heilung* anbieten können, werden sie auch wieder den Zugang zum Sakrament der Buße suchen. Das Fortbleiben all jener, die früher samstags vor den Beichtstühlen Schlange standen, scheint mir ein Zeichen für das steigende Bewußtsein, daß durch Reue und Buße allein ein Leben sich noch nicht wandelt. Ich glaube einfach nicht, daß sich das mangelnde Interesse am Buß-Sakrament nur durch mangelnden Glauben erklären läßt. Es scheint mir eher das Gefühl, das übrigens auch viele Priester teilen, jede Woche beichte ich dasselbe, also kann etwas daran nicht stimmen; entweder *will* ich mich nicht ändern und sehe keinen Sinn in der Buße, oder aber ich möchte mich ändern, kann es aber nicht. Das aber beweist, daß meine Sünden zwanghaft sind und ich sie ehrlicherweise nicht bereuen kann.

In diesem Fall sollte die Spendung des Sakraments mit dem Gebet um Heilung zusammengehen. Um ein verbreitetes Beispiel zu zitieren: Jemand beichtet seit Jahren, daß er onaniert und sich deswegen schuldig fühlt. Vielleicht hat sich kein einziger der ihm erteilten Ratschläge als hilfreich erwiesen. Was soll man ihm also noch sagen: Daß er sich einfach nicht mehr darum kümmern soll, weil er alles in seinen Kräften Stehende dagegen getan hat? Glaubt man nicht an mögliche Heilung, mag das noch die ehrlichste Antwort sein. Aber nicht nur einmal, sondern viele Male habe ich erlebt, wie der Herr dieses

Problem durch Gebetserhörung gelöst hat, es existierte einfach nicht mehr. Offenbar hat Gott nicht nur den *Willen* gestärkt, um der Versuchung besser widerstehen zu können, was auf die Dauer sehr ermüdend sein kann, sondern er hat die Versuchung *von innen her* geheilt, so daß der Betroffene nicht länger von dem Problem gequält wird und sich auf wichtigere Dinge konzentrieren kann.

Die Kapitel über seelische Heilung und Dämonen-Befreiung geben Auskunft über die Gebetsformen, die man behutsam in das Sakrament der Versöhnung mit einbeziehen sollte, so daß der Beichtende von all jenen Sünden befreit wird, die jedem menschlichen Wesen anhaften. Meiner Erfahrung nach bedürfen die meisten Sünder zur *echten* Befreiung der Hilfe des Heilungsgebets.

Heilungsgebet im Kontext traditioneller Beichte

Heilungsgebet in die traditionelle Form der Beichte einzuschließen bringt verständlicherweise Schwierigkeiten mit sich: Erstens braucht es *Zeit*, die Wurzel des Übels aufzudecken, um zu wissen, wofür man beten soll, und um dann in aller Ruhe dafür zu beten. Kniet der Beichtende und warten draußen noch andere, so kann der Priester kaum mehr als eine oder zwei Minuten zusätzlich drangeben. Ist die Not des Beichtenden aber tief, so kann es eine Stunde brauchen, ihm wirklich zu helfen.

Zweitens befindet sich zwischen dem Beichtenden und dem Priester ein Gitter oder ein Fenster, so sind die Möglichkeiten persönlichen Kontakts begrenzt, der sich für jede Art Heilungsgebet so hilfreich erweist. Gebet um Austreibung wird dadurch so gut wie unmöglich. Drittens zählt der Beichtende gewöhnlich eine Anzahl von Sünden auf, anstatt über die Wurzeln seiner Beziehung zu Gott und zum Nächsten zu sprechen. Sucht der Beichtende den Priester also im Beichtstuhl auf, kann der Priester dem Beichtgespräch nur ein Heilungsgebet für den besprochenen Lebensbereich anfügen, und zwar vor oder nach der Lossprechung. Ohne Ausnahme haben sich die Beichtenden dafür dankbar gezeigt.

Die neue Beichtordnung aber bringt hier Abhilfe. Bittet der Priester die Beichtenden, ins Pfarrhaus zu kommen, so sollte er sich *genügend Zeit* nehmen; er sollte mit dem Beichtenden wirklich von *Angesicht zu Angesicht* sprechen; zählt der Beichtende aber nur eine Reihe von Sünden auf, kann der Priester grundsätzlichere Fragen stellen: Wie steht es mit Ihrer *Gottes-Beziehung?* Wie stehen Sie zu *sich selbst?* Wie steht es mit Ihrer Beziehung zum *anderen:* Zu Hause, bei der Arbeit, in der Gemeinschaft?

Durch ein solches Gespräch ergibt sich für den Priester und den Beichtenden die Möglichkeit, zusätzlich zu Sündenvergebung und Lossprechung für alle besprochenen Lebensbereiche des Beichtenden zu beten. Die Sünden betreffen nur die *Vergangenheit,* zu einer echten Umkehr in *Zukunft* aber bedarf es zumeist seelischer Heilung.

Heilungsgebet im Kontext psychologischer Beratung

Meiner Erfahrung nach erweist es sich als hilfreich, besonders bei Exerzitien, wenn der Priester nicht nur zum Beichthören, sondern ganz allgemein für jeden erreichbar ist, der sich aussprechen möchte oder um Heilung beten. Auf diese Weise nämlich kommen die Leute und beginnen ganz von selbst zu erzählen; sie wollen ihre Beziehung, oft die fehlende Beziehung zu Gott oder ihren Verwandten und Freunden besprechen. Meist ist es ihnen leichter, einfach irgendwo anzufangen, als das alles in einer langen Liste echter oder eingebildeter Sünden unterzubringen. Im Gespräch über das vergangene Leben kommt man zuweilen ganz von selbst auf das Problem der Sünde, meiner Schätzung nach etwa bei jedem vierten Gespräch; wobei der Priester nach einem gemeinsamen Reue-Gebet die Lossprechung einfügen kann. Fast immer aber stößt man auf die Notwendigkeit des Gebets um seelische Heilung oder um die Heilung von Beziehungen.

Es gehört einfach zur menschlichen Natur, zu verletzen und verletzt zu werden; und darum brauchen wir ständig Ermutigung und das Gebet des anderen. Wir alle bedürfen andauernd der Heilung. Ist der Priester oder Pastor bereit, für die Nöte seiner Mitmenschen zu beten, kommen sie gern zu ihm als dem Gesandten Christi. Eine Art der Heilung – aber eben nur eine unter vielen – ist dabei die Vergebung der Sünden.

Deswegen scheint es mir so hilfreich, zunächst und zuerst

als Mittler der heilenden Liebe Christi im weitesten Sinn erreichbar zu sein. Erst dann kann ich sehen, wie ich Jesus am besten um Hilfe für den anderen bitte; durch die Gabe seines Lichts und seiner Weisheit, oder durch die Vergebung der Sünden, oder durch Gebet um seelische oder körperliche Heilung, oder durch Dämonen-Austreibung, oder aber einfach durch den Zuspruch der Liebe Christi.

Das alles zusammen ist nichts anderes als Vermittlung der Kraft Christi zur Tilgung der Sünden und des Bösen im Rahmen des heute Möglichen. Ich warte aber auf den Tag, wo wir das Sakrament der Versöhnung in die *Wurzelgründe des Bösen hinein* spenden können, die uns bedrängen und bedrücken und daran hindern, uns der Freiheit der Kinder Gottes zu erfreuen.

3. EUCHARISTIE

Von eh und je galt die Eucharistie als ein heilbringendes Sakrament. Die Kommunion-Gebete bezeugen noch heute diesen ältesten Glauben der Kirche: „Erlöse uns, Herr, allmächtiger Vater, *von allem Bösen*, und gib uns Frieden in unseren Tagen. Komm uns zu Hilfe mit Deinem Erbarmen und bewahre uns vor *Verwirrung und Sünde*." „Herr Jesus Christus, der Empfang Deines Leibes bringe mir nicht Gericht und Verdammnis, sondern *Segen und Heil an Leib und Seele*." – „Herr, ich bin nicht würdig, daß Du eingehst unter mein Dach, *aber sprich nur ein Wort, so wird meine Seele gesund*."

Während der Dialogpredigt bei einer Eucharistiefeier mit etwa 40 Priestern, Brüdern und Schwestern sagte ein Priester kürzlich, die Eucharistie wäre ein Heilung spendendes Sakrament. Ich fragte daraufhin, ob einer der Anwesenden schon einmal eine Heilung während der Messe erlebt hätte. Niemand konnte sich an etwas Besonderes erinnern. Ich selbst weiß von mindestens einem Halbdutzend Heilungen während Eucharistiefeiern, in denen keine anderen Gebete gesprochen wurden als die liturgisch vorgeschriebenen. Hunderte von Heilungen sind geschehen, wenn ich in die üblichen Meß-Texte Heilungsgebete eingefügt habe, etwa nach der Kommunion oder nach dem Segen.

Als Rahmen für das Heilungsgebet scheint mir die Messe

geeigneter als jeder andere. Es ist die Zeit und der Ort, wo Jesus Christus auf ganz besondere Weise unter uns gegenwärtig ist.[6]

4. TAUFE

Der Sinn der Taufe ist es, einem Menschen neues Leben einzuhauchen, das Leben Jesu Christi. Die Kraft dieses Lebens aber kann alle bösen Mächte austreiben, die Mächte der Krankheit und des Todes. Der Sinn der Taufe ist die Tilgung der Sünde, einschließlich der Erbsünde mit ihren Auswirkungen Krankheit und Tod. Es liegt in der Natur der Taufe, Heilung und Leben zu spenden, Krankheit und Tod zu überwinden. Dies bezeugt ein Abschnitt aus dem Salz-Segen des bis vor kurzem noch gültigen Taufritus:

„Ich exorzisiere Dich im Namen des lebendigen Gottes, des wahren Gottes, des heiligen Gottes, des Gottes, der Dich geschaffen hat, zur Bewahrung des Menschengeschlechts, der Dir befohlen hat, von seinen Dienern geweiht zu werden zum Nutzen jener, die zum Glauben kommen, daß Du kraft der heiligen Dreieinigkeit *heilbringendes* Sakrament werdest, *zum Banne des Bösen.* Darum bitten wir Dich, Herr unser Gott, durch die Kraft Deiner Heiligung heilige dieses Salz, das Du erschaffen hast, gib ihm Deinen Segen, daß es zu einem *vollkommenen Heilmittel* werde allen, die es erhalten, und ihnen erhalten bleiben möge *in ihrem ganzen Sein.*"

Das Salzgebet verbindet also Heilung und Tauf-Sakrament ausdrücklich miteinander. Kein Wunder, daß Agnes Sanford über die Taufe schreiben kann: „Mein Mann wurde oft gerufen, ein ‚sterbendes' Kindlein zu taufen. Keines von ihnen ist wirklich gestorben. Darum ist er heute überzeugt, daß die Verbindung des Sakraments der Taufe zusammen mit seiner eigenen Person als Mittler zwischen Gott und dem Kind genugt, um jedes von ihnen mit neuem Leben zu erfüllen.[7] Ich habe nur gelegentlich zu taufen, in einem Fall aber wurde das Kind nach dem vollständigen Untertauchen über Nacht von einem hartnäckigen Ekzem geheilt, das ärztlicher Behandlung wochenlang widerstanden hatte.

---

[6] Vgl. Liturgie-Konstitution 7.

[7] Agnes Sanford, *Heilendes Licht*, 93.

Hätten wir mehr Glauben in die lebenspendende Kraft der Taufe, würden wir sicher öfter erleben, was Agnes Sanford beschreibt: „Mein Schwiegervater wurde einst als junger Pfarrer zu einem sterbenden Kindlein gerufen, um es noch zu taufen. Als er endlich in seinem kleinen Wagen über die kurvenreichen Bergstraßen das Haus erreicht hatte, war das Kind seit einer halben Stunde ‚tot'. Es lag im Wohnzimmer auf dem Tisch, von weinenden Frauen umgeben. Als der junge Pfarrer das Kind und seine schluchzende Mutter sah, hatte er großes Mitleid mit ihnen. Und die Liebe Christi sprach in seinem Herzen zu und bewog ihn, das Kind zu taufen, ob lebend oder tot.

Als er mit der Taufe begann, kam die Vorahnung über ihn, daß das Kind wieder leben werde. Daher hieß er die Frauen auf der entfernten Seite des Raumes sich setzen und stellte sich selbst zwischen sie und das Kind. So vor Beobachtung geschützt, legte er seine Hände auf das Kind, tropfte ein wenig Wasser in seinen Mund und streichelte die kleine Kehle. Das Körperchen begann langsam warm zu werden, und gegen Ende der Taufhandlung schlug das Kind die Augen auf. So gab er das Kind seiner Mutter zurück, so wie einst Elias der Sunamitin ihren einzigen Sohn wiedergeben durfte. Ohne eigentlich darum zu wissen, hatte er nicht allein vom Sakrament der Taufe, sondern auch von seinem eigenen Körper Gebrauch gemacht, um dem Kinde Gottes Leben mitzuteilen." [8]

5. DIE EHE

Ohne um Heilung zu beten, nur durch das Gebet um vertiefte Liebe zwischen den Ehepartnern, habe ich mehrfach erlebt, daß einer der Partner von körperlicher Krankheit geheilt wurde. Noch wichtiger aber scheint mir, daß wir in den letzten Jahren gelernt haben, um die *Heilung von Beziehungen* zu beten. Im Idealfall suchen *beide* Partner die Kräftigung oder Heilung ihrer Beziehungen. Dieses Gebet braucht Zeit, meist mehrere Sitzungen. Man sollte dabei in vier Etappen vorgehen:

---

[8] A. a. O.

a) In einer ersten Beratung sollte man herausfinden, wie die Partner zu sich selbst, zum anderen und zu ihrer Ehe stehen.

b) Bedarf es der Vergebung, kann jeder den anderen darum bitten, indem er ihm die Güte und Liebe bestätigt, die der andere in die Beziehung eingebracht hat.

c) Anschließend sollte man um seelische Heilung beider Partner beten, und zwar mit jedem einzeln. Oft ist schon die Entdeckung der Sorgen und Nöte, die der Partner in die Ehe mitbrachte, eine Offenbarung für den anderen und der Beginn der Heilung der Beziehungen. Nehmen wir das Beispiel einer Ehe, die zerbrach, als die kleine Tochter einer schleichenden Krankheit erlag. Einen derartigen Schlag gemeinsam zu ertragen, hätte der Liebe förderlich sein können. Statt dessen aber ist sie daran zerbrochen. Warum? Der Mann hatte in seiner Kindheit viel Schweres erlebt. Um es erträglich zu machen, wurde entweder geschwiegen oder darüber gelacht, so wie Soldaten im Kriege kalt lächelnd den Tod ihrer Kameraden mitansehen lernen. Eine dicke Haut ist die einzige Möglichkeit, zu überleben, durch vieles Reden wird alles nur noch schlimmer. Als seine Tochter starb, verlor der Vater kein Wort darüber, er machte höchstens Witze. Die Frau aber kam aus einer kleinen leidbewahrten Familie, jeder bekannte dort jedem ausführlich seine Liebe und seine Sorgen. Die Tochter erkrankte bald nach der Geburt. Die Tränen der Mutter machten den Vater verlegen. Er zog sich zurück. Sie sagte ihm, er wäre herzlos. Er schluckte seinen Ärger hinunter und zog sich noch weiter in sein Schneckenhaus zurück. Als Mutter und Tochter ihn wirklich brauchten, war er endgültig verschwunden.

Unsere gegenwärtigen Beziehungen sind immer von unserer Vergangenheit beeinflußt. Beginnt ein Ehepaar die Wunden der Vergangenheit und die Notwendigkeit ihrer Heilung erst einmal wahrzunehmen, so ist dieses Bewußtwerden an sich schon Heilung. In unserem Fall wurde die Frau durch die Erkenntnis geheilt, daß ihr Mann nicht herzlos war, sondern mit seinen Gefühlen so umging, wie er es gelernt hatte.

Als nächstes sollte man mit beiden Ehepartnern um seelische Heilung beten, wobei die Frau für den Mann und der Mann für die Frau beten kann. Die Heilung vergangener Wunden sollte eine freiere Beziehung in der Gegenwart bewirken. Als hilfreich erweist sich dabei, wenn ein Mann und eine Frau gemeinsam für das betreffende Ehepaar beten.

d) Zum Abschluß sollten die beiden Ehepartner gemeinsam für *die Heilung der ehelichen Beziehungen* beten. Aufrichtigkeit ist eine Grundbedingung dieses Gebets. Schon deswegen kann man es nie erzwingen. Beide Partner müssen es ehrlich wünschen. Alle Beteiligten sollten dabei besonders behutsam vorgehen. Eines Tages sollte jede Eheberatung im Gebet um Heilung all jener Schwierigkeiten gipfeln, die ein ehrliches Gespräch der Partner ihnen bewußtgemacht hat. Auf diese Weise würde die Gnade des Ehesakraments, das den Partnern die Vollmacht verleiht, einander in der Liebe Jesu Christi zu begegnen, zu einer ständigen Quelle gemeinsamen Lebens.

6. DAS SAKRAMENT DER WEIHE

Heilung und Priestertum scheinen zusammenzugehören. Der Priester ist geweiht, der Gemeinde das Leben Jesu zu vermitteln. Der Priester führt das Leben Jesu fort. Leben bedeutet für ihn predigen, heilen und Dämonen austreiben. Er soll dem Bild gleichen, das Petrus von Jesus zeichnet: „Gott hat ihn mit der Kraft des Heiligen Geistes gesalbt, dann zog er wohltatenspendend und alle vom Teufel Besessenen heilend umher: Gott war mit ihm" (Apg 10,38).

In der Urkirche galt der Heilungs-Auftrag offenbar als eine besondere Gnadengabe. Wer sie erhalten hatte, brauchte deswegen nicht geweiht zu werden. In der *Apostolischen Tradition* des Hippolyt (um 215) lesen wir: „Sagt jemand, ich habe die Heilungsgabe erhalten, sollen ihm nicht die Hände aufgelegt werden. An den Früchten soll sich erweisen, ob er die Wahrheit gesprochen hat."

Auch Exorzismus war zunächst nicht dem Priester vorbehalten. Noch im dritten Jahrhundert wurden Laien als Exorzisten ausgebildet. Die Zahl der Exorzisten wuchs derart, daß ein römischer Bischof klagte, es gäbe mehr Exorzisten als Priester.[9] Aus den „*Apostolischen Konstitutionen*" erfahren

[9] Morton Kelsey, *Healing and Christianity*, 153.

wir, daß zu Beginn des 5. Jahrhunderts die Kirche entschied, Heiler und Exorzisten hätten die Weihen zu empfangen. Der Bischof betete, daß allen, die die Weihen empfingen, die Heilungsgabe zuteil würde: „Und nun, Herr, gib ihm, bewahre ihm den Geist deiner Gnade, daß er, erfüllt mit der Vollmacht zu heilen, zu predigen, zu lehren, dein Volk aufrichtigen Herzens unterweise und dir reinen Geistes und mit einer befreiten Seele diene und makellos seinen geheiligten Dienst an deinem Volk ausübe."

Der Kanon des Hippolyt enthält ein besonderes Gebet für Presbyter und Bischöfe: „Gewähre ihm, Herr, einen milden Geist, die Vollmacht Sünden zu vergeben, und gewähre ihm die Vollmacht, Dämonen auszutreiben, Krankheiten zu heilen und den Satan unter seinem Fuß zu zertreten."

Diese Vollmacht wurde besonders durch die Spendung des Sakraments der Krankensalbung ausgeübt. Jedoch bestand die Vollmacht der Krankenheilung nicht allein in der Spendung des Sakraments der Krankensalbung. Sie wurde vielmehr durch das Leben des Priesters als Instrument Gottes ausgeübt, der geweiht ist, zu heilen. Im 9. Jahrhundert schreibt Amalarius: „Unsere Bischöfe fahren fort mit dem Brauch, den Priestern die Hände mit Öl zu salben. Es geschieht offensichtlich, um ihre Hände zu reinigen, um Gott die heiligen Opfer darzubringen, und ihre Hände zu öffnen, um Wohltätigkeit zu üben. Beides wird durch das Öl bezeichnet – die Gnade zu heilen und auch die Nächstenliebe."

Diese Überzeugung geht praktisch auf eine frühere Zeit zurück, in der der Bischof selbst zum Krankenbesuch ermutigt wurde. Im Kanon des Hippolyt heißt es: „Er gesundet von der Krankheit, wenn ein Bischof zu ihm kommt, besonders wenn dieser über ihn betet."

Aus dem Gesagten geht hervor, daß die Heilungsgabe zunächst als eine Gnadengabe betrachtet wurde, die für *jeden* Getauften zur Ausübung christlichen Dienstes innerhalb der Gemeinde gehörte; erst später wurde sie an das Priester-Amt gebunden, ausgeübt durch die Spendung der Sakramente.[10] Möge dieses Buch zur Erneuerung des Heilungsauftrages beitragen.

[10] Morton Kelsey, 180.

Alle Kirchen erleben heute eine innere Wandlung und Erneuerung, wie sie dem heiligen Augustinus während seines Lebens zuteil wurde. In seinen frühen Schriften sagt er, Heilung wäre eine besondere Gabe der Urkirche gewesen, als Christen hätten wir jedoch nicht länger den Fortbestand dieser Gabe zu erwarten.[11] Nach einer inneren Wandlung aber bekennt er in „De retractatione", er habe sich geirrt. Zu dieser Umkehr führte ihn die seelsorgerische Praxis als Bischof von Hippo: „Bald erkannte ich, wieviel Wunder in unserer Zeit geschehen und wie sehr sie den Wundern von einst gleichen, und auch, wie falsch es wäre, diese Zeichen göttlicher Macht in der Erinnerung des Volkes verblassen zu lassen. Erst vor zwei Jahren begannen wir hier in Hippo, die geschehenen Wunder schriftlich festzuhalten. Heute, während ich das schreibe, zählen wir ihrer schon fast siebzig."[12]

Auch wir werden „Wunder" erleben, wenn wir von neuem an die in den Sakramenten verborgene Macht glauben lernen. Ich warte auf den Tag, an dem Gottes Liebe sich überall so offenbaren wird wie in dem folgenden Geschehen, nämlich der Heilung einer Schwester durch das Zusammenwirken von Beichte, seelischer Heilung und Austreibung: „Vielleicht ahnen Sie, wie anders ich mich fühle. Ich bin neugeboren. Ich fühle mich weiß wie Schnee, rein und gut. Ich fühle mich beschwingt wie die Luft und glücklicher als je zuvor. Die anderen können mich nicht mehr verletzen durch das, was sie sagen oder tun. Ich bin nicht mehr eifersüchtig. Ich bin glücklich. Ich muß noch einige alte Denkgewohnheiten überprüfen, aber Er hilft mir dabei. Ich hatte schon Agnes Sandfords ‚Heilendes Licht' gelesen, aber die alten bösen Gedanken wollten sich um keinen Preis vertreiben lassen. Bis zu einem gewissen Grad konnte ich mich zusammennehmen, dann aber explodierte ich von neuem – und hinterher fühlte ich mich elend. Ich wußte, ich schaffte es einfach nicht, so fühlte ich mich schuldig und ohne Hoffnung. Jetzt schafft Er es. Alles ist so einfach. Meine Rück-

---

[11] Morton Kelsey, 185.
[12] Augustinus, Civitas Dei XXII, 8.

kehr in die Gemeinschaft war wunderschön. Am Abend vorher hatte ich noch gemeint, ich könne nie mehr mit anderen leben. Die Kommunität und ich sind in Hoch-Stimmung. Kurz, *ich bin neugeboren.* Gottes Gnade ist überwältigend. Ich möchte nie mehr aufhören, ihm zu danken."

21. Kapitel

OFT GESTELLTE FRAGEN

Bei Seminaren tauchen immer wieder Fragen auf, die in keines der bisher behandelten Kapitel gehören, für die Praxis aber dennoch wichtig sind.

WOHER WEISS ICH, OB ICH DIE HEILUNGSGABE HABE?

Das ist eine heikle Frage, die ich nur ungern beantworte. Mir ist ebenso unwohl dabei wie bei der Frage: „Sind Sie ein Heiler?" Zunächst steht mir der Mensch zu sehr im Mittelpunkt dabei. Es klingt, als besäße ich etwas, worüber ich verfügen könnte, es beliebig an- und abstellen. Was ich von mir aus tun kann, ist, zu beten. Darüber kann ich frei entscheiden. Ob dadurch jemand geheilt wird, hängt nicht von mir ab. Sondern allein von Gott. Das hat weder mit Magie noch mit Aberglauben zu tun. Durch mein Gebet beeinflusse ich nämlich Gottes Willen nicht, sondern ich arbeite mit Gott für einen Menschen zusammen. Zu Seinen Plänen gehört auch mein Gebet. Gott ist *immer* dem Leben und dem Heil dieses Menschen zugewandt, selbst wenn wegen eines Hinderungsgrundes oder aus einem höheren Zweck Heilung nicht sofort eintritt.

Die Beziehung des Menschen zu göttlicher Heilung besteht in der Möglichkeit, von Gott gebraucht zu werden — und nicht in einer göttlichen Gabe unter menschlicher Gewalt. Die Gabe der Heilung betrifft auch nicht den Betenden, sondern den Kranken; geheilt wird der Kranke.

Jeder Christ hat die Möglichkeit, für Heilung gebraucht zu werden. Jede Heilung geht von Christus aus. Weil Christus zusammen mit dem Vater und dem Heiligen Geist in jedem Christen gegenwärtig ist, kann er auch durch das Gebet jedes

Christen wirken. „Alles ist möglich dem, der glaubt" (Mk 9,23b). Damit werden *alle* ermutigt, für Heilung zu beten. Für die Nächsten haben wir eine besondere Verantwortung im Gebet: Eltern werden von Gott gebraucht, für ihre Kinder zu beten; Eheleute füreinander. Freunde sind auf besondere Weise miteinander verbunden, Gott kann ihre Freundschaft zum Heilen brauchen, wenn sie füreinander beten. Priester und Pastoren haben durch ihr Amt als Hirten und Wächter der Gemeinde eine besondere Heilungsgabe. Durch die Sakramente der Buße und der Krankensalbung und der Eucharistie wird ihr Heilungsgebet zu einem integralen Bestandteil kirchlichen Lebens.

Dennoch wird einigen Menschen eine spezielle Gabe im Gesamtbereich der Heilung zuteil. Es entwickelt sich ein Heilungs-*Auftrag*, wenn die Gabe durch andere Gemeindeglieder erkannt und bestätigt wird. Paulus sagt, *einigen* würde die Gabe der Heilung zuteil (1 Kor 12,9), also nicht allen. Paulus spricht im Kontext von besonderen Gaben für bestimmte Aufgaben innerhalb der Gemeinde. Wenn auch eine besondere Gabe der Heilung nur einigen zuteil wird, so sollte jede Gebetsgruppe doch diejenigen zu erkennen suchen, denen mehr Heilkräfte zuteil werden als anderen.

Wie die Gabe zu lieben kann auch die Gabe zu heilen schwächer oder stärker sein. Es geht eigentlich gar nicht darum, ob man sie *hat* oder nicht. So einfach ist das nämlich nicht.

Jede Heilungsgabe kann noch wachsen. Jeder von uns hat diese Gabe in einem gewissen Maße. Darum besteht immer Hoffnung, daß wir darin noch bestärkt werden. Wir brauchen es nie eilig zu haben, unsere Gabe zu beweisen. Jeder, dem eine besondere Heilungsgabe zuteil wird, wird von den anderen sehr bald ausfindig gemacht werden. Wie Jesus selbst, wird er sehr bald versuchen, sich zu verbergen, anstatt sich öffentlich Gedanken zu machen, ob er die Gabe habe oder nicht. Erhalten wir diese Gabe als Aufgabe, stellt sich das bald heraus. Solange jemand noch unsicher ist, sollte er besser warten und wachsen.

Auch auf diesem Gebiet gibt es nämlich die Überängstlichen, die es genau wissen wollen. Vielleicht ist ihre Motivation nicht immer die reinste. Der löbliche Vorsatz, anderen zu helfen, kann verbunden sein mit innerer Not, benötigt zu werden. Diese guten Leute bringen es irgendwie fertig, in so ziemlich jeder Gebetsgruppe aufzutauchen und dort zu verkünden, sie hätten einen Heilungs-Auftrag. Sie sind vielleicht einmal zu einem unserer Seminarien gekommen und berufen sich dann ständig darauf. Fehlt irgend jemandem in der Gruppe auch nur irgend etwas, machen sie sofort Anstalten, die Leitung des Gebets an sich zu ziehen; oder aber sie nehmen den Betreffenden beiseite und führen ihren „Auftrag" privat an ihm aus. Sie glauben sich so fest beauftragt, daß sie andauernd jemand suchen, an dem sie ihren Auftrag ausführen können.

Angenehm ist das für niemand. Denn im Grunde ist es eine verkehrte Welt; in Wirklichkeit sind es diese „Heiler", die der Heilung bedürfen. Vielleicht tun sie trotzdem einigen Menschen Gutes, deswegen entmutigt man sie nicht gern. Ich habe auch gefunden, daß Menschen mit echten Problemen instinktiv wissen, an wen sie sich wenden sollen, um mit ihm zu beten. Kranke sollten grundsätzlich frei wählen können, mit wem sie über ihre Heilung sprechen und beten wollen, wie sie ja auch frei sind, den Arzt ihrer Wahl zu rufen. Ein Arzt, der nach Patienten Ausschau hält, ist stets verdächtig. Ist nämlich der Arzt erfolgreich, braucht er seinen Patienten nicht nachzulaufen.

Manchmal werben solche „Heiler" auch auf subtilere Art um ihre Anerkennung; sie fordern die Einrichtung eines Heilungsdienstes durch die Gebetsgruppe, so daß Kranke durch bestimmte Kanäle nur an sie gelangen können. Zuweilen muß eine Gebetsgruppe tatsächlich ein Heilungs-Team erkennen und bestimmen; nämlich, um sich vor allzu vereinfachenden Lehren über Heilung zu schützen — und eben vor jenen „Heilungs-Beauftragten", die letztlich mehr schaden als nützen. Im allgemeinen sind es die Gruppen oder Gemeinschaften selbst, die echte Heilungs-Gabe hervorbringen. Die meisten werden eine Gabe erkennen und anerkennen, sobald sie sich offenbart. Echt Begabte brauchen sich also nicht vorzudrängen. Stellt man jenen, die mit ihnen sprechen und beten wollen, Raum und Zeit zur Verfügung, so bleiben Freiheit der Wahl und Diskretion gewahrt.

GIBT ES KÖRPERLICHE EMPFINDUNGEN IN VERBINDUNG MIT DER HEILUNGSGABE?

Ja, die gibt es. Manchmal können sie hilfreich sein. Aber es sind nur Anzeichen und Auswirkungen der Heilungsgabe, und nicht die Gabe selbst. Die Gabe selbst offenbart sich nur dadurch, daß jemand eindeutig geheilt wird. Agnes Sanford berichtet über verschiedene körperliche Empfindungen während des Gebetes, ihr Mann aber empfand nichts dergleichen. Zu diesen Phänomenen gehören unter anderen:

a) *Wärme* ist die verbreitetste Empfindung in Verbindung mit Heilung. Oft konzentriert sich die Wärme auf das betroffene Organ. Manchmal verbleibt sie als Zeichen der Heilung im Körper, selbst wenn das Gebet längst vorüber ist.

b) *Leichte elektrische Ströme.* Einige Menschen empfinden beim Gebet ein leichtes Zittern in den Händen wie von einer Art elektrischen Stroms. Dieses Zittern hält gewöhnlich während des ganzen Heilungsgebetes an.

c) Elektrische Ströme oder eine Art Aufgeladen-Werden, jedoch ohne Zittern.

Diese Empfindungen können hilfreich sein. Einige haben zum Beispiel aus Erfahrung gelernt, so lange weiterzubeten, wie das Zittern anhält und der Strom zu fließen scheint. Mit dem Aufhören der Empfindung beenden sie auch das Gebet. Das kann verschieden lange dauern und zuweilen auch unmerklich weitergehen, wie etwa bei einer Behandlung mit Kobalt-Strahlen. Es kann aber auch nur kurze Zeit anhalten.

Jene, die gelernt haben, Heilung mit der Empfindung von Wärme oder einer Art elektrischen Stroms in Verbindung zu bringen, glauben, daß dies zur Erkenntnis helfen kann, wann man für jemanden beten soll und wann nicht. Haben sie diese Empfindungen während eines Gebetstreffens, so wissen sie aus Erfahrung, daß jemand in der Gruppe der Heilung bedarf und tatsächlich geheilt werden kann.

Hat jemand einen echten Heilungs-Auftrag, so braucht er diese Empfindungen nicht zu suchen. Sie kommen aber ziemlich häufig vor, auch ohne daß man sie gesucht hat. Ihr Vorkommen sollte weder zu Erstaunen noch zu Stolz Anlaß geben. Man sollte sie einfach als eine Tatsache hinnehmen und sehen, ob sie eine praktische Bedeutung haben: Helfen sie uns bei der Erkenntnis, wann wir beten sollen? Helfen sie uns, Gott stärker zu vertrauen, daß er unser Gebet brauchen kann? Nicht die Empfindungen an sich sind wichtig, sondern ihre mögliche Bedeutung. Man sollte sie weder fürchten noch belächeln, aber auch nicht überbewerten. Sie können uns helfen, den eigenen Heilungs-Auftrag besser zu verstehen.

Manchmal wird ein leichtes Zittern beim Heilungsgebet auch einer allgemeinen Schwäche des menschlichen Körpers zugeschrieben, der den Kontakt mit der Kraft Gottes nicht gewohnt ist. Wird die Gegenwart Gottes zu einer ständigen Gewohnheit, so werden diese körperlichen Empfindungen kaum noch wahrgenommen.

SOLL MAN UM HEILUNG IN GEMEINSCHAFT BETEN?

Manchmal ist es vorteilhafter, in Gemeinschaft zu beten; ein anderes Mal betet man am besten nur zu zweit. Es gibt kein Patentrezept für alle Menschen in allen Lebenslagen. Unter den Heilungs-Begabten finden sich oft auch jene, die zusätzlich eine besondere Gabe der Unterscheidung empfangen. In schwierigen Fällen kann das hilfreich sein. Außerdem gibt es eine eigene Kraft des Gruppen-Gebets: „Wo zwei oder drei in meinem Namen versammelt sind . . .“ Allgemein kann man sagen:

a) Um körperliche Heilung betet man besser in Gemeinschaft.

b) Beim Gebet um seelische Heilung oder Austreibung sollte man entweder zu zweit sein oder nur ein ganz kleines Team haben. Die Art der Aussagen, das Offenbarwerden tiefinnerer Verletzungen bedarf unbedingt des Respekts vor der Intimsphäre eines Menschen. Gründe für ein begrenztes Team können sein: Das Zusammenwirken verschiedener Gaben, wie etwa der Gabe der Unterscheidung und der Heilung, die verschiedenen Menschen zuteil werden. Oder einen Mann und eine Frau gleichzeitig für die Wunden der Vergangenheit beten zu lassen. Oder alles Kompromittierende zu vermeiden, das sich aus einer Zweier-Situation ergeben könnte.

Kann man auch auf Entfernung um Heilung beten? Beim Gebet um *körperliche* Heilung scheint Entfernung keine Rolle zu spielen. Ich habe vielfach gehört, daß während des Gebets einer Gruppe für einen Kranken in einem entfernten Spital der Kranke tatsächlich die Gegenwart Christi wahrnahm und geheilt wurde.

Beim Gebet um Bekehrung, seelische Heilung und noch mehr um Befreiung, dort also, wo die aktive Mitwirkung des Kranken erforderlich ist, erweist sich seine Anwesenheit gewöhnlich als hilfreich. Gebet ist keine Magie, und Gott macht keinen Bogen um den Kranken, wenn er seine aktive Teilnahme am Heilungsvorgang will. Kommt jemand mit der Bitte um Gebet für einen Verwandten mit psychischen Problemen, schlage ich gewöhnlich vor, daß der Betreffende selbst erscheint. Aber auch davon gibt es Ausnahmen.

Ich weiß von Fällen der Umkehr und der seelischen Heilung durch Gebet auf Entfernung, mit nachfolgender innerer Beteiligung des Kranken. In den Evangelien lesen wir von der Kanaaniterin, die um die Befreiung ihrer Tochter von Dämonen bat. Die Tochter wurde befreit, sobald Jesus für sie betete, also auf Entfernung (Mt 15,21–28). Im November 1972 betete ich mit Pastor Fajardo und seiner Frau während Exerzitien in Bogota für die Bekehrung ihres Sohnes, der sich zu dieser Zeit zu Hause in Cali aufhielt. Zu dem genauen Zeitpunkt des Gebets, nämlich gegen ein Uhr morgens, wachte der Junge aus dem Schlaf auf und hatte ein Bekehrungserlebnis, in dem er sein Leben Christus übergab und von Drogen-Abhängigkeit befreit wurde. Dies geschah also ohne jede äußere Beeinflussung, aber dennoch mit aktiver Beteiligung seiner Willenskraft.

GEHÖREN ZU HEILUNG NOCH ANDERE GABEN?

Von den von Paulus in 1 Kor 12 erwähnten Gnadengaben stehen die folgenden eindeutig in Verbindung mit der Heilungsgabe: Unterscheidung der Geister, Gabe des Glaubens, Wort der Erkenntnis, Wirken von Wundern. Wenn auch der Sinn dieser Gaben nicht eindeutig ist, so besteht doch unter jenen, die aktiv um Heilung beten, Übereinstimmung über ihren Wirkungsbereich: Die Unterscheidung der Geister ermöglicht uns die Feststellung, ob Befreiung notwendig ist oder Heilung, und welcher Art. Die Gabe des Glaubens erlaubt uns, zu wissen, ob der Kranke geheilt werden wird und ob es jetzt geschieht. Sie schenkt uns außerdem das Vertrauen, aus dem offenbarten Wissen heraus zu handeln und das Gebet des Glaubens zu beten.

Das Wort der Erkenntnis hilft uns, den Wurzelgrund jener Krankheit zu orten, um deren Heilung wir beten sollen, vor allem dann, wenn der Kranke nicht genau weiß, was ihm fehlt. Diese Gabe ist besonders bei seelischer Heilung hilfreich, aber auch bei körperlicher Heilung mit einem seelischen Hintergrund. Die Gabe, Wunder zu wirken, unterscheidet sich meiner Meinung nach von der Heilungsgabe dadurch, daß etwas Nichtvorhandenes geschaffen wird, während durch die Heilungsgabe der natürliche Heilungsprozeß abgeändert oder beschleunigt wird.

Alle diese Gaben sind eine ganz eindeutige Hilfe zur vollen Auswirkung der Heilungsgabe. Die Gaben, Wunder zu wirken und zu heilen, haben mit Gottes heilender Liebe und Kraft zu tun, während die Gaben der Unterscheidung, der Erkenntnis und des Glaubens uns wissen lassen, wann und wie wir Gottes heilende Liebe und Kraft anderen weitergeben dürfen.

KANN MAN MEHR ALS EINMAL UM HEILUNG BETEN?

Viele Menschen, die an Gebetsheilung glauben, meinen, sie könnten nur einmal um Heilung beten. Ein zweites Gebet scheint ihnen mangelnder Glauben an die Erhörung des ersten. Offenbar predigen das einige Evangelisten. Solcher Absolutismus scheint mir aber der eindeutigen Lehre Jesu in den Gleichnissen vom drängenden Freund (Lk 11,5–8) und von der drängenden Witwe (Lk 18,1–8) zu widersprechen: „Ich sage Euch, wenn er schon nicht aufstünde und es ihm gäbe, weil jener sein Freund ist, so wird er sich doch wegen seines Drängens erheben und ihm geben, soviel es braucht. So sage auch ich Euch: Bittet, und es wird Euch gegeben werden!" (Lk 11,8–9)

Dennoch gibt es Fälle, in denen jemand nur einmal betet und den inneren Ruf erhält, an seine Heilung zu glauben. Aber hier irgend etwas absolut setzen zu wollen, schafft nur neuen Legalismus und erhebt eine Methode zum Idol. Wir sollten zunächst beten, um Gott entscheiden zu lassen, wie *Er will*, daß wir beten sollen; einmal, mehrmals, öfter.

Für langjährige, chronische Gebrechen muß man gewöhnlich über eine lange Zeitspanne und viele Male beten. Erkrankungen wie Arthritis werden gewöhnlich, aber nicht immer, nur nach und nach geheilt. Bitten Eltern um Gebet für ihr geistig behindertes Kind, so lehre ich sie, jeden Tag mit der ganzen Familie für das Kind zu beten. Gewöhnlich bessert sich der Zustand des Kindes nach und nach, meist schneller als die ärztliche Prognose meinte. Für langwierige tiefsitzende Erkrankungen scheint Tommy Tysons „Vorbereitungsgebet" am geeignetsten, das man dann aber ständig wiederholen muß.

Und wie steht es mit Bein-Längen? Für jene, die diese Art Gebet niemals erlebt haben – und auch für die, die schon dabei gewesen sind –, mag „Bein-Längen" etwas seltsam klingen. Es bedeutet praktisch, daß der Kranke, der zum Beispiel unter einer Verletzung der unteren Wirbelsäule leidet, auf einem Stuhl sitzt und beide Beine vor sich in die Luft streckt, so daß man ihre Länge miteinander vergleichen kann, indem man die Hacken zusammenhält. Da fast alle Menschen ungleich lange Beine haben, wird meist ein gewisser Unterschied in der Länge sichtbar. Die Gruppe versammelt sich nun um den Kranken, während einer oder mehrere die Füße halten und beobachten, wie der eine Fuß etwas weiter vorkommt, bis beide Beine die gleiche Länge haben.

Um diese etwas sonderbare Art der Heilung ins rechte Licht zu rücken, sollte zunächst einiges klargestellt werden. Genaugenommen ist die Bezeichnung „Bein-Längen" falsch. Stimmt etwas an der Stellung der Wirbelsäule oder der Hüften nicht, so hat das einen Einfluß auch auf die Stellung der Beine. Tatsächlich wird durch das Gebet auch nicht das Bein gelängt! Die Veränderung der Beinlänge ist nur die scheinbare Wirkung, ursächlich treten Veränderungen der Wirbelsäule oder der Hüften ein! Jeder Arzt wird im übrigen bestätigen, daß die genaue Bestimmung der Beinlänge etwas mehr erfordert, als die ungefähre Messung durch Zusammenfügen der Hacken. Dafür eine Genauigkeit in Anspruch nehmen zu wollen, die nicht gegeben ist, würde diese Gebetsform in den Augen der Mediziner nur lächerlich machen.

Ungenaue Bezeichnung und Messungen dürfen dennoch nicht darüber hinwegtäuschen, daß fast immer, wenn wir für jemand mit einem Rückgrat- und Hüftproblem beten, tatsächlich etwas geschieht. Außerdem wird es durch diese Gebetsform auch möglich, daß die Teilnehmer an einem Gebetstreffen die Auswirkung ihres Gebets und der Heilung *sehen* können. Meist berichten die Kranken, um deren Heilung wir beten, daß sich an ihrer Wirbelsäule spürbar etwas verändert, sozusagen zurechtgerückt habe. Eines Tages betete ich für einen Mann, dem eine Mayo-Klinik die Diagnose gestellt hatte, sein schadhaftes Hüftgelenk müsse vermutlich mittels eines chirurgischen Eingriffs durch ein künstliches ersetzt werden. Eine Messung der Beinlängen ergab eine Differenz von drei Inches (ca. 7,5 cm). Innerhalb eines Fünfminutengebets „wuchs" das kürzere Bein, bis beide die gleiche Länge hatten. Beim Gehen konnte er zum ersten Mal seit zwei Jahren wieder mit der Ferse auftreten. Am nächsten Morgen berichtete er, zum ersten Mal seit sechs Jahren habe er auf dem Rücken schlafen können, er könne jetzt gehen, ohne zu humpeln.

Warum diese Gebetsform derart häufig erhört wird, weiß ich nicht. Immerhin weiß ich, daß sie Menschen, die Gebetsheilung skeptisch gegenüberstehen, durch den Augenschein von ihrer Wirksamkeit überzeugt hat. Meiner Schätzung nach sind etwa 90 Prozent aller Rückgrat-Gebrechen, für die wir auf diese Art beteten, geheilt oder wesentlich gebessert worden. Die seelische Komponente an solchen Gebrechen sollte nicht unterschätzt werden.

Woher wissen Sie, daß Gebetsheilung nicht nur auf Suggestion beruht? Sicher ist manches Suggestion! Durch die vielfältigen Möglichkeiten seiner Schöpfung wirkt Gott auf vielfältige Art. Für mich weist aber die Fülle der Evidenz in die Richtung einer Kraft, die jede rein menschliche Macht bei weitem übersteigt.

Was halten Sie von magischen Heilern? Ganz allgemein können drei verschiedene Kräfte Heilung wirken. Zunächst gibt es die göttliche Heilkraft: „Alles; worum Ihr in meinem Namen bittet, wird Euch gegeben werden." Zweitens scheint es natürliche Heilkräfte zu geben. Drittens glaube ich, daß dämonische Kräfte auf die Heilung von Schäden hinwirken können, die diese selbst angerichtet haben. Magische Heiler wirken vermutlich mit solchen Heilkräften. Bei jemand Heilung zu suchen, der irgendwie mit dämonischen Kräften in Verbindung steht, hieße jedoch, dem Bösen die Tür noch weiter zu öffnen, selbst wenn in irgendeinem Randbereich echte Heilung geschähe. Manchmal bedarf es der Unterscheidungsgabe, die wahre Quelle der Heilkräfte herauszufinden. Kommen diese Kräfte nicht direkt oder indirekt von Gott, sollten wir uns unbedingt davor hüten, was immer der Heiler behaupten mag und wie sehr wir der Heilung bedürfen.

Agnes Sanford hat aus Erfahrung gelernt, nicht für Menschen zu beten, die mit Spiritismus in Kontakt standen. Einmal hatte sie kurz hintereinander für vier Leute gebetet, die alle vier in Spiritismus verwickelt waren. Sie wurden nicht nur nicht geheilt, sondern in jeder der vier Familien starb jemand kurz nach dem Gebet. Agnes Sanford berichtet: „Viermal dasselbe! Das war denn doch genug! Wie man es auch verstehen mag, ganz offenbar war ich nicht die Richtige, mit jemand zu beten, der mit Spiritismus zu schaffen hat. Es beschäftigte mich sehr, denn zuzeiten konnte ich absolut nichts daran ändern. Selbst in einer Gruppe war es nicht anders, manchmal fand ich erst hinterher heraus, daß ein Spiritist dabei war. In der Gruppe waren die Auswirkungen nicht so drastisch, vermutlich schützte der Geist der Gruppe die Teilnehmer bis zu einem gewissen Grad. Trotz dieses Schutzes habe ich immer wieder unangenehme Nachwirkungen meines Gebets in solchen Gruppen erlebt. Soweit ich weiß, geschahen dort auch keine Heilungen.

Der Leser wird mit allen möglichen Gründen kommen, warum das nicht so sein sollte. Gottlob aber ist dieses Buch keine Vorlesung, sondern einfach eine Autobiographie. Ich habe also nichts zu begründen, sondern nur Tatsachen festzustellen.

Dennoch wollte ich allzu gern verstehen. Wenn möglich, wollte ich von dieser lästigen Einschränkung derer, für die ich beten konnte, befreit werden. Bei Gelegenheit beriet ich mich mit einer Dame, die ich als Autorität auf dem Gebiet des Okkulten betrachte. Ihre angeborene Weisheit und ihre

Bildung sind gleich groß wie ihre Hingabe an Jesus Christus. Was kann ich tun, daß das nicht wieder vorkommt? fragte ich sie. Nichts. Sie können es nur sein lassen, antwortete sie. Sie können sich mit diesen Leuten, die im Spiritismus stecken, ruhig treffen. Aber Sie dürfen nicht für sie beten. Und zwar zu deren eigenem Schutz."

Und Agnes Sanford schreibt weiter: „Aber so viele anständige Leute stecken tief im Spiritismus, möchte man ausrufen. Es ist wahrhaft erschreckend, auf christlichen Konferenzen Bücher über Edgar Cayce und andere spiritistische Literatur Seite an Seite mit meinen eigenen Büchern ausgestellt zu finden. Sie gehören einfach nicht zusammen. Die Verwechslung zwischen der Kraft des Heiligen Geistes und den gefährlichen Mächten des Spiritismus ist die stärkste Bedrohung der Kirche unserer Tage. Wir sind dafür verantwortlich, sie mit allen Mitteln zu bekämpfen."[1]

Ob man die Theorie von Agnes Sanfords Beraterin akzeptieren will oder nicht, wir haben es auf jeden Fall mit einem ernsten Problem zu tun. Ein Christ sollte sich davor hüten, das christliche Heilungsgebet mit Heilungspraktiken spiritistischer Herkunft zu verwechseln. Andererseits sind manche Christen allzu schnell mit Pauschalurteilen über jede Form von Heilung bei der Hand, die nicht ausdrücklich christlich ist, aber dennoch eine echte Naturkraft sein kann. Man hält das sofort für Hexerei. Ich meine, wir sollten zunächst die Schönheit und die Kraft christlicher Heilung erfahren; von jeder Form nichtchristlicher Heilung sollten wir uns fernhalten, ohne sie jedoch zu *verdammen*. Vor Heilung, die mit Spiritismus oder Hexerei zu tun hat, sollten wir jedoch entschieden *warnen*.

---

[1] Agnes Sanford, *Sealed Orders*, 153ff.

ANHANG

HEILUNG UND INKARNATION

Eine Ansprache an Priester von Tommy Tyson[1]

Heilen heißt, die Inkarnation ernst nehmen! Inkarnation aber heißt, daß Gott gegenwärtig ist. Gott ist nicht nur *mit* uns Menschen, er ist *selbst* Mensch geworden. Jesus ist Gott, der zu uns kommt. Das ist kein humanistisches Greifen nach den Sternen. Heilung nur menschlich verstehen, hieße, sie bloß psychologisch betrachten. Einen Heilungs-Auftrag zu haben bedeutet dann nichts anderes, als eine Diagnose zu stellen und sich auf die Probleme und ihre Symptome zu konzentrieren. Inkarnation bedeutet aber nicht für den Menschen, nach den Sternen zu greifen, sondern für Gott, Mensch zu werden; in sich selbst zu vollenden, was er den Menschen zugedacht hat. Sie bedeutet Jesus, der sich uns schenkt.

Das verstehe ich unter Heilung: Liebe an leidende Menschen weiterzugeben! Es ist der *lebendige Christus in uns*, der unser Menschsein vollkommen werden läßt. Der *durch uns hindurch* leidenden Menschen dient. Er ist nicht nur ein geistiges Wesen, er ist Fleisch geworden. Er ist Geist *und* Leib: Das ist Inkarnation! Jesus offenbart uns kein Schubfachdenken, sondern die Vereinigung der Gegensätze. Geist und Materie werden eins, Gott und Mensch werden eins. Der Himmel kommt zur Erde. Die Erde wird in den Himmel aufgenommen. Das Übernatürliche wird durch das Natürliche offenbar. Das Natürliche wird zum Übernatürlichen erhoben. Darum geht es, wenn wir von Heilung sprechen.

Das heißt, alle Methoden sind unsere. Wir brauchen zum

---

[1] Von mir redigierte Umschrift einer Tonbandaufnahme seiner Ansprache während eines Heilungs-Seminars in San Jose del Altillo, Mexico-City, im November 1973.
Pastor Tyson ist Methodist und Evangelist. Das Publikum bestand hauptsächlich aus katholischen Priestern.

Beispiel natürliche Methoden. Wir bauen Krankenhäuser, bilden Ärzte und Schwestern aus. All das geschieht in Gottes Ebenbild. Aber wir glauben an das Übernatürliche. Wir beten, spenden und empfangen Sakramente. In mir als Mensch vereinigt sich *alles*. Es geht nicht um ein Entweder-Oder, sondern um ein Sowohl-Als-auch. Alles gehört uns. In Jesus hat Gott sich mit allen Elementen der Schöpfung vereint. Einer der frühen Kirchenväter sagt: „Jesus ist geworden, was wir waren, damit wir werden, was er ist." Unser Vater läßt uns zuteil werden, was er in Jesus Christus vollendet hat. Diese Vollendung schließt die Erlösung der Menschheit mit ein, einer *neuen Menschheit*.

Jesus wird Teil unseres Menschseins. Er wird Geist von unserem Geist, Seele von unserer Seele, und Fleisch von unserem Fleisch. Gottes Wille ist, daß wir Jesus Christus gleich werden; nicht nur theoretisch, sondern ganz real hier und jetzt. Er wirkt das durch die Kraft des Heiligen Geistes in uns. Darum geht es, wenn wir von Heilung sprechen: Es geht darum, Jesus gleich zu werden! Das ist großartig, nicht wahr? Jesus läßt uns seine Auferstehung zuteil werden. Alles, was er damit für uns erreicht hat, teilt er uns mit. Die Möglichkeiten, wie er das macht, sind unbegrenzt.

Dennoch gibt es einige besonders wichtige Probleme. Um uns zu lehren, offenbart sich Jesus, teilt er unser Menschsein auf mehrfache Art. Am wichtigsten scheint, daß er *sich selbst annimmt* durch die Einheit mit dem Vater. Er versucht nicht weiterzugeben, was er selbst nicht erfahren hat. Er heilt nicht, um seine Messianität zu beweisen. Er heilt, *weil* er der Messias ist, der Christus. Seine Heilkraft geht von seinem Sein aus. Das aber stellt die Dinge auf den Kopf. Gewöhnlich werden wir nach unserem Tun beurteilt, nicht nach unserem Sein: Der ist Priester, jener Anwalt, dieser Bankier. Im Reich Gottes aber kommt das *Tun vom Sein*. Jesus Christus offenbart sich uns von *innen* her, von seinem Sein mit dem Vater.

Da kommt zum Beispiel jemand mit einem verkrüppelten Arm. Jesus Christus diagnostiziert nicht die Ursache der Verletzung. Er geht in sich, geht zum Vater. In der Einheit mit dem Vater erfährt Jesus die schöpferische Kraft Gottes: *Er sieht den Kranken als Geheilten vor Gott*. Und aus dieser inneren Einheit mit dem Vater spricht er zu dem Mann: „Strecke Deine Hand aus."

So war es auch mit Petrus. Sein Name ist Simon, das heißt Rohr. Ein Rohr, das sich nach dem Winde biegt. In Cäsarea Philippi fragt Jesus die Jünger: „Für wen halten mich die Leute?" – „Einige sagen, Du bist Elias, andere sagen, Du bist Johannes der Täufer; wieder andere, Du bist ein großer Prophet." Dann sieht Jesus die Jünger an und fragt sie: „Ihr aber, für wen haltet Ihr mich?" Und Simon antwortet: „Du bist Christus, der Sohn des lebendigen Gottes."

Jesus sagt (ich sage das jetzt in meinen Worten): „Das hast Du nicht auf natürliche Art herausgefunden. Du bist zum Vater gegangen und der Vater hat Dir offenbart, wer ich bin. Petrus, ich war auch beim Vater Deinetwegen. Die anderen nennen Dich ein Rohr, ich aber sehe Dich vor meines Vaters Thron, und dort sehe ich Dich als Fels. Du bist kein Rohr, Du bist ein Fels."

Wer hat das Jesus gesagt? Woher wußte er das? Es war eine Offenbarung aus der Einheit mit dem Vater. In dieser Einheit sah er Petrus als den Felsen, auf dem die Kirche gebaut wird. So heilt Jesus, gestern, heute, morgen: Er sieht die Menschen vor dem Vater stehen. Er verkündet, was er im Geiste sieht. Im Herzen Jesu finden wir einen Augenschein von der Herrlichkeit des Vaters. Jesus sieht die Menschen an; er sieht sie nicht als Bäume, auch nicht als Ziegen, sondern als Herde ohne Hirten. Vor dem Vater sind wir Menschen *eine Herde*. Das ist Heilung!

Wie sehen wir die Menschen an? Wie sehen wir sie in unserem Herzen? Da liegt der Schlüssel zu jedem Heilungs-Auftrag. Wie sehen wir *uns selbst* vor dem Vater? Lassen wir Jesus Christus uns einprägen, wer wir sind im Licht seiner Liebe? Das nämlich macht der Heilige Geist; er zeigt uns, wer wir sind, solange wir von Gott getrennt leben. Und dann zeigt er uns, wer wir sind, sobald wir mit Gott vereint leben. Wir werden einfach anders.

Darum geht es in der *Beichte*. Bitte lassen Sie doch die Beichte nicht einfach fallen! Wir gehen zur Beichte, weil wir überzeugt sind von unserer Sünde. Wir beichten: „Das trennt mich von Gott: Ich vernachlässige meinen Mann, schimpfe mit den Kindern, kümmere mich nicht um die Kirche. Von Gott getrennt bin ich durch all das und noch mehr." Der Priester hört unsere Beichte und antwortet: „Das stimmt. Tatsächlich sind Sie noch viel schlimmer dran. Aber wo viel Sünde ist, da ist noch mehr Gnade. So sehen Sie aus vor Gott. Und so sollten Sie sich seine Gnade zuteil werden lassen." Sich Gottes Gnade zuteil werden lassen, ist die Brücke zu dem, was wir in Jesus sein sollten. Das ist Heilung, das soll Buße für Menschen ermöglichen.

Entscheidend zur Heilung ist, Menschen zu helfen, *sich selbst anzunehmen* in ihrer Beziehung zu Gott; selbst wenn sie noch krank sind. Das ist entscheidend, aber allzuoft tun wir es dennoch nicht. Wir geben Menschen den Eindruck, sie wären krank, weil sie bös sind: „Werden Sie nicht gesund, dann werden Sie kränker. Viel Aussicht auf Besserung haben Sie sowieso nicht. Gott hat Sie krank werden lassen, um Ihre Seele gefügig zu machen." Mit diesem Eindruck lassen wir die Leute laufen. Aber das ist nicht das Evangelium! Darin besteht nicht unser Auftrag. Dadurch kommt niemand zu Jesus. Die Schrift sagt, Gott liebt uns, so wie wir sind. Als wir Sünder waren und weil wir Sünder waren, ist Christus für uns gestorben. Als Christus am Kreuz starb, war kein einziger Christ da. Auf der ganzen Welt gab es keinen einzigen Christen. Nicht einmal einen Katholiken.

Durch die Gnade in Christus gehören wir Gott. Durch seine heilende Kraft gehören wir Gott. Wißt Ihr denn nicht, daß die Wurzel allen Übels, fast aller Krankheit, das *Niemand-Gehören* ist, das Herde-ohne-Hirte-Sein? Viele wissen gar nicht, daß es einen Hirten gibt, daß sie zu seiner Herde gehören. Wir kommen im Namen Jesu und sagen den Leuten: „Ihr gehört Jesus! Das wollte ich Euch nur sagen."

Das ist die Kraft, aus der wir heilen! Wissen wir nicht einmal *das* von den Menschen, so bleibt unser Heilen sehr eng. Unser Heilungs-Auftrag sollte aus der Überzeugung kommen, daß Gott uns gesandt hat, seinen Namen über die Menschen auszurufen; und sein Ruf ist: „Ihr gehört mir." Haben wir nicht alle schon Wunder erlebt durch diese Hingabe — nur weil eine Handvoll Menschen wußte, daß sie Jesus gehören?

Ihr Priester solltet das wirklich wissen. Ihr habt einen

Auftrag an den Hungernden. Das ist für Euch keine Theorie. Das ist Euer täglich Brot. Die Menschen werden Gottes Liebe wiederfinden, wenn Ihr ihnen diese Liebe vermittelt, sie mit den Leuten lebt. Glaubt Ihr, daß Ihr Gott gehört, werden auch sie glauben, daß sie Gott gehören. Ihr habt nun einmal diesen Heilungs-Auftrag. Das bringt Euch mit den Leuten zusammen – durch das Mitleid Gottes. Wenn Ihr Angst habt, Euch die Hände schmutzig zu machen, laßt die Hände weg von Heilung.

Als zu Petrus und Johannes an der Schönen Pforte ein Lahmer gebracht wird, streckt Petrus die Hand aus und berührt ihn. Vielleicht vierzig Jahre hatte er da gelegen; ohne Salbe, ohne Verband, ohne Penizillin. Er war ein einziger Haufen Elend – und doch rührt Petrus ihn an. Hände weg von Heilung, wenn Ihr Euch zu schade seid für das Elend der Menschen! Hände weg, wenn Euer Mitleid nicht so groß und so weit sein kann wie Gottes Mitleid! Ihr gehört nämlich Gott – und Ihr seid da, den Menschen zu sagen: „Ich liebe Euch! Ich bin hier, mit Euch die Liebe Gottes zu teilen, die er mir geschenkt hat!"

Die Menschen müssen lernen, sich selbst anzunehmen in ihrer Beziehung zu Gott: Mitten in ihrer Krankheit. Aber da fängt es für uns erst an! Oft scheint mir, die Kirche ist da einfach stehengeblieben. Wir haben den Leuten gesagt, sie gehören zu Gott, selbst wenn sie krank sind: Gott kann ihnen die Gnade geben, ihre Krankheit in Geduld zu tragen. Wir haben so getan, als wäre Gnade die Kraft, durchzuhalten, Leiden hinzunehmen und zu ertragen. Tatsächlich *ist* Gnade die Kraft, etwas anzunehmen und durchzustehen. Aber Gnade ist nicht nur das. Gnade ist die Kraft zu *überwinden*. Wir müssen den Menschen helfen, sich anzunehmen in ihrer Beziehung zu Gott – aber dazu müssen sie erst einmal wissen, was Gott ihnen alles schenken *will*. Daß Gott heilen *kann*, glaubt fast jeder. Aber daß er heilen *will*, das wissen die meisten einfach nicht. *Das* ist unser Heilungs-Auftrag: Den Menschen verstehen helfen, daß Gott ihnen Gesundheit und Heilung schenken *will*. Jesus nannte das „Brot für die Kleinen". Und das ist Heilung ganz genau: Brot für die Kleinen. Jedes Kind hat ein Recht darauf, daß der Vater ihm zu essen gibt. Keinem Vater würde es einfallen, sein Kind für das Essen bezahlen zu lassen: „Danke, Vater! Danke, Mutter!" – „Gern geschehn." Das ist alles.

Genau das ist unser Auftrag: Den Menschen mitteilen, was Gott ihnen schenken will: „Gott liebt Euch! Gott *will*, daß Ihr geheilt werdet!" Und das gilt nicht nur für den Leib, sondern auch für Seele und Geist. Ich habe mir das lange Zeit angehört, was die Leute da zu bezeugen hatten von der heilenden Gnade Gottes. Ich wußte, es stimmt. Für *sie* stimmte es; aber ich war schließlich jemand anders. Ich hatte das nicht verdient! Ich hatte kein Recht, Gott darum zu bitten. Ich konnte immer nur „Herr, erbarme Dich" sagen und ihn bitten, daß er mir hilft, die Schmerzen auszuhalten.

Aber das Wort Gottes kommt ja gerade zu uns und sagt uns: „Ich liebe Dich! Ich habe Deine Sünden auf mich genommen. Durch meine Striemen bist Du geheilt!" – „Ich habe also ein Anrecht auf die heilende Gnade Gottes? Ein Anrecht auf die heilende Liebe Jesu? So sehr liebt mich Jesus, Vater?" *Das* müssen die Menschen endlich wissen, daß Jesus sie so sehr *liebt*, daß ihr Hoherpriester sich um ihre Gebrechen wirklich *sorgt*. *Unser* Priestertum heißt, schwach sein mit den Schwachen, fröhlich sein mit denen, die sich freuen, trauern mit den Trauernden, und leiden mit den Leidenden. Herr, erbarme Dich, wenn ich heilen will, ohne mitzuleiden. Wie soll denn die Gnade Gottes zu den Menschen kommen, wenn nicht durch *uns*, dadurch, daß wir für ihn einstehn? Das ist unser Auftrag: Mit den anderen teilen, was Gott ihnen schenken will. Natürlich kann das nur Schritt für Schritt geschehen. Bis auf den Grund des Unbewußten muß man dabei vorstoßen; Sicherheit da ausströmen, wo Hindernisse den Zugang versperren. Das aber heißt, den Leib Christi wirklich zu *leben; ein* Leib und *ein* Geist. Aus *dieser* Gemeinschaft wird Jesus für andere offenbar. Wir können Christus nicht anderen mitteilen wollen, ohne daß er zuerst in unser Leben gekommen ist.

Das heißt, unser Heilungs-Auftrag gehört nicht uns, sondern jenen, zu denen wir gesandt sind. Sonst bleibt es eine höchst akademische Angelegenheit. Wir wollen ja mitten in der Welt leben. Das aber heißt die Liebe Jesu immer bewußter erleben. Uns über sein Erbe klar werden. Uns Gottes Gnade zuteil werden lassen. So gesehen hat die katholische

Kirche Gott gegenüber eine Verantwortung, die alles Verstehen übersteigt. Statt die Sakramente abzuschwächen, müßt Ihr ihre Kraft ganz neu entdecken. Nicht nur die Eucharistie, sondern den ganzen sakramentalen Dienst in der Kirche und an der Kirche. Krankensalbung, laßt Euch das gesagt sein, bereitet nicht nur die Seele zur letzten Reise. Das ist einfach nicht der Sinn dieses Sakraments. Der Sinn von Krankensalbung ist die Vermittlung von Krankenheilung. Sieht aber der Mann auf der Straße den Priester mit dem Sakrament kommen, ruft er den Leichenbestatter herbei. Ihr müßt dieses Sakrament wiederentdecken; und zwar in seiner ganz spezifischen Bedeutung. Die Lehre der Kirche sagt gestern wie heute, daß Ihr durch dieses Sakrament Kranken die Gnade Gottes vermitteln könnt.

Ihr steht am Altar und brecht das Brot. Ihr sagt: „Das ist mein Leib". Und dann sagt Ihr: „Nehmet und esset!" Meint Ihr wirklich, jemand könne den Leib Christi zu sich nehmen, ohne Heil und Heilung anzunehmen? Gibt es einen größeren Heilungs-Auftrag als die Spendung der Sakramente? „Das ist mein Blut, das für Euch und für alle vergossen wird". Läuft es mir einfach die Kehle herunter – und damit hat sich's? Ist es nicht für den Durchschnitts-Christen eine Möglichkeit, die heilende Gnade durch Leib, Seele und Geist strömen zu lassen? Hat Gott Euch wirklich nur eine Liturgie gegeben? Hat er Euch nicht aufgegeben, den Menschen *Leben* zu bringen? *Sein Leben?* Seid Ihr wirklich nur schön gewandete Zelebranten einer feierlichen Liturgie? Oder seid Ihr von Gott geweiht, *Sein Leben anderen weiterzugeben?*

Wir sind Mittler des Lebens! Seines Lebens. Wir müssen es sein. Spenden und empfangen wir also alle Sakramente, Ehe, Krankensalbung, Eucharistie und auch das Sakrament unserer eigenen Weihe; und bezeugen wir dadurch, wie machtvoll er seinem Volk seine Gnade mitteilt.

Gottes Gnade aber ist heiles *Leben* in Jesus Christus.